基于自然解决方案的
公园城市
实践探索

王倩◎著

 西南财经大学出版社

中国·成都

图书在版编目（CIP）数据

基于自然解决方案的公园城市实践探索/王倩著.—成都:西南财经大学
出版社,2024.4
ISBN 978-7-5504-6123-9

Ⅰ.①基…　Ⅱ.①王…　Ⅲ.①城市建设—研究—中国　Ⅳ.①F299.21

中国国家版本馆 CIP 数据核字（2024）第 047714 号

基于自然解决方案的公园城市实践探索
JIYU ZIRAN JIEJUE FANGAN DE GONGYUAN CHENGSHI SHIJIAN TANSUO

王倩　著

责任编辑:刘佳庆
责任校对:植　苗
封面设计:墨创文化
责任印制:朱曼丽

出版发行	西南财经大学出版社(四川省成都市光华村街 55 号)
网　　址	http://cbs.swufe.edu.cn
电子邮件	bookcj@swufe.edu.cn
邮政编码	610074
电　　话	028-87353785
照　　排	四川胜翔数码印务设计有限公司
印　　刷	郫县犀浦印刷厂
成品尺寸	170mm×240mm
印　　张	15.75
字　　数	364 千字
版　　次	2024 年 4 月第 1 版
印　　次	2024 年 4 月第 1 次印刷
书　　号	ISBN 978-7-5504-6123-9
定　　价	88.00 元

前　言

　　世界银行于 2008 年正式提出基于自然的解决方案①（NbS），并由世界自然保护联盟、欧盟委员会、联合国环境规划署等积极倡导，很多国家快速响应，将其作为解锁自然潜力以实现社会目标的跨学科综合方法与应对不确定性的系统策略。NbS 的提出标志着人类从自然惠益的被动接受者走向保护、管理和恢复的积极贡献者。2019 年以来 NbS 从理念共识上升为全球议题，并由中国、新西兰等国积极倡导，其研究和实践从气候领域扩展到可持续发展等多重领域，日益成为全球共识与共同行动引领。我国惠及 2 亿人的山水林田湖草生态保护修复工程成为全球 NbS 典范实践，走向共建人与自然生命共同体的世界前列。

　　秉承生态文明与以人民为中心发展理念的公园城市是现代化城市发展新模式，是中国式人与自然和谐共生现代化的城市表达，也是山水人城和谐相融的先行者与策源地。2020 年成都"城市增绿"入选世界大都市协会绿色基础设施最佳解决方案。2021 年成都公园城市建设入选全球 28 个应对气候变化基于自然解决方案案例。2022 年在联合国第 27 届气候变化大会上，成都代表中国城市展示中国气候故事与气候行动经验，包括屋顶花园增绿、光伏小屋发电、雨水回收利用、厨余垃圾利用。2023 年成都获评首届全球"生物多样性魅力城市"，通过扩展绿色空间降低城市热岛效应并提供休憩与健康的经验得到《全球可持续发展报告 2023》的高度肯定，其人与自然和谐共生的新范式也在人类发展论坛提交给 SDG 首脑会议的报告《世界更美好》中有专篇介绍。

　　我们认为，我国公园城市建设与基于自然的解决方案有着高度契合性

---

　　①　Nature-based Solutions，简称 NbS，中文通常翻译为"基于自然的解决方案"。为了适应中文的语法特征与表达习惯，本书中"基于自然解决方案"以及针对具体领域的"自然解决方案"在内涵上与"基于自然的解决方案"是完全一致的。

并相互融通，将 NbS 创造性应用于中国式山水人城和谐相融的公园城市现代化新场景，具有广泛潜力和成本效益，并可产生多元价值与多重协同效益，造福自然的同时更造福人民。其价值生成、转化与共享可以为世界提供中国方案以便世界更好理解中国式人与自然和谐共生现代化，并弥合 NbS 在研究、实施与政策上的一些缺口。这既是国际前沿学术问题，同时也面向我国经济社会发展重大需求，此研究具有重要价值和意义。

本书是我们对基于自然的解决方案长期跟踪研究以及对公园城市沉浸式、参与式观察研究形成的阶段性成果，其前期研究包括但不限于四川省哲学社会科学规划项目"基于自然解决方案推进降碳、减污、扩绿、增长协同增益研究"（SC22ST14）、成都市哲学社会科学规划项目"公园城市宜居生态场景构建及其价值实现研究"（2022CS138）等。同时本书在写作过程中还汇集并借鉴了大量国内外学者的研究成果以及世界各地的实践案例，在此向各位专家学者以及实践者致以衷心的感谢！我们尽可能地注明了文献与资料的来源与出处，如有疏漏，敬请批评与谅解。

本书依托长江上游生态文明建设川大学派、四川省社科院绿色发展创新团队、四川省绿色创新软科学基地等团队及其项目的支持，包括四川省社科基金重大项目"长江黄河上游生态屏障的系统构建及政策支撑体系研究"（SCJJ23WT05）、四川省社会科学院院级项目"基于自然解决方案的城市河湖'三水统筹'及价值转化研究"（23FH08）、四川省社科基金年度项目"'两山'理论视角下四川彝区共同富裕实践路径研究"（SCJJ23ND129）、四川省软科学项目"经济提质增效目标下四川工业智能化绿色化融合化发展的路径创新研究"（2023JDR0322）。探索基于自然解决方案的公园城市实践，任重而道远，我们愿意与大家一起相互学习、相互交流、共同努力，为人与自然和谐共生现代化贡献绵薄之力。

王倩

2023 年 11 月于成都

目　录

绪　论

一、研究背景

2022 年我国常住人口城镇化率达到 65.22%，已进入以提高质量为主、迈向现代化的新阶段。随着城市规模不断扩大，资源环境压力与气候变化叠加的双重挑战日益严峻，但城市也具备推动可持续发展的内在潜力，并在积极利用这一潜力，走中国式城市现代化道路。公园城市正是在此背景下提出的城市发展新模式，这一模式倡导在公园里建城市，恢复自然与城市的功能联系。这已经超越了用单一思维、过度依赖工程技术解决现代城市问题的传统城市化思维，与国际上倡导的基于自然的解决方案（Nature-based Solutions，简称 NbS）高度契合，并呈现广泛的应用场景，其实践创新引起了国际基于自然的解决方案领域专家学者的高度关注。

基于自然的解决方案是与自然合作应对社会挑战并协同多重效益的伞形概念、综合方法与系统策略，它的提出标志着人类从自然惠益的被动接受者走向保护、管理和恢复的积极贡献者，意味着人与自然和谐共生有了更加明朗的可能性与解决方案，日益成为全球共识与行动引领。我国作为基于自然的解决方案的主要倡导国，将基于自然的解决方案广泛应用于减缓气候变化与适应行动、山水林田湖草沙系统治理与一体化保护、降碳减污协同增效、城市可持续发展等领域。

在这一背景下，开展国际基于自然的解决方案与我国公园城市建设实践的比较研究，有利于在国际理念与公园城市碰撞互鉴中产生理论创新与最佳实践。基于自然的解决方案有着丰富的方法工具，可以为我国公园城市建设提供新理念、综合策略与方法集，强化现有积极举措、连接割裂举措、补充新的举措。与此同时，公园城市建设蕴含丰富的 NbS 传统智慧与先进探索，找到正确打开 NbS 的方式并推进本土化和规模化应用，有利于为国际 NbS 提供中国方案，增进世界对中国式人与自然和谐共生现代化的理解。

本书结合基于自然的解决方案的国际实践，研究在我国公园城市建设过程中，如何创造性应用 NbS 来保护、可持续管理与修复城市蓝绿空间，加强生物多样性保护，维持生态系统服务功能，应对气候变化对城市的影响，促进城市生态宜居性，推进公园城市山水人城和谐相融。其主要目标有三：一是开展 NbS 与公园城市的融合研究，探寻二者互鉴增益的切入点，提出基于自然的公园城市解决方案；二是围绕 NbS 创造性应用与创新性发展，探明不同类型场景下价值生成、转化与共享的重难点与突破点，探索山水人城和谐相融的新路径；三是结合理论研究和实践研究的结果，提出相应建设思路，以及具有科学性、前瞻性和适用性的决策参考与政策依据。

二、研究价值

本研究来自国际 NbS 与国内公园城市研究的交叉领域，拓展互鉴视角的融合创新。NbS 由世界银行 2008 年正式提出，并由 IUCN（世界自然保护联盟）、EC（欧盟委员会）、UNEP（联合国环境规划署）等采纳并在全球层面推广，学术研究与政治议程同步推进，共识在于 NbS 涵盖多种具体实施方法、具有多功能性并协同多重效益，在应对重大社会挑战中不可或缺，城市尺度的 NbS 越发受到关注。公园城市是我国城市发展目标、理念、模式的迭代升级，于 2018 年习近平总书记在天府新区考察时首次提出，并在成都、杭州、上海等城市层面积极推进。NbS 与公园城市在理念、目标、方法上高度契合，互鉴视角的交叉融合研究尚有不足。

本研究链接 NbS 研究最新进展与公园城市研究的创新成果，推进问题导向的应用创新。NbS 纳入 CBD COP15 "昆蒙框架" 等多项国际议程，识别与量化 NbS 方法取得重大进展（TNC，2017；IUCN，2020；傅伯杰 等，2022），联合国 NbS 贡献平台、N4C、欧盟 OPPLA、牛津大学 NbSI、中国 C+NbS 等多平台推出上千个最佳实践。我国在山水林田湖草沙系统治理、海绵城市、河湖长制等多尺度多层级取得创新成果并得到国际认可（UN，2022），为本研究奠定了良好基础。围绕公园城市中国式山水人城和谐相融现代化的突出问题和多元场景开展应用研究具有较大创新空间。

本研究整合 NbS 与公园城市关于多重效益的热点研究，形成价值转化路径新探索。NbS 显示出在应对气候变化与生物多样性保护方面的桥梁作用（世界银行，2008；IPCC，2022），与可持续发展目标、生态文明理念的协同增效（解振华，2019；李政，2022；Amber，2022），以及在应对粮食安全、气候变化、水安全、人类健康、灾害风险、社会和经济发展等方面的多重效益（IUCN，2016），协同关键在于多目标统筹、多功能设计、多主体治理与可持续创新（IUCN，2020）。我国公园城市建设高度关注山水人城和谐、系统治理、降碳减污协同增效、生态价值转化等，但保护与发展统筹依然是突出难题。引入 NbS 协同效益可能在城市层面形成价值转化路径新探索。

本研究回应 NbS 若干争议以及对价值空间分配的忽略，增加价值转化与区域共享发展新内容。NbS 争议集中在可能用于碳抵消而忽视减排、强调单一种树而可能损害生物多样性、忽略当地权利等（Seddon，2022），核心是价值流动与分配问题。本研究突出公园城市价值流动与区域共享内容，并探索以人民为中心的公园城市规划、建设与治理，将其作为回应 NbS 争议的边际贡献。

三、主要内容

本书以"理论探索→应用场景→综合实践"为基本逻辑，建立了"一个核心（城市与自然和谐共生）、两条主线（NbS 的创造性应用、公园城市的创新性发展）、七大应用场景（公园绿地、城市森林、生态绿廊、都市农业、幸福河湖、绿色建筑、生态治理）、两类综合实践（降碳、减污、扩绿、增长协同增益、生态宜居场景价值实现）"的研究框架。本书分为三部分，共 12 章。

第一部分聚焦 NbS 与公园城市的理论探索，包括一至三章。

第一章剖析 NbS 基本概念及其协同效益。提出认识基于自然的解决方案的十个维度，即自然价值维度、人类福祉维度、生命共同体维度、系统维度、协同维度、治理维度、创新维度、空间维度、历史维度、功能维度，并将本书的关注点聚焦于基于自然的解决方案的多重效益与协同功能。

第二章聚焦城市面临的环境挑战及城市 NbS 探索。重点分析了现代城市面临的城市化与气候变化挑战及其二者交叠风险，并对以工程技术为主导的解决思路及其局限进行了反思，从自然出发寻求城市领域基于自然解决方案的典型应用场景。

第三章分析公园城市与 NbS 的相互关系。围绕我国公园城市实践及对城市问题的回应，认为公园城市是 NbS 的系统集成，与 NbS 高度契合并相互融通，但也存在提出背景、作用对象与话语体系等的差异。

第二部分聚焦公园城市七个应用场景的 NbS 实践探索，包括四至十章，分别为公园绿地、城市森林、生态绿廊、都市农业、城市河湖、绿色建筑、生态治理。

第四章为公园绿地 NbS 实践。本章聚焦城市公园与绿色开放空间作为基于自然解决方案的多重效益与多元场景，通过多个案例展示公园城市建设中的各类公园实践，突出城市公园开发导向的城市建设模式，提出赋予城市及绿地系统多重功能、探索城园相融新方式、探索公园开放共享及社会化养护新模式。

第五章为城市森林 NbS 实践。本章聚焦城市森林作为基于自然解决方案的多重效益与多元场景，充分展示公园城市建设中国家森林城市建设、森林可持续经营、行道树、森林公园、农林复合系统等创新实践，提出拓展城市森林内涵与功能、将其作为重要资产来管理、丰富公园城市森林表达等建议。

第六章为生态绿廊 NbS 实践。本章聚焦生态绿廊作为基于自然解决方案的多重效益与多元场景，详细阐述了公园城市通风廊道、绿道、蓝网以及环城生态区等重要生态绿廊实践探索，提出依托生态绿廊促进山水人城和谐相融、促进生态绿廊价值转化、重视特殊类型生态绿廊建设以及提高生态绿廊管护水平等建议。

第七章为都市农业 NbS 实践。本章聚焦都市农业作为基于自然解决方案的多重效益与多元场景，详细阐述了公园农业、屋顶农场、保护性耕作、市民参与社会化农业等实践探索，提出将都市农业作为公园城市重要的公共与健康资产、重视都市农业在促进社会生态正义的重要价值、在多元参与基础上创新都市农业商业模式、倡导再生与恢复自然的农业生产方式等建议。

第八章为城市河湖 NbS 实践。本章以幸福河湖建设为背景，聚焦城市河湖水系作为基于自然解决方案的多重效益与多元场景，详细阐述了基于自然的河湖治理、生态修复、场景创新、价值实现等公园城市河湖典型实践，提出完善河湖长制治理创新、用好都江堰工程这一 NbS 世界名片、借助天府蓝网植入多元消费场景、创新公园城市幸福河湖 NbS 最佳实践等建议。

第九章为绿色建筑 NbS 实践。本章以碳达峰、碳中和为背景，聚焦绿色建筑作为基于自然解决方案的多重效益与多元场景，详细阐述了成都传统建筑自然解决方案、零碳建筑设计、垂直森林住宅、绿色屋顶、建筑绿色改造等创新实践，提供通过建设创造绿色和碳中和价值、提高城市建设气候适应性、推广多元绿色措施并加强科技创新等政策举措。

第十章为生态治理 NbS 实践。本章以超大城市治理为背景，聚焦治理在实施作为基于自然解决方案的重要作用与多元场景，详细阐述了公园城市防灾减灾、社区治理、空间治理、无废城市建设等典型实践，提出在全社会凝聚 NbS 理念和协同效益共识、增强包容性和利益相关方充分参与、创新 NbS 新型机构与协调机制、加强能力建设并制定长期发展战略、充分利用数字化赋能治理效能提升等建议。

第三部分为公园城市基于自然解决方案的综合实践探索，包括十一至十二章，包括协同推进降碳、减污、扩绿、增长与宜居生态场景构建及其价值实现。

第十一章为 NbS 协同推进降碳、减污、扩绿、增长。本章以降碳、减污、扩绿、增长协同增益为目标，以 NbS 为方法，明晰降碳、减污、扩绿、增长的内涵以及 NbS 在其协同推进中的重要作用，提出以 NbS 促进降碳、减污、扩绿、增长协同增益的多重效益与多元场景，最后从强化 NbS 应用、以 NbS 促进协同两方面提出 10 项政策建议。

第十二章为 NbS 促进公园城市宜居生态场景价值实现。本章以公园城市宜居生态场景价值实现为目标导向，以解决"场景如何构建、如何营造与运行、价值如何实现"等为问题导向，探索基于自然解决方案理论与实践、案例与对策相结合的研究范式，以突出公园城市在价值流动与区域共享方面的独特价值与积极探索。

本书的研究框架如图 0-1 所示。

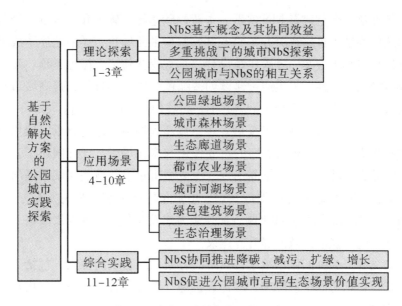

图0-1　本书研究的框架结构示意图

四、特色与创新

（一）新视角：从基于自然解决方案视角研究公园城市的新探索

NbS 代表人与自然和谐共生问题研究的新见解、新方法，将其创造性地应用于我国公园城市建设，具有独特的场景优势，彰显了公园城市生态文明与以人民为中心的系统思维，同时具有广泛潜力和成本效益，并可产生多元价值和多重协同效益，增进人与自然的关系。其场景生成、价值转化、区域共享可以为世界提供中国方案，让世界更好地理解中国式人与自然和谐共生城市现代化，并弥合 NbS 在研究、实施与政策上的一些缺口。这既是国际前沿学术问题，同时也是面向我国城市经济社会高质量发展重大需求，具有重要价值和意义。

（二）新场景：以公园城市为场景，研究基于自然解决方案的新探索

以公园城市为场景研究基于自然的解决方案，具有多重尺度优势，包含区域、城市、河流、社区、建筑等。既有综合的基于自然解决方案，也有具体的基于自然解决方案，往往是相互联系的多种基于自然解决方案，更是蓝绿灰基础设施的融合共建。有别于单一目标单一要素的研究，本书聚焦多目标统筹、多要素协同、多措施互动，并增加价值维度；有别于对效益和价值本身的研究，本书拓展到价值生成、转化与共享全周期全链

条；有别于以自然或资本为中心，本书侧重于与自然合作并以人民为中心，将对自然资源性利用拓展到功能性开发，并以场景为实现载体、方式与机制。

（三）新材料：充分利用国内外 NbS 最佳实践成果开展研究的新探索

本研究基于联合国 NbS 贡献平台、N4C、欧盟 OPPLA、牛津大学 NbSI、中国 C+NbS、自然资源部等大量最新案例及中国智慧与地方知识，并在充分调研基础上，展现公园城市创造性应用 NbS 的七类场景与上百个案例。将国际基于自然解决方案与国内公园城市建设充分链接，有利于推进断裂弥合、互鉴增益，研究具有一定探索性、前瞻性。

（四）新方法：融合案例分析与系统分解-重构工具的新探索

国内外最佳实践案例分析是本研究理论分析的基础与方法研究的来源。本书汇集 NbS 国内外案例，结合公园城市建设面临的具体问题，采取系统分解-重构工具开展"要素层—运行层—价值层"剖析、改造与重构，其中要素分解是前提和基础。以河湖为例，通过循证研究方法，将基于自然解决方案面临的挑战归为洪水、干旱、缺水、污染、退化、水土流失、入侵、过度开采、气候变化影响、生物多样性丧失、发展不足、粮食不安全、人口健康、社会凝聚力等问题，并系统梳理相应的方法集，包括河流恢复、再自然化、人工溪流、湿地、可持续排水系统、再生水循环、可持续农牧业管理、土地利用、植树再造林、绿色基础设施、传统知识、新技术等，同时梳理综合效益，包括"水安全、水资源、水环境、水生态、水文化"核心效益和"气候韧性、生物多样性、经济效益、场所营造、健康效益"协同效益。

（五）新观点：尝试形成 NbS 与公园城市发展的五大新观点

（1）NbS 在重新认识自然的多重价值、增强生态系统服务、提供多种成熟方法、应对多重社会挑战以及多领域协同增效上具有显著优势，核心价值在于提供综合方法与系统策略。我国具有引领 NbS 的显著优势，既有都江堰工程等 NbS 传统智慧应用和丰富地方知识，又有山水林田湖草沙系统治理、山水人城和谐相融的公园城市等先进 NbS 探索。但也存在不足，主要以命令型政策、自上而下规划与政府投资为主推动，应用场景相对局限于生态修复，城市领域的应用尚未形成规模。

（2）NbS 在三个相互关联的环节促进价值协同转化，一是通过提升生态系统服务、与工程技术经济手段互补等增益价值创造，二是在系统中通过要素整合、功能互动实现价值在不同领域的流动与转化，三是通过协同效益本地化以及多元主体互动实现价值公正分配。增益价值创造的 NbS 有：保护地、生态红线、森林水管理、自然或人工湿地、可持续农林草管理、河流自然化等，需要基于问题诊断的系统规划、要素统筹等。促进协同转化的 NbS 有：生态廊道、碧道蓝网、自然受益型经济、海绵城市等，空间要素整合与社会要素融入是关键，场景营造是重要实现机制，新经济新业态新场景是重要呈现。促进共治共享的 NbS 有：价值联动与协同行动，包容、透明与赋权等。多重效益的本地化、直接或间接利益相关方的广泛参与、共享制度安排是系统治理的关键。

（3）从整体性视角审视以 NbS 为方法的公园城市建设，存在"技术—治理—发展"联动的内在机理，利用生态系统功能获得协同效益，利用多元治理创造新的公共产品，利用自然资本形成新商业模式。并存在三重价值境界，即系统治理实现生态价值最大化、价值转化实现社会总价值最大化、共治共享实现山水人城和谐相融价值最大化。山水人城和谐相融是中国式人与自然和谐共生现代化的城市表达。

（4）公园城市生态价值转化遵循生态系统服务级联效应与社会—生态系统反馈规律，是生态再生产与社会再生产的融合，需要自然资本、物质资本与人力资本的共同作用。更需要通过变革型治理避免生态系统服务能力受损→工程解决方案割裂联系→社会要素融入障碍的链式反应。

（5）公园城市需创造性应用与创新性发展 NbS。NbS 关于保护、管理与恢复的优先级需要与公园城市环境治理、生态恢复和自然恢复的渐进式实际相结合，因地制宜地创造性应用；河湖长制等举国体制优势和全社会参与是对 NbS 实施机制的重要创新，可立足本土创新性发展。

第一章 NbS 基本概念及其协同效益

恢复、维持和增进自然对人类的贡献，包括生态系统功能和服务，例如，调节空气和水、土壤健康、授粉和减少疾病风险，以及通过基于自然的解决方案和/或基于生态系统的方法、造福所有人民和自然。

——《昆明-蒙特利尔全球生物多样性框架》

NbS 涵盖多种保护、管理与恢复自然或人工生态系统的具体方法，具有守护自然与服务社会两大效能，在应对相互关联的重大社会挑战中不可或缺。NbS 显示出应对气候变化与生物多样性保护的桥梁作用，与可持续发展目标、生态文明理念的协同增效，以及应对粮食安全、气候变化、水安全、人类健康、灾害风险、社会和经济发展等的多重效益。协同关键在于多目标统筹、多功能设计、多主体治理与可持续创新。

第一节 NbS 的提出与发展

NbS 的提出源于人们对自然支持人类福祉以及人与自然关系认识的深化，尤其是全球层面对生态系统服务概念的确立以及价值评估的突破性进展奠定了这一科学基础。这一理念的提出，标志着人类从自然惠益的被动接受者走向保护、管理和恢复的积极贡献者，意味着人与自然和谐共生有了更加明朗的可能性与解决方案。虽然这一理念仍处于萌芽阶段，但我们依然可以将其发展演进划分为三个阶段。

一、第一阶段（1992—2007 年）：思想缘起并呈现理念共生

从 20 世纪 90 年代开始，国际社会在自然资源管理以及适应和减缓气候变化中，反思传统工程类干预措施的弊端，开始寻求与自然合作的保护

方式，通过建立人与自然之间的积极联系，在保护自然生态系统和生物多样性的同时改善可持续生计。如 1995 年《生物多样性公约》确立了生态系统方法，并在 2000 年被正式纳入行动框架。另外还有森林景观恢复、可持续土地管理、水资源综合管理、海岸带综合管理等。这些理念和方法都是基于对生态系统主动地、有目的地适应性管理，并同时在社会和经济层面取得了多重效益，为 NbS 的提出和发展奠定了重要基础。这种理念的转变符合《科学革命》提出的范式变革，或者可作为二十世纪八九十年代可持续发展模式转变的一部分。

二、第二阶段（2008—2018 年）：正式提出并转变为政策立场

将以上与自然合作的做法归类为 NbS 并以正式文件出现于 2008 年世界银行发布的《生物多样性、气候变化和适应：世界银行投资组合中基于自然的解决方案》[1]，该方案虽没有给出 NbS 的确切定义，但强调了基于自然的方式在增强生物多样性保护的同时，对减缓气候变化做出重要贡献。同年 NbS 被 IUCN 采纳，并在 2009 年向联合国气候变化框架公约第 15 次缔约方大会提交的立场文件中被大力推广。2010 年 IUCN、世界银行、世界自然基金会（英文简称 WWF）等机构联合发布《基于自然的解决方案报告：保护区促进应对气候变化》。2013 年欧盟将 NbS 纳入"地平线2020"科研计划，并建议将其纳入各国气候变化国家规划与战略。2016 年世界环保大会通过了 IUCN 提出的 NbS 定义，得到了广泛关注。2017 年自然保护协会（英文简称 TNC）团队在 *PNAS* 发文，提出 2016—2030 年 NbS 可为实现《巴黎协定》2 ℃目标做出 37% 的贡献。

随后，IUCN、TNC、联合国环境署（英文简称 UNEP）、野生动物保护协会（英文简称 WCA）、世界银行和 WWF 等国际机构频繁使用这一术语。但国际机构及其文件中在使用这一理念上，概念并不统一，如《生物多样性公约》使用的是 EbA（基于生态系统的方法），UNEP 使用的是NCS（基于自然的气候解决方案）等，这些概念各有侧重并相互重叠、交叉又相互补充。

---

① World Bank. Biodiversity, Climate Change, and Adaptation：Nature-based Solutions from the World Bank Portfolio [R]. World Bank, Washington, DC. 2008.

三、第三阶段（2019 年至今）：上升为全球议题并由中国积极倡导

2019 年 9 月在纽约召开的联合国气候行动峰会，中国和新西兰牵头发表《基于自然的气候解决方案宣言》，NbS 得到高度认可，被列为应对气候变化的九大行动领域之一①，成为国际社会关注的热点议题。2020 年《2020 年后全球生物多样性框架预稿》肯定了 NbS 对《巴黎协定》目标的贡献。在 2020 年的联合国生物多样性峰会（UN Biodiversity Summit）上，中国发布的立场文件《共建地球生命共同体：中国在行动》中同样提及"积极推广'基于自然的解决方案'，将其作为应对气候变化、生物多样性丧失的协同解决方案"②。2021 年 1 月 25 日至 26 日全球气候适应峰会上 NbS 再次得到各国领导人的认可，并通过了一项基于该方案的适应行动议程。2021 年 6 月，自然资源部与 IUCN 联合发布《IUCN 基于自然的解决方案全球标准》《IUCN 基于自然的解决方案全球标准使用指南》中文版，以及《基于自然的解决方案中国实践典型案例》。2021 年 7 月在生态文明贵阳国际论坛上，清华大学气候变化与可持续发展研究院发布了《应对气候变化的基于自然解决方案全球案例》。2021 年 10 月在昆明召开的联合国生物多样性大会，NbS 得到广泛关注与热议，并被《昆明宣言》③ 采用。2022 年 3 月 2 日，第五届联合国环境大会通过了由欧盟提交的《关于支持可持续发展的基于自然的解决方案的决议》，确定了 NbS 的最新定义。UN-FCCC COP25、UNFCCC COP26、UNFCCC COP27、UNFCCC COP28 以及

---

① 应对气候变化的九个关键行动领域，包括 NbS 与减缓、社会和政治因素、青年和公众动员、能源转型、工业转型、基础设施、城市和地方行动、气候韧性和适应、气候资金和碳定价，由中国与新西兰共同牵头该领域的工作。

② 外交部，生态环境部. 共建地球生命共同体：中国在行动[EB/OL]. [2023-11-05]http://spainembassy. fmprc. gov. cn/web/wjb _ 673085/zfxxgk _ 674865/gknrlb/tywj/zcwj/202103/t20210322 _ 9180856. shtml.

③ 2020 年联合国生物多样性大会（第一阶段）高级别会议《昆明宣言》，提出"增加生态系统方法的运用，以解决生物多样性丧失、恢复退化生态系统、增强复原力、减缓和适应气候变化、支持可持续粮食生产、促进健康，并为应对其他挑战做出贡献，加强'一体化健康'和其他全面的方法，通过强有力的环境和社会保障措施，确保可持续发展在经济、社会和环境方面的效益，强调这些生态系统方法不能取代符合《巴黎协定》的紧急减少温室气体排放所需的优先行动"。

CBD COP15① 显著提振了各国 NbS 的政治意愿和势头，越来越多的国家在国家自主贡献（NDC）中纳入了 NbS 相关内容。2023 年 5 月，我国自然资源部和 IUCN 签署了协议共同建立基于自然的解决方案亚洲中心，发布《基于自然的解决方案中国实践典型案例》英文版，我国实施 NbS 的影响力进一步扩大。

第二节　NbS 的内涵与功能

一、基于自然的解决方案内涵

（一）代表性定义解析

世界银行于 2008 年首先提出"基于自然的解决方案"这一概念，提倡应用生态系统及其服务功能，而不是传统的工程措施，来应对工业社会发展带来的一系列挑战，同时改善社区生计与保护生物多样性等。但并没有给出基于自然的解决方案的明确定义。

IUCN 于 2009 年开始推广 NbS，指出 NbS 是一种保护、可持续管理和修复生态系统的行动，并于 2016 年给出明确定义，即"对自然或被改变的生态系统进行保护、可持续管理和恢复的行动，以有效和适应性的方式应对社会挑战，同时提供人类福祉和生物多样性效益"②。

欧盟于 2015 年将 NbS 定义为"受到自然启发和支撑的解决方案，在具有成本效益的同时，兼具环境、社会和经济效益，并有助于建立韧性的社会生态系统"③。强调把面临的挑战转化为创新的机遇，将自然资本转化

---

①　UNFCCC COP25. UNFCCC COP26. UNFCCC COP27. UNFCCC COP28 分别指《联合国气候变化框架公约》第 25、26、27、28 次缔约方大会，CBD COP15 指《联合国生物多样性公约》第 15 次缔约方大会。

②　International Union for Conservation of Nature (IUCN). Resolution 69 on Defining Nature-based Solutions (WCC-2016-Res-069). IUCN Resolutions, Recommendations and Other Decisions. 6-10 September 2016. World Conservation Congress Honolulu [EB/OL]. [2023-06-11] Hawai'i, United States of America. 2016. https://portals.iucn.org/library/sites/library/files/resrecfiles/WCC_2016_RES_069_EN.pdf.

③　European Commission, Directorate-General for Research and Innovation. Towards an EU Research and Innovation Policy Agenda for Nature-Based Solutions & Re-Naturing Cities [EB/OL]. [2023-06-11] Publications Office.2016. https://data.europa.eu/doi/10. 2777/479582.

为绿色经济增长的源泉。

2022年联合国环境大会第五次会议通过了对NbS的全球定义："采取行动保护、养护、恢复、可持续利用和管理自然或经改造的陆地、淡水、沿海和海洋生态系统，以有效和适应性地应对社会、经济和环境挑战，同时对人类福祉、生态系统服务、复原力和生物多样性产生惠益"①。这一定义得到联合国粮农组织（FAO）与大自然保护协会（TNC）等广泛采用。

较多学者也对NbS的定义进行了阐释。埃格蒙等（Eggermont et al.）认为"NbS是通过对社会生态系统的综合管理，为人类社会传递持续和增长的生态服务"②。梅斯和雅各布斯（Maes & Jacobs）认为"NbS是一些使用生态系统服务的转变行为，减少不可再生自然资本的投入并增加对可再生自然过程的投资"③。

这些定义的共识在于：本质是要求更系统地理解人与自然和谐共生的关系，更好地认识自然的价值，并依靠自然应对多重挑战，打造人类命运共同体。NbS核心价值在于突破工业化以来的工程技术思维，将自然置于解决问题的核心位置。

这些定义的分歧在于：IUCN定义更倾向于学术定义，有着较为明确的边界，更为严谨；EU定义更强调政策与实施指引，边界并不清晰，更为宽泛。IUCN定义从自然生态系统出发，将对生态系统进行良好管理和恢复的需求置于核心，侧重于从自然到社会的行动；EU定义服务于绿色经济增长，侧重于化挑战为机遇的策略。

关于开发太阳能和风能是否为基于自然的解决方案存在较大争议。世界保护大会夏威夷理事会第6.069号决议④所引用的基于自然的解决方案

---

① UNEP. Environment Assembly (5th sess.；2021；Nairobi). 5/5. Nature-based solutions for supporting sustainable development：resolution / adopted by the United Nations Environment Assembly (UNEP/EA. 5/Res. 5) [EB/OL].[2023-06-11]https://digitallibrary.un.org/record/3999268.

② EGGERMONT H, BALIAN E, AZEVEDO J M N, et al. Nature-based solutions：new influence for environmental management and research in Europe [J]. GAIA-ecological perspectives for science and society, 2015, 24 (4)：243-248.

③ MAES J, JACOBS S. Nature-based solutions for Europe's sustainable development [J]. Conservation letters, 2017, 10 (1)：121-124.

④ International Union for Conservation of Nature (IUCN). Resolution 69 on Defining Nature-based Solutions (WCC-2016-Res-069). IUCN Resolutions, Recommendations and Other Decisions. 6-10 September 2016. World Conservation Congress Honolulu [EB/OL]. [2023-06-12]Hawai'i, United States of America. 2016. https://portals.iucn.org/library/sites/library/files/resrecfiles/WCC_2016_RES_069_EN.pdf.

的定义已被 IUCN 解释为不包括太阳能和风能。其理由在于，太阳和风是基于自然的，但这是"一种利用自然现象的技术，而不是直接由自然现象产生的应用"，故将它们排除在基于自然解决方案应对气候变化的应用之外。Richard L. Ottinger 和 Smita Narula 等学者（2020）不认同并呼吁承认太阳能和风能是基于自然的解决方案[①]。

（二）NbS 三重内涵

1. 自然

"自然"是一个更为宽泛的概念，包括生态系统、生物多样性、地球母亲、生命系统等类似概念。而中文语境中的"自然"还包含"道法自然"中的规律法则以及"自然而然"中的演化过程，不仅局限于物理层面，还包含哲学层面，有着更为宽泛而深邃的内涵。我们认为，基于自然解决方案中的自然，可以理解为生态系统或生物多样性，可以是自然体系，也可以是具有生态系统服务功能、自然生态要素发挥核心作用、真正让自然做功的新型系统或一系列技术方法体系。通过模拟自然建立自组织的系统，具有适应性和恢复力，并提供生态系统服务。基于自然解决方案中的自然，是指"自然或经过改造的陆地、淡水、沿海和海洋生态系统"。不局限于纯自然，追求的是人工基础设施与自然基础设施的互补，但真正做功的是自然而非人工，人工的目的是协助自然进入可持续的状态。

2. 基于自然

可以理解为以自然为主体，与自然要素相关的，从自然中借鉴经验，诉诸生态系统过程、功能与服务，或直接理解利用生物多样性因素。这意味着人是基于自然解决方案的重要组成部分，要了解自然，了解如何协同利益相关方采取主动的适应性管理。强调基于自然而不囿于自然，利用自然而不损害自然，依托自然而不依赖自然，护之有力、育之有效、用之有度。这也意味着它与技术、工程、经济、法律法规解决方案等是平行或互补关系，存在权衡、协同与兼容。因此，基于自然的解决方案不是没有人工，也不是技术叠加，而是与自然合作，让自然做功。基于自然的解决方案以不同的行动方式守护自然，包括保护、养护、恢复、可持续利用和管理等，且一个解决方案可能包含多种不同类型的行动。

---

① Richard L. Ottinger Smita Narula. 请求以环境法律研究中心的名义反对 IUCN 动议 073 [EB/OL],2020 年 10 月 18 日，原文翻译转载自 http://www.cbcgdf.org/NewsShow/4937/14128.html.

3. 解决方案

首先，解决方案意味着是问题导向的，NbS 解决的是多种类型的社会挑战；其次，解决方案应具有多功能性，实现社会-生态系统的和谐发展；然后，强调多目标下的综合性、整体性方法并兼顾技术的科学性与经济的可行性。基于自然的解决方案不是生态修复或生态治理，目的在服务社会，其独特之处恰恰在于综合视角和多目标，应对的是可持续发展中社会、经济、环境三者耦合的一系列挑战，追求的是三种效益的协同效应，因此是解决综合挑战的系统策略。

（三）NbS 的判断及伪 NbS

东伦敦大学 Connop 利用 5 个原则问题来判断 NbS，即是否采用了自然的过程？是否带来社会效益？是否带来经济效益？是否带来环境效益？是否产生生态系统和生物多样性的净效益？以下是一些典型的伪 NbS。

单一树种造林引发的"绿色沙漠"现象。在植树造林中采取单一树种，难以形成生物群落结构，生物多样性低甚至损害原来的生物多样性，易造成病虫害，为防治病虫害又不得不引入杀虫剂，从而造成周边河道、土壤二次污染。当然，这里有一个前提，在原本好的生态系统上采取纯林，或更适宜作为湿地或其他生态系统的土地上改变用途种植纯林，都不是 NbS。但如果是在荒地上为恢复而种植，哪怕是纯林，也可能是 NbS，这取决于原来的生态系统是什么。

跨地带引种带来的绿色种植。一些城市为了城市景观美化，常常花巨资引种一些跨地带的常绿阔叶树种或色叶树种，违背植物自然生长规律，常常要耗费巨大维护成本"保温""防冻伤""治病虫害"，即使如此，很多时候也因为生长不良难以达到预期的效果。

以 NbS 名义实施的漂绿①现象。相对于高昂的减排成本，理性的企业可能更倾向于用种植碳汇林等碳抵消方式来逃避本身的减排责任，从而引发国际社会对以 NbS 名义实施的漂绿现象的担忧。基于自然的解决方案是减缓策略，而非补偿策略，也不是替代性方案。

（四）认识 NbS 的十个维度

自然价值维度。自然不仅提供供给、支持、调节、文化等多重功能，

---

① "漂绿"一词最早出现于 1986 年，由美国环境学家杰伊韦斯特维尔德（Jay Westerveld）提出，本义形容一些旅店宣称为减少对生态造成影响而鼓励游客重复使用毛巾，其实际目的可能是节约运营成本。后广泛用于揭示多领域的虚假环保现象。

还具有固有价值、工具价值和关系价值等多重价值。NbS 首先是对人类无意识逆转自然规律的广泛纠偏，以及对解锁自然蕴含力量的积极探索。重新将人们从工业文明思维下高度依赖工程技术方案转向接受让自然充分做功的更可持续、更高成本受益的解决方案。自然向好、保护优先是 NbS 的前提。

人类福祉维度。确保人类福祉是 NbS 重要向度和落脚点，以人为本更是 NbS 项目和政策成功的关键。从这一维度出发，高质量的发展已经内含其中，这是 NbS 区别于单纯为保护而保护的最大不同，因而应对多重社会挑战被列入《IUCN 基于自然的解决方案全球标准》的第一准则。

生命共同体维度。NbS 代表着人与自然关系认识的最新成果，既不同于人类中心主义，也不同于自然中心主义，而是将人与自然，乃至整个地球看作生命共同体，所采用的技术也是调谐性的，而非征服性的。人类在保护、修复、管理自然中，利用自然做功解决社会经济多重挑战，休戚与共，和谐共生，这是 NbS 的落脚点。

系统维度。NbS 将保护和加强生态系统的完整性和多样性置于核心要务，是一种综合方法和多功能解决方案，秉承了系统观念与系统思维。系统性还体现在对综合效益的考虑，最终目标是人的福祉。当前，NbS 现有实践经验丰富但缺乏系统管理，加强系统管理也是未来发展的一个重要方向。

协同维度。NbS 强调生态系统服务之间的协同性，在实现可持续发展多个目标中具有显著协同效应。生态修复、生物多样性保护、增加碳汇、应对气候变化、促进经济发展、增进人类安全健康等之间并不是割裂的，基于自然的解决方案正是寻求这种协同的方式，从而创造协同增效增益的典范。加强基于自然的解决方案与先进绿色技术与政策相结合，将会在实现"碳达峰碳中和"目标中发挥更加重要作用。

治理维度。NbS 需要彻底反思人类应该如何与自然相处，需要新的责任、权利和治理机制。NbS 的顺利实施需要战略与制度引领，纳入国家与区域层面政策，并推进其主流化。利益相关者的充分参与，需要良好的治理环境。

创新维度。虽然 NbS 具有协同增益潜力，但并不会自发产生，从根本上还依赖于创新。基于自然的工程措施更需要人类在充分认识自然的基础上，最大程度地发挥聪明才智，本质还是对自然规律的创新应用。NbS 鼓励投资能够更有效地保护和可持续利用自然资源的创新技术。

空间维度。空间是自然的载体，NbS 可以应用于不同尺度的空间单元，并与空间规划、生态管控等手段相结合，发挥协同效益。除了森林、水、湿地等自然生态系统，城市和流域尺度的 NbS 越来越受关注。

历史维度。NbS 涉及的方法由来已久，距今 2 300 余年的都江堰工程就是充满中国传统生态智慧的基于自然的解决方案。只不过这些概念是最近十几年才由国际机构提出，从而得到广泛关注的。NbS 包含的方法经过实践检验，被证明是行之有效的，在现代社会更具有迫切性，可以与现代工程技术相结合，发挥更大作用。基于自然的解决方案并不是一个封闭的、一成不变的概念，基于人们对自然规律认识的继续深化，或技术与经济可行性的发展，它具有很强的发展性和延展性，也会涌现出更多的 NbS 方法与措施。

功能维度。多功能性是 NbS 的核心，包括空间的多功能利用、产生协同效应与创造附加值。如建筑空间不局限于使用和消费功能，也可能成为能源生产空间，甚至是食物生产空间。城镇污水处理厂也可以从实现污染物削减的基本功能，转变为能源工厂、水源工厂和肥料工厂。

二、NbS 应对社会挑战的类型

（一）已得到验证的主要挑战

基于自然的解决方案的目的是应对社会挑战。IUCN 视角下基于自然的解决方案可帮助应对的社会挑战类型，包括气候减缓与适应、水安全、经济与社会发展、人类健康、食物安全、防灾减灾、环境退化与生物多样性丧失，最后一项跟前六项直接相关，一般不单独存在。这七项社会挑战的确定主要是基于现有事实和研究。

（二）其他类型的挑战

Raymond C M 等学者通过统计相关研究文献，将 NbS 措施应对挑战的类型分为增强气候缓解与适应力、水管理、沿海弹性、绿地管理、空气与环境质量、城市更新、参与式计划与治理、社会正义与社会凝聚力、公共卫生和福祉、潜在的经济机会和绿色就业 10 个方面[1]。

---

[1] RAYMOND C M, BERRY P, BREIL M, et al. An impact evaluation framework to support planning and evaluation of nature-based solutions projects [M]. Wallingford: Centre for Ecology and Hydrology, 2017.

（三）城市层面的挑战类型

欧盟城市自然地图集项目基于 1 240 个基于自然的解决方案实施案例，确定了基于自然的解决方案可以应对的 12 个挑战。包括气候行动促进适应、复原力和减缓；沿海复原力和海洋保护；环境质量；绿色空间、栖息地和生物多样性；再生，土地利用和城市发展；水资源管理；文化遗产和文化多样性；健康与福祉；包容有效的治理；社会正义、凝聚力和公平；经济发展与就业；可持续消费和生产①。特别需要指出的是，除了可持续城市发展，基于自然的解决方案还可以应对联合国可持续发展目标（SDG）所定义的更广泛的全球发展挑战，具体如表 1-1 所示。

表 1-1　Urban Nature Atlas 关于基于自然的解决方案应对的 12 个挑战

主要挑战类型	可持续发展目标	具体挑战领域
气候行动促进适应、复原力和减缓	可持续发展目标 13	适应气候变化 减缓气候变化
沿海复原力和海洋保护	可持续发展目标 14	海岸保护 海洋和生物多样性保护 海洋和沿海研究和/或教育
环境质量	—	土壤质量提高 空气质量改善 废物管理 降噪
绿色空间、栖息地和生物多样性	可持续发展目标 15	栖息地和生物多样性恢复 栖息地和生物多样性保护 绿地创建和/或管理
再生，土地利用和城市发展	—	建筑环境监管 原工业区改建 推广自然主义城市景观设计
水资源管理	可持续发展目标 6	防洪 雨水和降雨管理和储存 改善水质
文化遗产和文化多样性	—	保护自然遗产 保护历史和文化景观/基础设施 促进文化多样性 保护历史传统

① 环境署为支持基于自然的解决方案政府间磋商而编制的背景文件[EB/OL].[2023-05-22] https://wedocs.unep.org/bitstream/handle/20.500.11822/42300/Background_paper_NBS_CH.pdf? sequence=6.

表1-1(续)

主要挑战类型	可持续发展目标	具体挑战领域
健康与福祉	可持续发展目标 3	支持身体活动 改善心理健康 改善身体健康 创造放松和娱乐的机会
包容有效的治理	可持续发展目标 16	包容性治理 有效管理 打击犯罪和腐败
社会正义、凝聚力和公平	可持续发展目标 10	社会凝聚力 社会正义与公平 社交互动 环境教育 环境和气候正义
经济发展与就业	可持续发展目标 8	经济发展：农业 经济发展：工业 经济发展：服务业 旅游支持 房地产开发 就业/创造就业机会
可持续消费和生产	可持续发展目标 12	可持续消费 可持续生产

注：SDG3——良好健康与福祉；SDG6——清洁饮水和卫生设施；SDG8——体面工作和经济增长；SDG10——减少不平等；SDG12——负责任消费和生产；SDG14——水下生物；SDG15——陆地生物；SDG16——和平、正义与强大机构。

资料来源：Urban Nature Atlas[EB/OL].[2023-11-20]https://una.city/.

三、基于自然的解决方案类型

(一)五分法

NbS 是一个综合的伞形概念，IUCN 将 NbS 实施方法分为五类，即生态系统修复、特定议题的生态系统方法、与基础设施相关的方法、基于生态系统的管理方法、生态系统保护方法，每种类型下面又包含了若干种具体方法，如表 1-2。这些方法大多早于 NbS 概念的提出，并不断产生新的方法。

表 1-2　NbS 五种类型及其内容

类型	主要举措
生态系统修复	生态修复、生态工程、森林景观修复等
特定议题的生态系统方法	基于生态系统的适应和减缓、气候适应服务、基于生态系统的灾害风险减缓等
与基础设施相关的方法	自然基础设施和绿色基础设施
基于生态系统的管理方法	海岸带综合管理、水资源综合管理
生态系统保护方法	区域保护方法，包括保护区管理

资料来源：Cohen-Shacham, E., Walters, G., Janzen, C. and Maginnis, S.（eds.）. Nature-based Solutions to address global societal challenges[R/OL]. Gland, Switzerland：IUCN. 2016. http://dx.doi.org/10. 2305/IUCN.CH.2016. 13. en.

（二）三分法

Hilde Eggermont 等（2015）将 NbS 分为三个类型，即更好地利用与保护现有的生态系统的解决方案、调整现有生态系统的解决方案与创造和管理新的生态系统的解决方案，当然 NbS 不限于这三种类型，且三种类型之间也存在平行、互补以及演进关系，如表 1-3 所示。从基于自然生态系统保护到恢复的生态系统，再到新生态系统，依次代表最大限度加强生态系统服务与用于生物多样性及生态系统工程水平的递进。生态系统保护、可持续管理和生态系统修复是 NbS 的三种方式，也代表着三个优先级，即保护优于管理，最后才是修复。而在现实中，生态修复涉及大规模资金投入与政策资源，也会产生 GDP、政绩以及公众直观感受等额外收益，市场反应、政策关注以及公众意愿更加强烈，而保护本身带来的多重效益以及生态系统破坏后不可逆转的影响往往被低估，因此应高度重视对现存生态系统的保护。

表 1-3　NbS 类型及其内容

类型	内涵与举措	案例
第一类：基于自然生态系统保护	更好地利用现有自然或受保护生态系统的解决方案	在完整的湿地增加鱼类种群以加强粮食安全的措施

表1-3(续)

类型	内涵与举措	案例
第二类：恢复的生态系统	基于为管理或恢复的生态系统制定的持续管理协议和程序的解决方案	重建基于商业树种的传统农林系统以支持减贫
第三类：新生态系统	创建新生态系统的解决方案	建立绿色建筑（绿植墙、绿植屋顶等）

资料来源：Eggermont，H.，Balian，E.，Manuel，J. et al. Nature-based Solutions：New Influence for Environmental Management and Research in Europe［J］. GAIA ，2015，24（4）：243-248.

（三）其他分类

NbS 有着更为宽泛的表述，并在不同领域有着相对独立的术语。如博伯杰团队在《中国的气候自然解决方案的生物物理及经济约束》一文中列出了 16 条 NCS 路径：重新造林（RF）、避免森林转化（AVFC）、改良人工林管理（IMP）、天然林管理（NFM）、林火管理（FM）、生物炭（BIOC）、覆盖作物（CVCR）、农田养分管理（CRNM）、改良水稻栽培（IMRC）、避免草地转换（AVGC）、放牧优化（GROP）、草地恢复（GRR）、避免沿海湿地影响（AVCI）、避免泥炭地影响（AVPI）、沿海湿地恢复（CWR）、泥炭地恢复（PTR）①。而欧盟委员会专家小组所列 NbS 行动多达 310 种。见表 1-4。

表 1-4　NbS 相关的各种术语

涉及领域	与 NbS 相关的具体术语
气候变化领域	基于自然的气候解决方案（NCS）、基于生物的碳捕获和储存等
农食系统领域	气候智慧农业、保护性农业、可持续生态恢复、可再生粮食系统、自然向好的粮食生产系统及可持续粮食体系、有机农业、可持续放牧等
城市领域	基于自然的城市韧性解决方案、绿色基础设施、蓝绿基础设施及生态基础设施、基于自然的城市更新、城市森林、垂直绿化、雨水花园、生境花园、海绵城市等

---

① Lu，N.，Tian，H.，Fu，B. et al. Biophysical and economic constraints on China's natural climate solutions［J］. Nat. Clim. Chang. 2022，12，847-853. https://doi.org/10.1038/s41558-022-01432-3.

表1-4（续）

森林管理领域	造林与再造林、碳汇、气候智慧型林业、农林复合系统、森林景观恢复、减少毁林和退化所致排放量＋（REDD＋）、近自然林业等
湿地管理领域	人工湿地、天然湿地、泥炭地保护等
水资源管理领域	海岸带综合管理、水资源综合管理、自然保水、生态工法、集水区管理、河流自然化、河漫滩恢复、修复珊瑚、恢复红树林、牡蛎礁、海草恢复、重造海岸线、蓝碳等
土地管理领域	保护性耕作、综合土地管理（ILM）、可持续土地管理（SLM）等
灾害领域	基于生态系统的灾害风险减缓（Eco-DRR）、综合火灾管理（FM）等
区域保护领域	保护区管理、生态红线、国家公园等
循环经济领域	农林废弃物再利用、畜禽养殖废弃物资源化、零废弃等
其他	荒野化、再野化等

资料来源：课题组根据文献汇集，部分参考 NATHALIE SEDDON，ALISON SMITH，et al. Getting the message right on nature-based solutions to climate change［J］. Global Change Biology，2021，27（8）：1518-1546. https://doi.org/10. 1111/gcb.15513.

第三节　NbS 具有协同效益

一、基于自然的解决方案具有广泛的协同效益

（一）协同效益与协同增益

协同效益来源于1995年、2001年政府间气候变化专门委员会（IPCC）第二次和第三次评估报告提出的"次生效益"（Secondary Benefits）和"协同效应"（Co-benefits）概念，指的是减缓气候变化各项措施中产生的超越温室气体排放目的的附加效益，如减少空气污染、获得健康效益等。也是指因各种原因而同时实施的各种政策方案所产生的共同效益。协同效益是相互关联的，如城市行道树的增加减少了空气和噪音污染，改善了城市热岛现象。这些共同利益增加了该地区品质与吸引力，因此也实现了土地溢价和房产增值，这反过来又可以使地方税收受益。

本书将协同增益理解为共同利益或协同效益，是一种正向副作用或额外收益，是实施基于自然的解决方案所产生的额外收益、积极影响、互利

发展等。如在气候变化的背景下气候变化缓解政策对健康和福祉产生积极影响，又如在基于自然的雨洪解决方案用于减少洪水灾害风险的背景下可以协助实现水资源、水环境、水生态统筹治理的效益。当然，负面作用，即所谓的不利因素，往往在共同利益下被忽视。例如，改善生态景观与提高空气质量的同时也可能带来花粉或蚊虫等生态危害或健康问题，为建设招鸟景观而修建供鸟饮水的水池往往容易招致蚊虫从而带来公共卫生隐患。本研究的意义在于更多将共同利益纳入决策，从而降低政策实施的摩擦成本。

（二）NbS 主要效益

NbS 为应对气候变化提供创新解决方案。自然生态系统既是气候变化的受害者，也是应对气候变化的重要支撑。基于自然的解决方案可以减缓土地利用部门的温室气体排放，提高应对气候风险的能力，增加碳汇，是一种兼具减缓与适应的综合手段。其减排增汇量，能够为实现《巴黎协定》目标贡献 37% 左右的成本有效的减排潜力，约 320 亿吨的减排量，同时基于自然的气候解决方案每年还可增加 250 亿~900 亿美元的经济效益（Griscom，2017）[1]。

NbS 带来生物多样性净增长和保持生态系统完整性。"应对生物多样性丧失"在基于自然解决方案实施中占据重要地位，也是重要衡量标准。基于自然的解决方案将保护生物多样性作为应对全人类共同挑战的解决方案之一，将生物多样性的价值带入经济社会发展中。NbS 的科学实践已经成为推动生物多样性保护的重要手段，同时提供了创新性思路。

NbS 在应对自然灾害、水资源和粮食危机等领域发挥重要作用。例如，城市洪水管理除了防洪，还能够提升当地房产价值、激励投资、提供公园和农业用水、提高生物多样性、改善空气质量、改善水质和道路径流、享用绿色空间提升福祉等。发展再生农业与保护性耕作在提升土壤健康、节约用水的同时，保障粮食安全。

世界银行《基于自然的城市韧性解决方案》指出 NbS 相互联系的效益包括：河岸洪水风险降低；雨季洪水风险降低；河流洪水风险降低；热应力降低；资源生产；旅游和娱乐；碳储存和碳固存；刺激地方经济创造就

① Griscom BW, Adams J, Ellis PW, et al. Natural climate solutions [J]. Proc Natl Acad Sci U S A. 2017 Oct 31；114（44）：11645-11650.

业机会；人类健康；教育；生物多样性；文化；社会互动①。

（三）NbS 协同效益

基于自然的解决方案提供生态系统服务之间的协同作用。自然生态系统提供多重惠益，基于自然的解决方案实现的正是多种生态系统服务的交付，而协同效益本身来自多样的生态系统服务，包括物质产品的供给服务、生态调节服务与文化服务。

基于自然的解决方案提供其他不同要素的共同惠益。基于自然的解决方案作为纽带，提供要素之间的共同惠益，即社会文化、经济系统、生物多样性、生态系统和气候等要素之间相互作用的惠益，在一定程度上抵消各自领域的成本。

基于自然的解决方案协同全球目标与地方利益。基于自然的解决方案在碳固存或生物多样性保护等全球目标上具有重要价值，而产生的协同效益，如经济社会环境效益往往惠益本地，因而更能调动当地实施基于自然的解决方案的积极性。

二、基于自然的解决方案协同的主要应用领域

（一）协同解决气候变化和生物多样性双重危机

气候变化与生物多样性丧失是当前人类社会面临的两大全球性危机，二者相互影响。气候变化是生物多样性丧失的重要驱动因素，而生物多样性的丧失进一步导致气候变化、加剧极端气候影响。在这种双重关系下，必须寻求协同解决的思路与方法。2008 年，世界银行首次引入 NbS，就已经将其作为一种新的解决方案，在应对气候变化影响的同时，保护生物多样性并改善可持续生计。相比传统的以节能减排为主的气候变化解决方案，基于自然的解决方案能够在减缓气候变化的同时，发挥生物多样性保护、水源涵养、土壤保育等多重协同效益，从而提升对气候变化的适应能力（TNC，2021）。解振华在《应对气候变化的基于自然解决方案全球案例》的序言中强调基于自然的解决方案是一个协同增效的典范，在应对气候变化、实现社会经济各领域协同增效、促进高质量可持续发展上发挥重要作用。

---

① World Bank. 2021. A Catalogue of Nature-Based Solutions for Urban Resilience[R/OL].[2023-05-22] World Bank, Washington, DC. http://hdl.handle.net/10986/36507 License：CC BY 3.0 IGO.

（二）NbS 促进实现多项可持续发展目标

增加基于自然的解决方案投资有助于当地可持续生计转型从而缓解贫困问题（SDG1），都市农业以及再生农业发展有利于粮食安全与改善营养（SDG2），绿色基础设施与城市居民健康与福祉密切相关（SDG3），自然储水、湿地净水等有利于实现水资源的可持续利用（SDG6），城市公园绿地促进可持续城市和社区的可持续发展（SDG3、SDG10、SDG11、SDG13），自然海岸带保护实现海洋和海洋资源的可持续管理（SDG14）。此外，基于自然的解决方案还可以减少权衡取舍并促进可持续发展目标之间的协同作用。

三、发挥基于自然的解决方案协同效益的意义

（一）同时实现多种政策目标

基于自然的解决方案支持各种政策目标，包括水资源管理、粮食安全、人类健康、气候适应环境，减少灾害风险、防治荒漠化、可持续发展、农业实践、渔业和水产养殖、海洋和沿海地区管理，同时加强生物多样性和生态系统功能。这是因为基于自然的解决方案倾向于实现生态系统的综合功能和整体恢复能力，即使起初的政策目标只有一个，也往往会产生多重效益，帮助应对一众问题，这是基于自然的解决方案的关键特征。

（二）共同履约和多边合作

基于自然的解决方案是促进共同履约和多边合作的钥匙。《联合国防治荒漠化公约》第十五次缔约方大会呼吁各缔约方尝试通过基于自然的解决方案达成公约目标，《国际湿地公约》（拉姆萨尔公约）第十四届缔约方大会呼吁各缔约方采用基于自然的解决方案，《联合国气候变化框架公约》第二十七次缔约方大会的总体框架性决议文本呼吁各缔约方"适当考虑采取基于自然的解决方案或基于生态系统的方法"，联合国《生物多样性公约》第十五次缔约方大会（CBD COP15）通过的"昆明-蒙特利尔全球生物多样性框架"（GBF）将 NbS 纳入行动目标。实施基于自然的解决方案有利于协同推进多项国际公约，在国际层面开展多边合作。

（三）降低危险发生频率和强度

世界经济论坛发布的 2020 年全球风险报告显示，当今人类面临的五个最大可能的风险是：极端天气、生物多样性丧失、气候行动失败、自然灾害和人为环境灾害（WEF，2020）。NbS 可以降低危险发生的频率，例如，

森林可以防止山体滑坡。同时，NbS 还可以降低危险影响程度，如红树林可以消减风浪，阻滞陆地来沙。此外，NbS 还为野生动物提供了自然栖息地，减少动物与人之间的冲突以及城市地区发生疾病和传染病大流行的风险。

本章参考文献

［1］大自然保护协会. 基于自然的解决方案研究与实践［M］. 北京：中国环境出版集团，2021.

［2］李政，王彬彬. 基于自然的解决方案全球实践［M］. 北京：中国环境出版集团，2022.

［3］胡珺涵，桑杰，高煜芳，甘肃甘加草原：基于自然和社区的草原生态治理［J］. 科学，2021，73（5）：16-21.

［4］张小全，谢茜，曾楠. 基于自然的气候变化解决方案［J］. 气候变化研究进展，2020，16（3）：336-344.

［5］安岩，顾佰和，王毅，等. 基于自然的解决方案：中国应对气候变化领域的政策进展、问题与对策［J］. 气候变化研究进展，2021，17（2）：184-194.

［6］联合国教科文组织. 联合国世界水发展报告 2018：基于自然的水资源解决方案［M］. 北京：中国水利水电出版社，2019.

［7］欧盟委员会研究与创新总局. 基于自然的解决方案在自然积极经济中的重要作用［R/OL］，欧盟出版局，2022. https://data.europa.eu/doi/10.2777/307761.

［8］康蓉，史贝贝，任保平. 基于自然的解决方案的气候变化治理［J］. 环境经济研究，2020，5（3）：169-184.

［9］周冯琦，尚勇敏. 碳中和目标下中国城市绿色转型的内涵特征与实现路径［J］. 社会科学，2022（1）：51-61.

［10］马世骏，王如松. 社会-经济-自然复合生态系统［J］. 生态学报，1984，4（1）：1-9.

［11］董战峰，周佳，毕粉粉，等. 应对气候变化与生态环境保护协同政策研究［J］. 中国环境管理，2021，13（1）：25-34.

［12］陈梦芸，林广思. 推动基于自然的解决方案的实施：多类型案例综合研究［C］. 中国风景园林学会. 2018 年会论文集，中国建筑工业出版

社，2018：323-329.

[13] 蒋阳.基于自然的解决方案的欧盟经验及其对我国的启示 [J]. 江苏建材，2020 (6)：52-55.

[14] 杨崇曜，周妍，陈妍，等.基于 NbS 的山水林田湖草生态保护修复实践探索 [J].地学前缘，2021，28 (4)：25-34.

[15] 王军，杨崇曜.关于基于自然解决方案的争议与思考 [J].中国土地，2022 (2)：21-23.

[16] 罗明，应凌霄，周妍.基于自然解决方案的全球标准之准则透析与启示 [J].中国土地，2020 (4)：9-13.

[17] 卢风.论基于自然的解决方案（NbS）与生态文明 [J].福建师范大学学报（哲学社会科学版），2020 (5)：44-53，169.

[18] 马延滨.交互涵化与全球环境治理的实践：以"基于自然的解决方案"为例 [J].外交评论（外交学院学报），2023，40 (2)：127-154，169.

[19] 王金洲，徐靖."基于自然的解决方案"应对生物多样性丧失和气候变化：进展、挑战和建议 [J].生物多样性，2023，31 (2)：231-236.

[20] 刘涵，罗明，胡俊涛，等.国内外基于自然的解决方案新进展 [J].资源导刊，2023 (2)：54-55.

[21] 高兵，邓锋，程萍，等.以基于自然的解决方案促进经济转型：自然资源治理服务支撑新自然经济发展 [J].中国国土资源经济，2022，35 (9)：23-30.

[22] 徐晋涛，易媛媛."双碳"目标与基于自然的解决方案：森林碳汇的潜力和政策需求 [J].农业经济问题，2022 (9)：11-23.

[23] 王旭东，吴君琦，刘可为，等.基于自然的解决方案：竹子助力碳中和实现路径研究 [J].自然保护地，2022，2 (4)：32-39.

[24] 王瓒玮.日本协同应对气候变化与保护生物多样性的经验启示：以"基于自然的解决方案"为视角 [J].环境保护，2022，50 (24)：65-69.

[25] 白雪.基于自然的解决方案：内涵边界需厘清，资金筹备待多元 [N].中国经济导报，2022-06-14 (009).

[26] 宁晶.基于自然的解决方案全球标准中文版及中国实践典型案例发布 [N].中国自然资源报，2021-06-24 (001).

[27] 曾楠，徐东梅，张小全，等. 基于自然的解决方案：推动自然受益型经济发展 [J]. 中国国土资源经济，2021，34（7）：20-25，68.

[28] 罗明，刘世梁，张琰. 基于自然的解决方案（NbS）优先领域初探 [J]. 中国土地，2021（2）：4-11.

[29] 霍莉，吕若平，张小全. 基于自然的解决方案与适应气候变化 [J]. 中华环境，2021（Z1）：48-52.

[30] 罗明，张琰，张海. 基于自然的解决方案在《山水林田湖草生态保护修复工程指南》中的应用 [J]. 中国土地，2020（10）：14-17.

[31] WorldBank. Biodiversity, Climate Change, and Adaptation：Nature-based Solutions from the World Bank Portfolio [R]. World Bank, Washington, DC. 2008.

[32] Cohen-Shacham, E., Walters, G., Janzen, C. and Maginnis, S. (eds.) Nature-based Solutions to address global societal challenges [R]. Gland, Switzerland：IUCN. 2016：xiii + 97. http：//dx.doi.org/10.2305/IUCN.CH.2016.13.en.

[33] IPCC. Climate Change 2022：Mitigation of Climate Change. Contribution of Working Group III to the Sixth Assessment Report of the Intergovernmental Panel on Climate Change [R]. Cambridge University Press, Cambridge, UK and New York, NY, USA. 2022.

[34] Lu, N., Tian, H., Fu, B. et al. Biophysical and economic constraints on China's natural climate solutions [J]. Nat. Clim. Chang. 2022, 12：847-853.

[35] Schröter M, Stumpf KH, Loos J, et al. Refocusing ecosystem services towards sustainability [J]. Ecosystem Ser-vices, 2017, 25：35-43.

[36] Goodwin, S., Olazabal, M., Castro, A. J., et al. Global mapping of urban nature-based solutions for climate change adaptation [J]. Nature Sustainability, 2023：1-12.

[37] United Nations EnvironmentProgramme and International Union for Conservation of Nature. Nature-based solutions for climate change mitigation [R]. Nairobi and Gland. 2021.

[38] Yu, K. The Conflict between Two Civilizations：On Nature-Based Solutions [J]. Landscape Architecture Frontiers, 2020, 8（3）：4-9.

［39］Palomo I, Locatelli B, Otero I, et al. Assessing nature-based solutions for transformative change ［J］. One Earth, 2021, 4 (5): 730-741.

［40］Seddon N, Chausson A, Berry P, et al. Understanding the value and limits of nature-based solutions to climate change and other global challenges ［J］. Philosophical Transactions of the Royal Society B - Biological Sciences, 2020, 375 (1794): SI.

［41］Seddon, N., Smith, A., et al. Getting the message right on nature-based solutions to climate change ［J］. Glob. Change Biol., 2021, 27: 1518-1546.

［42］Griscom BW, Adams J, Ellis PW, et al. Natural climate solutions ［J］. Proc NatlAcad Sci U S A. 2017 Oct 31; 114 (44): 11645-11650.

［43］Kooijman ED, McQuaid S, Rhodes M-L, et al. Innovating with Nature: From Nature-Based Solutions to Nature-Based Enterprises ［J］. Sustainability. 2021, 13 (3): 1263.

［44］Raymond C, Frantzeskaki N, Kabisch N, et al. A framework for assessing and implementing the co-benefits of naturebased solutions in urban areas ［J］. Environmental Science & Policy, 2017 (77): 15-24.

［45］Shao, Y., Xu, X., & Yuan, J. The Intension and Values of Urban-Wildscapes ［J］. Landscape Architecture Frontiers, 2021, 9 (1): 14-25.

［46］Chunli Zhao, Yan Yan, Chenxing Wang, Mingfang Tang, Gang Wu, Ding Ding, Yang Song. Adaptation and mitigation for combating climate change-from single to joint ［J］. Ecosystem Health and Sustainability, 2018, 4 (4): 85-94.

［47］Kabisch, Nadja. Nature - Based Solutions to Climate Change Adaptation in Urban Areas: Linkages between Science, Policy and Practice ［M/OL］, ［2023-03-12］ Springer Nature, Cham, 2017.

［48］Welden, E. A, Chausson, Alexandre. Leveraging Nature - based Solutions for transformation: Reconnecting people and nature ［J］, People and nature (Hoboken, N. J.), 2021, Vol. 3 (5), p. 966-977.

［49］United Nations EnvironmentProgramme and International Union for Conservation of Nature (2021) ［R］. Nature-based solutions for climate change mitigation. Nairobi and Gland, 2021.

［50］European Commission Directorate-GeneralFor Research and Innovation, Evaluating the Impact of Nature-Based solutions: a Summary For Policy Makers ［R］. Luxembourg: Publications Office of the European Union, 2021.

［51］International Union for Conservation of Nature (IUCN). Resolution 69 on Defining Nature-based Solutions (WCC-2016-Res-069). IUCN Resolutions, Recommendations and Other Decisions. 6-10 September 2016. World Conservation Congress Honolulu ［EB/OL］. ［2023-04-15］ Hawai'i, United States of America. 2016. https://portals. iucn. org/library/sites/library/files/resrecfiles/WCC_2016_RES_069_EN.pdf.

［52］Cohen-Shacham E, Andrade A, Dalton J, et al. Core principles for successfully implementing and upscaling Nature-based Solutions ［J］. Environmental Science & Policy, 2019, 98: 20-29.

［53］Thilo W, Erik A, Sonja K, et al. Reinforcing nature-based solutions through tools providing social-ecological-technological integration ［J］. Ambio. 2022, 52 (3): 489-507.

［54］Cook-Patton SC, Drever CR, Griscom BW, et al. Protect, manage and then restore lands for climate mitigation ［J］. Nature Climate Change. 2021, 11 (12): 1027-34.

第二章 多重挑战下的城市 NbS 探索

让城市的重塑成为解决方案而不是造成新的问题。

——联合国：《全球环境展望（城市版）：向绿色和公正的城市转型》，2021

城市地区越来越多地受到环境退化、资源枯竭、极端气候等影响。基于自然的解决方案为应对城市环境挑战提供了新的视角和思路，如通过自然资源推动绿色经济增长，改善能源利用与材料循环，活化利用闲置的城市空间与老旧资源，为市民提供普惠可及的生态宜居品质与健康效应，等等。基于自然的解决方案打破了环境与发展不可兼容的固化思维，有利于提出更多创新性的解决方案。同时，基于自然的解决方案所具有的包容性也有利于降低认知阻碍，减少沟通障碍，更容易被理解和接纳。

第一节 城市化与气候变化的多重挑战

城市化是由以农业为主的传统乡村型社会向以工业和服务业等非农产业为主的现代城市型社会逐步转变的历史过程。人口和经济的高度集聚带来资源和能源的大量消耗与环境污染的快速蔓延，使得城市成为碳排放的主要来源以及规模巨大的承灾体，第六次全球环境展望（GEO-6）将城市化确定为环境变化的五大驱动力之一。我们将城市面临的多重环境挑战分为两类：一是城市化带来的内生挑战；二是气候变化引致的外在挑战。

一、城市化带来的挑战

（一）人口集聚

1950—2020 年，全球城市化率从 29.6% 增长至 56.2%，中国城镇化率从 11.2% 增长至 63.9%。全球城镇人口从 7.5 亿增长至 43.6 亿，预计到 2050 年将再增长 23.1 亿。改革开放以来，我国城镇常住人口从 1.7 亿人增加到 9.14 亿人，常住人口突破 1 000 万的城市共有 17 座，突破 500 万的有 66 座。庞大的人口集聚在为城市带来充足劳动力、先进生产力和经济活力的同时，也带来了一系列诸如交通拥挤、住房紧张、就业压力、公共服务与治理困境等问题。

（二）城市蔓延

伴随着城市化率的提升，城市面积也随之快速扩张。1990—2018 年全球人口大于 100 万的城市从 247 座增长至 548 座，人口总量从 7.7 亿增长到 17.8 亿（UN，2018）。根据中国科学院空天信息创新研究院发布的数据，1972—2020 年我国 75 个样本城市的建成区面积扩大了 7.46 倍，总面积扩展 26 914.88 平方千米。城市对多种用途土地的竞争带来自然空间的急剧缩减，城市化也被认为是对地球表面影响最为剧烈且不可逆的活动之一。

伴随着城市面积扩张，全球不透水面积也在急剧增加，2018 年全球不透水面积达到 797 076 平方千米，超过 1990 年的 2.5 倍（Gong P，li X，Wang J，2020）。根据中国科学院《美丽中国生态文明建设地理图景》，2000—2020 年，四川城市面积由 780 平方千米扩展至 2 100 平方千米，不透水面积由 65.6% 扩展到 67.12%。城市不透水面积增加严重削弱地表蓄洪、植物拦截与土壤下渗的功能，洪水截留更多依靠人工管道排水与防洪工程，导致地下水补给不足，地表径流量逐年升高。

（三）资源短缺

自然为人类提供了丰富的资源，但工业革命与城市化对自然资源的掠夺式开发导致 1/3 的自然资源惨遭破坏，资源短缺甚至是枯竭。全球森林面积在过去 20 年缩减了约 1 亿公顷（FAO，2020）。世界气象组织（WMO）发布首份《全球水资源状况报告》，指出"目前全球有 36 亿人每年至少有一个月面临供水不足的问题，预计到 2050 年，此类人口数量将超过 50 亿"。历经上亿年形成的能源资源在 100 年间已消耗大部分，已探明的石油产量也只能维持三四十年。

（四）环境污染

环境污染问题复杂多样，大气、水、食物、土壤、固废是研究关注的重点。WHO 和 UNEP 指出，全球城市居民有 4/5 生活在大气污染环境中。《全球环境展望》也指出 1/4 的早死和疾病都源于污染和环境破坏。全球重大环境污染事件，如比利时马斯河谷烟雾事件、日本水俣病事件等虽过去，但后遗症持续，至今依然骇人听闻。另外，城市由于集聚大量人口与建筑物，缺乏绿色植物光合作用，从而吸附过多太阳光辐射，温度会高于郊区，热力性质差异形成回流，也就是热岛效应，严重影响城市居民健康。

（五）生态破坏

高强度开发建设割裂了城市生态系统的完整性，日益破碎化，对城市生物多样性造成严重危害。根据"全球足迹网络"（Global Footprint Network）发布，地球从 1971 年以来一直处于生态赤字状态，且每年的地球超载日不断提前，2023 年 8 月 2 日是地球超载日。《地球生命力报告 2022》（WWF，2022）指出，监测的野生动物种群自 1970 年以来下降了 69%。生态退化给城市带来更大的韧性挑战，以雨洪为例，城市化进程改变植被、土壤等垫面类型，加剧水土流失，导致洪峰流量增大、汇流时间变短、排水密度增加。地下空间的大规模开发也使得洪涝调蓄空间受限，城市雨岛和热岛效应显著，产汇流特性剧烈变化。且大城市极端暴雨往往具有局地性和突发性，产生聚集、连锁和放大效应，严重危害群众生命财产与城市基础设施安全。

二、气候变化带来的挑战

（一）气候变化及其威胁

从 1990 年到 2023 年，IPCC 发布的历次评估报告成为国际社会认识气候变化问题并建立应对机制的重要科学依据，极大地影响着《联合国气候变化框架公约》《京都议定书》《巴黎协定》的谈判进程和走势。1990 年 IPCC 第一次评估报告确认了气候变化的科学依据。2001 年 IPCC 第三次评估报告明确了观测到的地表温度上升主要归因于人类活动。2021 年 IPCC 第六次评估报告明确指出人类活动主要通过排放温室气体已毋庸置疑引起了全球变暖。气候变化可以诱发极端天气事件频发与海平面上升，导致洪涝干旱灾害、城市热岛效应、生物多样性丧失、生态环境退化等风险，对人类生存发展造成严重威胁。

（二）城市面临的气候风险

城市聚集了高密度人口、基础设施和建筑物，导致极高脆弱性和暴露可能，从而成为气候风险的热点区域。城市面临的主要气候风险包括气象灾害及其引发的次生灾害，如暴雨与洪水、高温干旱、冰雪与冻害等极端天气，对城市的主要领域产生显著影响，如能源系统、水供需与污水处理、交通和公共健康。IPCC AR5（2014）指出，1950 年以来，全球极端天气事件增多，广泛影响城市居民点、人类健康和幸福；且未来洪水、高温、干旱造成的长期风险影响仍将显著上升。随着城市人口与资产不断集聚与扩张，雾霾、热岛、台风、内涝等新型、复合型城市灾害日益增多，气象灾害造成的损失占自然灾害 70% 以上。

（三）长期压力

气候变化是城市现在及未来要面对的灰犀牛式的慢性压力，具有大概率、高风险的累积趋势。由于快速的城市化和城市热岛效应，全球城市变暖的速度是全球整体平均速度的 2 倍。预计到 21 世纪中叶，城市人口将暴露在高温中（即夏季平均最高温度超过 35 ℃）的比例将增长 800%，波及人数达到 16 亿人[1]。气候变化造成的不平等，包括健康状况（如心血管疾病等）、社会经济状况（如不稳定的住房）、地理资源分配（如缺水区）以及社会政治地位差距等，在城市环境中会尤为明显（Jay 等，2021）[2]。

三、城市化与气候变化交叠

工业革命以来全球大规模城镇化是气候变化的重要原因，而气候变化引发的热浪、风暴、干旱和洪水灾害也对城市居民生产生活以及财产与基础设施产生不利影响。这两种力量相互交叠，既显示了城市应对风险的复杂性和不确定性，也彰显了协同治理的必要性和紧迫性。

可持续城市化是积极应对气候变化的人类自我调整与适应策略，也是

---

[1] United Nations Environment Programme. Beating the Heat: A Sustainable Cooling Handbook for Cities [R]. Nairobi. 2021.

[2] Ollie Jay, Anthony Capon, Peter Berry, Carolyn Broderick, Richard de Dear, George Havenith, et al. Reducing the health effects of hot weather and heat extremes: from personal cooling strategies to green cities [J]. Heat and Health, 2021, Volume 398, ISSUE 10301: 709-724.

实现碳中和的关键。城市既是气候变化的原因，又是气候变化的影响对象，更是减缓与适应的主阵地，是解决方案的关键部分。

第二节　破解城市环境问题的思路反思

一、城市环境问题形成的原因反思

（一）城市环境问题成因复杂

城市遭遇的环境问题非常复杂，既有自然原因，也有人为原因，而且人为原因占据主导作用。如城市空气污染问题，与城市形态、风环境具有一定的传递关系，但工业大气污染物和机动车尾气排放是导致城市大气污染的主要因素。在与社会主义初级阶段国情相伴而生的压缩型工业化城市化影响下，我国城市环境问题呈现多元化、复合性与并发性，结构性问题更为突出，也凸显了综合治理、系统治理的重要性。

（二）环境问题的实质在发展模式

城市化在一定意义上是一种更有利于资源配置与效率提升的空间组织方式，其核心依然是大规模和单一的专业化生产，并以高资源消耗、高碳排放和高环境代价为特征，传统城市化服务于经济发展，劳动力和资本在城市部门紧密结合，这也是工业革命后大规模城市化兴起的动力，深深烙上了传统工业化模式的痕迹。其理论逻辑在于：为促进增长而实施高强度、大规模城市化，经济社会因规模扩张效应以及劳动力在城乡的转移效应而维持高速发展，但这种规模效应进一步加剧资源消耗、环境污染与生态退化，导致城市的不可持续发展。2010 年 5 月，在联合国可持续发展委员会第 18 届会议上，各国政府承认，不可持续的消费和生产模式导致了世界上某些自然资源枯竭和环境迅速退化，对地球、人类健康和整体福祉都造成了不良后果。

（三）城市环境的根源在传统工业文明思维

造成人与环境之间对立的根本在于传统工业文明中的人类中心主义，即人类凌驾于地球之上，是地球的主宰。在人与自然关系上主张主客二元对立思维方式，推崇功利主义、利己主义价值观，对自然采取掠夺方式，导致日益严重的生态危机。随着工业革命以来新技术的应用，大规模使用化石燃料，人口快速增长，导致地球资源的使用速度加快。能源、制造、运输等行业带来空气和水污染、噪音及电磁污染，对资源消耗的速度远超出其复原速度，大气中的温室气体日益增加。经济体制也建立于这一范式之下，经济增长意味着货物和服务生产和消费的增加，一味追求利润与增长，单纯追求物质富裕，是不可持续增长方式的源头。这种增长是以消耗自然资源为代价的，尤其是不可再生资源。污染对环境产生负面影响，但投资污染治理又产生经济效益，因此在经济增长中污染是一项正指标。围绕着利润制定的经济体制，并没有很好地解决贫困、公平分配以及地球系统的持续性。

二、城市应对环境挑战的思路反思

（一）环境与发展对立的思维

从 20 世纪中下叶开始，生态环境危机引起广泛关注，可持续发展成为全球议题，但可持续发展全球目标并没有取得预期进展，究其原因，很大程度上在于这些目标与传统工业化模式并不天然相容，如我们很难在单一规模化农业模式下实现营养与健康目标，也难以在化石能源消费主导模式下实现控制温室气体排放目标。如果不改变发展模式，就难以实现可持续发展目标。同样在环境治理上，认为环境与发展呈现倒"U"形趋势的库兹涅茨曲线成为"先污染后治理"的依据，大量的环境治理局限于末端治理，而非源头预防与过程控制。

（二）用工程化思维解决环境挑战

传统的生态环境治理基于传统工业化思维与发展理念，如我们在快速城镇化中大量采用了一套源于西方的市政技术和工业文明的防洪体系，包括市政管网、市政排水体系和水泥硬化的防洪大堤等。试图用钢筋、水泥、大坝、水泵来解决水涝，用污水处理厂来解决水污染（集中快速处理思维）。与之相配套，自然河道被裁弯取直、渠化硬化，湿地被填埋，自然排水系统被毁。河流渠化硬化直化之后，增加了泄洪和航运能力，但湿地变少、自净能力减弱、生物空间减少。这些措施对待单一的确定性问题有其独特优势，但应对复杂的不确定环境就捉襟见肘。往往是一边在治理环境，一边又在以新的方式来破坏环境或割裂生态联系。

（三）片面对待自然价值与生态系统

国内生产总值等宏观经济指标主要关注支持短期利润和经济增长，通常只考虑通过市场反映的自然价值，忽视了与自然对人类的贡献相关的非市场价值，包括生命所依赖的功能、结构和生态系统过程。甚至在城市生态建设中，也往往忽略自然的作用，如透水混凝土的渗水性能比不过碎石，草坪的海绵作用也不是任何花格式铺地所能及的。

综上，本质上我们依然用产生问题的思维来解决问题，正如爱因斯坦曾说"我们无法用过去导致这些问题的思维来解决这些问题"。在气候变化、快速城市化等多重因素的影响下，城市正朝着复杂多元的方向发展，而如何处理与自然的关系始终处于前置基础性地位。如果不从传统工业化、城镇化模式转向人与自然和谐发展，将环境与发展的矛盾冲突转化为相互促进，仅仅通过提高自然资源利用效率的方式，是难以从根本上解决城市面临的问题的。如不改变高浪费的奢侈性消费需求，通过技术进步导致的节能降耗或自然资源利用效率提升，也会被更多的消费所抵消，这就是经济学中的"反弹效应"。另外，从人类中心主义出发，将草灌等原生植被改换成整齐漂亮的高大乔木，将乡土树种改换成外来新奇树种，以生态名义实施景观工程乃至商业住宅开发，都不是真正的生态文明，更背离了人与自然和谐共生的初衷。

三、从自然出发寻求更好的解决方案

（一）新认识：人与自然关系的重新连接

1970 年 4 月 22 日，美国各地约 2 000 人参加的环保游行集会促成了政府采取治理环境污染的措施，这些活动得到了联合国的首肯，之后每年 4 月 22 日被确定为"世界地球日"，并发展成为世界最大的民间环保节日。1982 年《世界大自然宪章》指出，人类是自然的一部分，生命有赖于自然系统的不间断运作。环保意识的觉醒使人们从根本上认识到人类是自然不可分割的一部分，破坏了自然也就必然严重破坏我们自身的利益。

科学发展也为重新思考人与自然关系提供了基础。如量子力学认为宇宙是一个整体，元素之间相互联系。生物科学也认为地球生命系统是分子、细胞与胚胎等自组织系统。生物和气体之间的相互作用可以影响生物的生长和繁殖，从而影响整个生态系统的平衡和稳定。其他领域的科学家和学者一直在提醒我们，必须将人类视为地球系统的组成部分。这在一定程度上推翻了人类优于其他生命形式或在宇宙中占据特别地位的假设，于是引发了人类换位思考，产生了为自然与环境造福的意识与责任感。

（二）新进展：生态系统服务价值的量化

随着可持续发展理念的普及，迫切需要一个系统方法来揭示人与自然

关系。Costanza（1997）、Daily（1997）等较早开始对全球生态系统服务价值开展评估，2005 年联合国发布《千年生态系统评估》，将生态系统服务定义为"人类从生态系统获得的惠益"，将生态系统服务分为供给型服务、调节型服务、文化型服务与支持型服务，获得广泛认可，并引发以生态系统服务统筹人与自然关系的系统思考。见图 2-1。

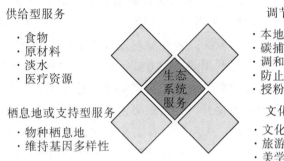

供给型服务

·食物
·原材料
·淡水
·医疗资源

栖息地或支持型服务

·物种栖息地
·维持基因多样性

调节型服务

·本地气候和空间质量调节
·碳捕获与储存
·调和极端事件·废水处理
·防止土壤侵蚀，保持土壤肥力
·授粉·生物控制

文化型服务

·文化及精神和身体健康
·旅游·精神体验与地方感
·美学欣赏以及文化、艺术和设计启迪

图 2-1　生态系统服务类型

资料来源：Millennium Ecosystem Assessment. Ecosystems and human-being：Biodiversity synthesis［R］. Washington DC：Island Press，2005.

（三）新方案：寻求与自然的合作

随着工业化城市化的推进，越来越多的人认识到城市虽然是世界发展的重心，但同时也似乎成为与自然对立的空间环境，重新将自然与城市链接起来，成为新的共识。一方面，强调人与自然和谐共生，尊重自然、保护自然，将自然作为美好人居的重要承载；另一方面，倡导人与自然"保持适当的距离"，不在不适合城市发展的区域建立居民点。

2021 年 7 月 13 日，全球 31 位市长共同签署了 C40《城市自然宣言》，承诺到 2030 年，城市将区域总面积的 30%~40%建成为绿色空间或可渗透空间，70%居民可在 15 分钟内到达绿色或蓝色空间。其形式或措施包括：街道绿化、树冠；花园和绿化屋顶；城市公园、森林；城市农场；湿地；河口；天然海岸线、丘陵、池塘、湖泊溪流和河岸等①。这在一定程度上均指向基于自然的解决方案。

① C40《城市自然宣言》：使我们的城市更绿色，更富韧性［EB/OL］.［2023-10-16］https://www.c40.org/wp-content/uploads/2021/07/2885_ZH-_Urban_Nature_Declaration.original.pdf.

第三节 城市领域 NbS 的典型应用场景

一、基于自然的城市气候解决方案

应对气候变化是基于自然解决方案最为重要的应用场景之一，主要通过增加碳储存或避免温室气体排放发挥作用。在城市里保护大面积的树木和森林、种植植被与绿化，有助于遮蔽街道和建筑物，缓解城市热岛效应。把自然通风带入城市可以降低空调制冷产生的建筑用电需求，建造人工水体或联通自然水体都可以产生显著的降温效果，是调节局部气候的重要补偿空间。基于自然的城市气候解决方案往往是集成的，如位于丹麦罗斯基勒市的"Rabalder Parken"滑板公园包含一套水渠系统，当洪水来临时，碗形体育场变成集水池收集雨水，并通过水渠将雨水引到附近湖泊，以增强城市应对雨洪的韧性。

二、基于自然的绿色基础设施

绿色基础设施是指自然或半自然生态系统，绿色基础设施解决方案可促进实现多个政策领域的目标。雨洪公园整合湿地成为具有生态功能的绿色基础网络，实现雨水径流的排放、滞留与净化。自然保护廊道、河道、城市绿带等连接廊道，通过基于自然的雨洪管理，可以将截污治污、土地开发与生态环境建设有机结合，成为贯穿城市的生态绿道。河漫滩可以降低洪水风险，同时还能够改善水质、补充地下水、滋养鱼类和野生动物并带来娱乐和旅游效益。如广东省万里碧道用自然的联通网络连接破碎化的生态斑块，把绿廊变为绿道，架起人与自然联系的桥梁。位于天津的中新生态城是一项蓝绿基础设施的典范，其选址前身是工业倾倒场（1/3 是废弃盐田，1/3 是盐碱荒地，1/3 是污染水面，原有自然植被稀少，生态系统脆弱），通过建立蓝绿网络（河湖滩海循环连通），构建湖泊–河流–湿地–绿地复合生态系统，在改善生态环境的同时带来了商业和休闲活动。

三、基于自然的湿地保护恢复

湿地保护修复是基于自然的解决方案的重要组成部分。美国曾为解决沼泽被开发成农田、水体污染、生物栖息地退化等问题，通过模仿自然过程，改善沼泽地的水文条件并调整水文过程，恢复湿地的同时增强了生态系统服务功能。云桥湿地位于成都市郫都区安德街道云桥村，距离成都市自来水六厂取水口（河流水源）约 50 米，是成都市一级核心水源地。从 2008 年开始，云桥村对原有沟渠、沼泽、农田、林地进行整体规划，通过自然恢复和适度人工修复的措施，分三期将这一区域恢复成天然荒野湿地生态系统，为植物生长和动物繁衍提供庇护，同时发挥水质净化、径流调节等功能，协同保护饮用水水源和生物多样性。云桥湿地记录的高等植物从 118 种上升至 353 种，包括国家二级重点保护植物楠木（桢楠）、金荞麦和四川特有植物菱叶凤仙花；脊椎动物种类也增加到 222 种，包括成都特有鱼类蓝吻鳍鮍等，并观察记录到成都平原首例灰喉鸦雀和噪大苇莺繁殖行为。

四、基于自然的废水处理解决方案

除了湿地净化废水之外，实践中也有大量使用藻类来清洁废水的案例。含有污水和农业径流的废水，因含有过量的磷而导致藻类和大型水生植物增加，产生毒素，使得水中溶解氧水平下降，这一过程被称为富营养化。传统的降低废水中磷的方法通常涉及化学物质，这种方法能源效率低，属于典型能源密集型行业。新型除磷工艺可使藻类去除磷、氨和其他有害污染物，藻类在含有过量营养物质的水中生长旺盛，实现了废物循环利用。生长中的藻类也可以固碳，并产生可用于创造可持续产品的生物质。

五、基于自然的绿色建筑解决方案

绿色建筑系统是生物圈能量与物质交换的重要环节，是抵御气候变化的重要防御手段。如采用玻璃幕墙等提供隔热、自然通风与自然光线，利用光伏发电或风力涡轮发电等零碳能源，充分利用回收的雨水或净化的污水，通过屋顶绿化、垂直绿化来为建筑物提供蒸发降温、空气补氧、减少大气颗粒物、减少雨水径流、降低城市噪音、为野生动物提供栖息地、延长屋面系统使用寿命与降低运营及维护成本、降低整体能耗。

六、基于自然的海岸带修复解决方案

恢复红树林、盐沼、珊瑚礁、海草床、牡蛎礁等海岸生态系统，是充

分发挥海岸带生态系统的天然生态减灾功能和蓝碳功能的自然解决方案。以红树林为例，红树林生态系统是高效碳汇，每公顷红树林可以储存3 754吨碳，同时具有消浪、滞沙、调节气候以及为生物提供栖息地等多种功能。深圳将红树林保护修复纳入林长制任务，在部分辖区成立"海岸带林长"，发布《红树林保护项目碳汇方法学》，构建连接海与城市、鸟类与人类的自然纽带。目前我国红树林面积比21世纪初增加了7 200多公顷，成为世界上少数几个红树林面积净增加的国家之一。

七、基于自然的河道修复解决方案

河道修复可以采取多种亲自然设计，还原河道自然形态，并增强河道生态服务功能。泸州高新区渔子溪生态湿地公园，占地1 300亩（一亩≈666.7平方米），湖区水体面积约300亩，湖岸线总长2 951米。整治前水系生态环境退化，面源污染，水土流失，河流淤堵，洪涝时有发生。通过基于自然的河道整治、海绵城市建设、水生态修复、景观绿化等一系列提升措施，有效改善水环境质量。在河道治理上，依山就势，结合原有河道肌理，重塑健康自然的弯曲河岸线，恢复自然深潭浅滩和泛洪漫滩。清淤拓宽河道优先满足行洪，水汇集处形成300亩湖泊湿地，并与河道连通，作为雨洪调蓄的海绵枢纽。通过湖体配置沉水+挺水+浮叶植物，放养鱼类及水生生物，构建水下森林等方式，培养植物链和生物链，发挥净化水体及生态修复作用。道路与广场建设采用透水铺装及下沉式绿地，植草沟等，既能有效解决区域内防洪安全问题，又将雨水资源化利用。原来的Ⅲ、Ⅳ类水经整治后全部优于Ⅲ类水标准，部分指标可达到Ⅰ、Ⅱ类水标准，同时减少了水土流失，降低了直排长江的泥沙含量。景区内夏季最高气温可比市区降低3 ℃左右，相对湿度提高10%~20%，局部地区的扬尘抑制效果良好。

八、基于自然的乡村振兴解决方案

我国城市通常包括城、乡、野三种形态，也内含了基于自然的乡村振兴解决方案。宁波海曙区龙观乡打造生物多样性友好乡镇，将生物多样性融入乡村治理以及生产、生活全过程，统筹推进生态保护和修复，协同推进生物多样性保护和可持续利用。发展基于生物多样性保护的低碳农业，提升"明州红"品牌价值，茶农直接经济效益增幅超20%；发展基于生物多样性保护的生物经济，如中华蜜蜂繁育场，带动农户户均增收 30%；发展基于生物多样性保护的旅游研学，全年研学人员超过 30 万人次，两年带动周边民宿、农家乐创收 6 000 余万元；发展基于生物多样性保护的碳汇交易，探索乡里首单碳汇交易，生成海曙区首个碳标签证书；发展基于生物多样性保护的三产融合，打造生物多样性未来农场与自然博物公园。2022 年 2 月，"四明秘境，多彩龙观"自主承诺被收录进生态环境部 CBD COP15 官方数据库。2022 年 12 月，在生态环境部举行的生物多样性友好城市主题活动上，海曙区发布了《生物多样性友好乡镇基于自然的解决方案实施指南》，系我国首个基于自然的解决方案镇级地方标准。

第四节　城市领域 NbS 的国际国内探索

一、国际案例

（一）荷兰的"还水于河"

荷兰地处低洼三角洲区域，26% 区域低于海平面，深受水灾困扰。从建造堤坝到大规模填海工程截留排水再到建设贯穿整个西岸线的海防工程，围、堵和挡的工程建设遭受更大的洪水冲击，并没有改变城市在气候变化中的脆弱性。之后，荷兰推进还地于河的措施，目的是让下游沿岸有更多滞留洪水与控制水位升高的缓冲能力。让建筑用地、农田重新转为水域，提升自然的容灾空间，并让河堤兼具防洪与休闲功能。如鹿特丹的城市河岸潮汐公园，当水位降低时就是城市公园，水位涨高时变成洪泛区。很多停车场、广场等公共空间也具有滞留、存蓄与排水功能，这种建筑、景观的两栖化形成了独特的水上景观，不仅能够应对洪水，也能利用太阳能和水资源解决部分能源问题。另外，荷兰提出"流动城市"理念，增加给排水并提高城市水系流动和冲刷频率以增加地表水利用，如将屋顶和街道的雨水引导渗透到绿地或城市河湖。

（二）德国斯图加特的绿色走廊

斯图加特市是传统人口密集型的工业城市，为了应对空气污染和热岛效应两大问题，在 20 世纪 90 年代率先提出建设通风廊道，采取了自然绿化带战略，将自然风引入市区增强城市空气流通循环。为此，政府依据地形特征设计了四条廊道，并与市区河流、公园、交通相连接，形成绿色空间网络。广泛采用其它多种基于自然的解决方案,保护通风主轴,规定走廊内建筑间距,增加绿色屋顶外墙等措施,有效降低了城市温度并改善了空气质量,减缓了交通压力,还促进了生物多样性与城乡融合发展,增加的开放空间提升了民众福祉并带来了额外的休闲娱乐发展。2008 年斯图加特推出《斯图加特气候地图》,根据地理和气象条件开展气候区划和差异化建设,如为保护山坡这一冷空气下行通道以及新鲜冷空气来源,减少山坡建筑开发;为保护空气流通走廊,限制河谷带大型建筑群建设等,到 2010 年形成开发区与建筑的气候评估制度。

(三)美国费城的绿色城市清洁水源项目

2009 年美国费城提出实施"绿色城市,清洁水源"(Green City, Clean Water)计划,推广绿色基础设施来进行雨水管理以及创造良好的城市环境,主要措施包括绿色街道、学校、停车场、公共设施、开敞空间、住宅与工商业,并改造 1 万英亩(1 英亩=0.004 047 平方千米)的城市不透水地面为绿色地面。计划的实施显著改善了水质、水生生境、湿地服务功能与空气质量,增加了娱乐机会、房产价值、就业岗位,减少了高温造成的死亡损失,节约了能源消耗。

(四)美国纽约的高线公园

高线公园位于美国纽约曼哈顿中城西侧,建在废弃高架铁路之上,从曼哈顿的肉类加工区延伸到哈德逊铁路场。高线公园设计依托火车停运后 25 年荒野生长的景观,将自然作为城市重要基础设施,采取雨水收集系统和透水铺装等绿色基础设施元素,建成一条连续 1.45 英里(1 英里=1.609 344千米)的绿道和拥有 500 余种植物的带状公园,并通过展览、表演、观星、观鸟等活动,成为优质的城市空中花园走廊,并成为带动区域商业繁荣的催化剂,为振兴曼哈顿西区做出了卓越贡献。值得一提的是,高线公园自然景观并非完全野生或完全来自原生植物,而是充分利用自然过程,创造了广泛的生境与复合群落,彰显野趣,使得海量的物种各得其所、四季变换。

(五)澳大利亚的水敏感城市

水敏感城市设计是一种以减少对自然水循环负面影响并保护水生态系统的经典方案,强调用自然系统来一体化管理雨洪、供水与污水,兼顾景观与生态。基于自然解决方案倡导的生物滞留沼泽、生物滞留盆地、沙滤器、沼泽或缓冲系统、湿地、池塘、雨水箱等是水敏感城市的常用设计

（Barton 2007）。Lynbrook Estate 是位于墨尔本的拥有 800 用户的居住社区，位于次级道路上的浅草沟和砾石沟系统可以对径流雨水进行收集、渗滤并传输到主干道，主干道隔离带中的生物滞留系统利用植被进行过滤。并由下部管道传送到湿地和湖泊系统，最后进入当地水系。

（六）芬兰从"摇篮到摇篮"认证的市政厅

从摇篮到摇篮设计是循环经济的重要理念，芬洛市市政厅设计之初就全面采用 C2C 原则，所有材料成分、拆卸方式、回收及返还生产商的方式都被"材料护照"详细记录，通过"购买和回购"计划卖回给生产商得到再次使用，并回收部分初始投资。建筑变成了"材料银行"，从而使其潜在价值可以量化并多次实现。建筑北立面由 100 多种植物组成以改善建筑外部空气质量，吸附空气中 30% 的硫和氮氧化物，过滤颗粒物，具备一定的隔音效果，还为鸟类和昆虫创造栖息地。屋顶有雨水收集装置，雨水与废水一同进入沼生植物过滤系统之后用于冲刷厕所，同时屋顶还安装了 1 300 平方米的太阳能电池板以提供电力与遮阳。两个太阳能烟囱也能对建筑进行加热和冷却，热交换器和气井可根据季节调节温度。

（七）美国旧金山的零废管理

旧金山市位于美国加利福尼亚州北部，面积 121.39 平方千米，人口 87 万（2018 年），是全美人口密度仅次于纽约的大都市。旧金山是全美国第一个从 20 世纪 90 年代开始建立大规模食品收集堆肥计划的城市，是第一个设定垃圾"零废弃"的城市，是第一个在 2007 年禁止使用单一塑料收银袋的城市，是第一个在 2009 年实施了针对居民和企业的强制性回收和堆肥政策的城市，也是第一个强制使用三色垃圾桶来对垃圾进行回收分类的城市。其零废管理形成了独特高效的运行模式。旧金山市一开始就高度重视向公众和关键利益相关者传达有关零废弃的目标以及迈向可持续物质经济的益处。送到填埋场的材料会浪费宝贵的资源，并将温室气体排放到大气中，尤其是可堆肥材料燃烧产生的甲烷更是强效温室气体（是二氧化碳的 72 倍）。旧金山的零废物计划大大减少了这些排放，回收和堆肥大大增加了可用于制造新产品的可回收材料的数量，减少了提取更多原始材料的需求。食物残渣可以创造营养丰富的堆肥，形成天然肥料，用来帮助当地农场种植水果和蔬菜。堆肥还有助于农场保留水资源，这是一笔宝贵的资源。同时堆肥和回收可以为居民和企业节省资金并创造绿色就业机会。

二、国内案例

(一) 中国海绵城市建设

海绵城市计划由习近平总书记于 2013 年提出，并于 2014 年在住房和城乡建设部的《海绵城市建设技术指南——低影响开发雨水系统构建（试行）》（建城函〔2014〕275 号）政策中启动，将低环境影响的开发方法与灰色基础设施相结合，基于生态系统的整体方法来解决城市面临的水资源和环境问题。其核心是充分发挥自然下垫面与生态本底对雨水的渗透作用，以及植被、土壤、湿地的自然净化作用，实现方法包括"渗、滞、蓄、净、用、排"。城市海绵体包括河湖、池塘、湿地、绿地等自然基础设施，也包括可渗透路面等灰色基础设施。在江苏省镇江市的老街区，已经实施了 140 多个绿灰色基础设施项目，通过下沉式绿地、可滞留雨水的植草沟与步道结合设计，在减少内涝的同时改善了社区环境。雨水经过自然积存、自然过滤与净化，充满了城市的含水层，还提供了许多其他的共同效益。

(二) 中国无废城市建设

无废城市源于国际零废弃理念，遵循废弃物避免、减量、再利用、再循环、再回收、剩余管理、填埋或焚烧的优先级顺序，并不断完善废弃物管理的城市发展模式，最终目标是推动"无废社会"的形成，这与基于自然的解决方案理念是一致的。在我国无废城市试点城市建设中，将无废城市理念融入城市规划、建设与管理，从工业大宗固体废物综合利用、废弃矿山生态修复、生态循环产业链条、居民生活垃圾分类处理、丰富绿色金融体系、拓展服务贸易等，深化全领域、全链条、全周期的无废管理，并创建各种类型的无废细胞，打造多元化的无废场景，如无废学校、无废机关、无废商场、无废景区、无废工厂、无废医院、无废赛事等。数字化手段在我国无废城市中发挥积极作用，如浙江杭州建筑废弃物信息化模型（CWIM）系统，可以实现渣土从工地出土、装车、运输到码头中转，再到消纳点的无缝追溯衔接。萧山区建立居民生活垃圾和再生资源的"智能账户"体系，通过"一户一卡一芯片"，实现精准溯源、智慧计量。海南西岛推出"爱岛卡"，将回收废物称重后算积分存在"爱岛卡"里，兑换生活用品。

(三) 海口美舍河凤翔湿地公园

海口美舍河凤翔湿地公园建设之前河道与绿地驳岸渠化、硬化，水体自净能力减弱，成为城市污水的集中排放地。通过对岸线和河床退堤还河、退塘还湿，建设缓坡草地、雨水边沟、生态驳岸、台田湿地等海绵体，营造河流、林地、湿地、浅滩复合生境，恢复河流生态功能，展现大地景观之美。通过人工潜流湿地、表流湿地、八级梯田来净化水质，处理后的尾水还可用于沿线绿地灌溉。用生态河岸替代混凝土防洪堤，重新连通河流域海洋，允许潮汐入城，恢复红树林生境。采用慢行系统、复合栈道、空中栈桥等多层次系统满足不同雨洪条件下的市民亲水体验。沿河地区的商业价值和周边土地的增值空间得到极大提升。

（四）广州"酷城行动"

2020 年广州成为世界银行"中国可持续发展城市降温项目"首个试点城市，为此广州市启动"酷城行动"（Guangzhou Cool City Action）。首先，在国土空间总体规划编制工作中，构建了市域六条主要通风廊道体系，保护白云山、海珠湿地、河湖水网等天然"冷源"，通过自然通风减少热量积蓄。其次，在单元层面开展了热环境管控分区，实施差别化的开发管控要求与城市降温措施。最后，在街区层面编制可持续城市降温街区设计导则。同时，结合广州特色，传承"梳式布局"、冷巷、趟栊门等体现岭南地域特色的被动式建筑通风降温智慧，构建水鸟生态廊道系统，增设鱼道恢复鱼类洄游生态圈，推进海珠湿地生态修复。

（五）中国盐城 NbS 主流化

2021 年 9 月盐城市第八次党代会提出"实施基于自然的解决方案，切实强化山水林田湖草协同治理"，这是国内首次有城市将 NbS 写入党代会报告。在运用 NbS 实施生态修复过程中，珍禽保护区针对该区域原有养殖塘造成严重生态隔离、各养殖塘之间缺乏生境互通的实际，对原有鱼塘围堤进行拆除，把海水引入恢复区低洼地带，去除了外来物种的侵害，进而涵养湿地生境。在鱼塘高地部分，通过播种与自然恢复方法，恢复碱蓬生境和潮沟系统，为鸟类提供了多样性的栖息觅食环境。

（六）上海长宁区生境花园

上海长宁区生境花园是结合老旧居民区更新改造、城市生物多样性保护，建设兼具生物栖息、观赏休憩、自然教育等的社区花园与绿色空间。以常见鸟类和传粉昆虫为主，重点营造小动物、鸟类、昆虫的栖息环境，如水塘为昆虫、鸟类提供了水源，一方面更好地满足了两栖动物的行为需求，另一方面还发挥着蓄积雨水、加快雨水渗入地下的作用，缓解了内涝风险，提升了小区的排水韧性。将自然引入城市，绿化垃圾通过堆肥、再利用等方式得到了资源化利用，增加自然教育、儿童自由嬉戏场景，为老旧社区注入了更多活力元素。创建由政府、TNC、街道社区、高校、民间团队组成的生境共建伙伴联盟，搭建生境花园支持机制，形成居民自治管理。由居民区党员、楼组长、志愿者和专业人员构成的志愿者团队负责日常管理与运维。目前，生境花园逐渐由社区向学校、商场等多元场景延伸。

（七）郴州水资源价值转化

湖南郴州市利用低温湖水优势，建成以低温湖水直供全自然冷却的东江湖大数据产业园，打造华南绿色数据谷；利用温泉优势，开发"温泉+N（康养、文旅、矿泉水、护肤品等）"系列产品，发展大温泉康养休闲产业；利用水清优势，围绕鱼、鸭、茶，发展生态农业，打造"郴品郴味"，开发农产品地理标志产品，培育区域公用品牌与知名企业品牌；利用水净优势，发展生物医药、食品饮料等产业，开发原麦鲜啤、海藻苏打水等高端水产品；利用水生态优势，围绕郴江、东江湾、仰天湖、北湖、翠江、东湖等河湖资源发展文旅产业，培育"夜经济"，打造东江湖、飞天山、莽山等110余处风景名胜[1]。同时，郴州还通过"生态价值"水权交易机制，推动莽山供水使用权转让；与衡阳市签订流域跨界断面考核补偿协议，与广东省建立武水流域生态补偿机制，推进水生态产品价值实现。

（八）上海绿色自治地图

上海绿色自治地图项目是由同济大学景观专业支撑的社会组织"四叶草堂"发起的旨在提升社区自治能力与街区活力的社会创新实践活动，源于社会组织"四叶草堂"发起的"火车菜园""创智农园""百草园"，发展各种类型的社区花园，以及市民参与的城市种子漂流行动，逐步形成绿色自治版图，是生态版图，更是社会参与版图，实现了自然生态与社会生态的双向共赢。其特征在于多元共治、参与式设计与运营、绿色场景的自发营造。该项目的重要成果之一《共建美丽花园—社区花园实践手册》成为社区层面实践基于自然解决方案的代表性操作性手册之一[2]。推动可食

---

① 肖亮. 奋力写好绿水青山的郴州答卷 [N], 红网时刻, 2023-09-01. https://cz.rednet.cn/content/646742/75/13007301.html.
② 刘悦来, 等. 共建美丽家园: 社区花园实践手册 [M]. 上海: 上海科学技术出版社, 2018.

植物营造成为生活方式绿色化的重要内容，也是社会广泛参与绿色发展的重要内容。

（九）遂宁市海绵城市建设

遂宁市探索西部丘陵地区海绵城市建设技术体系，研发推广既有道路雨水口"微创"改造、道路边带透水等技术，健全雨水花园、下凹绿地和透水铺装等海绵设施，增强"渗、滞、蓄、净、用、排"功能，并利用物联网技术布设监测设备及平台，实现城市水生态、水环境、水资源、水安全、水文化协同发展。

本章参考文献

［1］刘耀彬，李仁东，宋学锋. 城市化与城市生态环境关系研究综述与评价［J］. 中国人口·资源与环境，2005（3）：55-60.

［2］仇保兴. 我国城市发展模式转型趋势：低碳生态城市［J］. 城市发展研究，2009，16（8）：1-6.

［3］蒋艳灵，刘春腊，周长青，等. 中国生态城市理论研究现状与实践问题思考［J］. 地理研究，2015，34（12）：2222-2237.

［4］黄肇义，杨东援. 国内外生态城市理论研究综述［J］. 城市规划，2001（1）：59-66.

［5］李锋，王如松，赵丹. 基于生态系统服务的城市生态基础设施：现状、问题与展望［J］. 生态学报，2014，34（1）：190-200.

［6］俞孔坚，李迪华，潮洛蒙. 城市生态基础设施建设的十大景观战略［J］. 规划师，2001（6）：9-13，17.

［7］王甫园，王开泳，陈田，等. 城市生态空间研究进展与展望［J］. 地理科学进展，2017，36（2）：207-218.

［8］杨保军，董珂. 生态城市规划的理念与实践：以中新天津生态城总体规划为例［J］. 城市规划，2008（8）：10-14，97.

［9］侯爱敏，袁中金. 国外生态城市建设成功经验［J］. 城市发展研究，2006（3）：1-5.

［10］李秉成. 中国城市生态环境问题及可持续发展［J］. 干旱区资源与环境，2006（2）：1-6.

［11］胡灿伟. "海绵城市"重构城市水生态［J］. 生态经济，2015，31（7）：10-13.

［12］郭韦，王昱，王昊，等.城市水污染现状和国内外水生态修复方法研究现状［J］.水科学与工程技术，2010（2）：57-59.

［13］仇保兴."共生"理念与生态城市［J］.城市规划，2013，37（9）：9-16，50.

［14］徐涵秋.城市不透水面与相关城市生态要素关系的定量分析［J］.生态学报，2009，29（5）：2456-2462.

［15］李政，王彬彬.基于自然的解决方案全球实践［M］.北京：中国环境出版集团，2022.

［16］大自然保护协会.基于自然的解决方案：研究与实践［M］.北京：中国环境出版集团，2021.

［17］肖华斌，何心雨，王玥，等.城市绿地与居民健康福祉相关性研究进展：基于生态系统服务供需匹配视角［J］.生态学报，2021，41（12）：5045-5053.

［18］谢锐，陈严，韩峰，等.新型城镇化对城市生态环境质量的影响及时空效应［J］.管理评论，2018，30（1）：230-241.

［19］孙全胜.城市空间规划与生态正义研究［J］.中国名城，2023，37（9）：3-9.

［20］张永生.开创人类文明新形态的现代化新范式［J］.历史评论，2023（3）：5-10.

［21］张永生.建设人与自然和谐共生的现代化［J］.财贸经济，2020，（12）：18-21.

［22］张永生.碳中和：亟需新的商业模式［J］.经济导刊，2021（11）：62-65.

［23］朱民，Nicholas Stern，Joseph E. Stiglitz，等.拥抱绿色发展新范式：中国碳中和政策框架研究［J］.世界经济，2023，46（3）：3-30.

［24］朱春全.新自然经济助力迈向自然受益的商业未来［J］.可持续发展经济导刊，2022：9-10.

［25］刘悦来，等.共建美丽家园：社区花园实践手册［M］.上海：上海科学技术出版社，2018.

［26］刘悦来，等.从可食景观到活力社区：四叶草堂上海社区花园系列实践.景观设计学，2017（3）：72-83.

［27］Nature - Based Solutions（NbS）Facilitation Team with the

entrustment of China and New Zealand. Compendium of Contributions Nature-Based Solutions-Climate Action Summit 2019 ［R/OL］.［2023-10-11］http://hdl.handle.net/20. 500. 11822/29988

［28］Pushpam Kumar. 生态系统和生物多样性经济学：生态和经济基础［M］.李俊生，等译. 北京：中国环境出版集团有限公司出版社，2015.

［29］TEEB. The Economics of Ecosystems and Biodiversity：Mainstreaming the Economics of Nature：A Synthesis of the Approach, Conclusions and Recommendations of TEEB［M］. Progress Press, Malta, 2010.

［30］Millennium Ecosystem Assessment. Ecosystems and human well-being：Biodiversity synthesis［R］. Washington DC：Island Press, 2005.

［31］United Nations EnvironmentProgramme. Beating the Heat：A Sustainable Cooling Handbook for Cities［R］. Nairobi. 2021. https://www.unep.org/resources/report/beating-heat-sustainable-cooling-handbook-cities.

［32］World Bank. 2021. A Catalogue of Nature-Based Solutions for Urban Resilience［R/OL］. World Bank, Washington, DC. http://hdl. handle. net/10986/36507 License：CC BY 3. 0 IGO.

［33］Southern RegionalAssembly. Blue Green Infrastructure and Nature-based Solutions Framework Our Green Region［R/OL］.［2023-11-08］http://www.southernassembly.ie/eu-projects/blue-green-city/blue-green-city-other-publications.

第三章 公园城市是 NbS 的系统集成

一个城市的预期就是整个城市就是一个大公园，老百姓走出来就像在自己家里的花园一样。

——2018 年 4 月习近平总书记参加首都义务植树活动时的讲话

公园城市将良好生态环境要素融入城市高质量发展过程，将宜居生态场景作为连接新技术、新经济、新模式的重要载体，激发创新并促进产业爆发的驱动力，生态价值转化的新范式，这既是生态文明时代的人民城市发展新模式，也是基于自然解决方案在城市层面的系统集成，是基于自然解决方案的中国化。

第一节 公园城市对城市问题的回应

一、从成都走向世界：公园城市提出与发展

（一）成都：从"首提地"到"先行区"

2018 年 2 月，习近平总书记在视察成都天府新区时提出"公园城市"理念。2018 年 7 月 7 日，中国共产党成都市第十三届委员会第三次全体会议通过了《中共成都市委关于深入贯彻落实习近平总书记来川视察重要指示精神　加快建设美丽宜居公园城市的决定》，将公园城市的规划建设范围由天府新区扩展到成都市全域。2019 年 1 月 14 日，成都市组建公园城市建设管理局，构建《成都市公园城市建设条例》为主导的"1+N"政策

法规矩阵；编制《成都市全域公园体系规划》等系列规划，开展"两个平衡"① 和"两山"发展指数研究②，建立以改善生态环境质量为核心的目标考核机制，确保公园城市建设有序推进。2020 年 1 月，习近平总书记在中央财经委员会第六次会议上，对推进成渝地区双城经济圈作出重大部署，进一步明确"支持成都市建设践行新发展理念的公园城市示范区"。2022 年 3 月，由国务院批复同意的《成都建设践行新发展理念的公园城市示范区总体方案》正式发布。随后，成都出台《成都建设践行新发展理念的公园城市示范区行动计划（2021—2025）》，进入全面建设公园城市示范区的新阶段。

（二）公园城市从成都走向全国

1. 省区层面

四川。2018 年四川省加快推进新型城镇化工作领导小组办公室印发《关于开展公园城市建设试点的通知》，在全省范围内开展公园城市试点。2020 年 12 月 14 日中共四川省委、四川省人民政府印发《关于支持成都建设践行新发展理念的公园城市示范区的意见》。2021 年四川省印发的《在国土空间规划中落实公园城市理念的工作指南》明确通过蓝绿空间网络体系使城市融入自然之中。

广西。2020 年 3 月，广西住房和城乡建设厅印发《广西公园城市建设试点工作指导意见》（桂建规园〔2020〕2 号），首批推进 8 个市（县）作为公园城市建设试点，分别为柳州市、梧州市、防城港市、北流市、平果市、柳城县、蒙山县、德保县。《梧州市公园城市建设试点总体规划（2021—2035）》专项规划等试点规划相继出台。

上海。2021 年 6 月上海市绿化和市容管理局出台《关于推进上海市公园城市建设的指导意见》，2022 年 11 月 22 日上海市绿化委员会发布《上海公园城市规划建设导则》，2022 年 12 月 23 日上海市绿化和市容管理局等八部门联合印发《上海市"十四五"期间公园城市建设实施方案》。

2. 市县层面

目前已有上百个城市提出并开展公园城市建设实践探索，公园城市已

---

① "两个平衡"是指"建设模式上以城市品质价值提升平衡建设投入；发展模式上以消费场景营造平衡管护费用，公园城市建设获得持续动力。"

② "两山"指数是指"绿水青山就是金山银山"评估指标体系，表征区域生态环境资产状况、绿水青山向金山银山转化程度、保障程度。

经成为中国式城市现代化的重要目标和实践探索。

广东深圳出台《深圳市公园城市建设总体规划暨三年行动计划（2022—2024年）》，提出建设山海连城的公园深圳。作为中国特色社会主义先行示范区以及千园之城，率先以深圳品质营造公园城市。

浙江杭州出台《杭州市区加快公园城市建设三年行动计划（2022—2024年）》，规划"郊野公园—城市公园—社区公园—口袋公园"四级公园体系。

江苏苏州印发《苏州市"公园城市"建设指导意见》（2022）、《2023年苏州市"公园城市"建设实施计划》。

山东淄博出台《淄博市全域公园城市建设规划》（2021），制定《淄博市全域公园城市建设管理条例》（2023）、《淄博市全域公园城市建设规划实施导则》（2023）等地方性规范。

全国部分城市公园城市建设的政策性文件汇总见表3-1。

表3-1　部分城市公园城市建设政策文件

城市名称	公园城市建设涉及的主要政策文件
四川成都	《关于深入贯彻落实习近平总书记来川视察重要指示精神 加快建设美丽宜居公园城市的决定》（2018）、《成都市美丽宜居公园城市规划（2018—2035年）》（2018）、《中共四川省委 四川省人民政府关于支持成都建设践行新发展理念的公园城市示范区的意见》（2020）、《成都建设践行新发展理念的公园城市示范区总体方案》（2022）、《成都建设践行新发展理念的公园城市示范区行动计划（2021—2025年）》（2022）
上海	《关于推进上海市公园城市建设的指导意见》（2021）、《上海公园城市规划建设导则》（2022）、《上海市"十四五"期间公园城市建设实施方案》（2022）、《静安区公园城市规划（2022—2035）》（2022）
广东深圳	《深圳市公园城市建设总体规划暨三年行动计划（2022—2024年）》（2022）
广东江门	《江门市公园城市建设工作纲要（2012—2020年）》（2012）《江门市公园城市品质提升规划（2021—2023年）》（2021）
湖北咸宁	《咸宁市全域公园城市建设规划纲要》（2019）、《咸宁市主城区公园城市十大行动计划》（2019）
浙江杭州	《杭州市区加快公园城市总体规划暨三年行动计划（2022—2024）》（2022）

表3-1(续)

城市名称	公园城市建设涉及的主要政策文件
江苏苏州	《苏州市"公园城市"建设指导意见》（2022）《2023年苏州市"公园城市"建设实施计划》（2023）
广西梧州	《梧州市公园城市建设试点总体规划（2021—2035）》（2021）
云南昆明	《昆明市公园城市建设三年行动方案（2023—2025年）》（2023）
山东淄博	《淄博市全域公园城市建设规划》（2021）、《淄博市全域公园城市建设管理条例》（2023）、《淄博市全域公园城市建设规划实施导则》（2023）
贵州贵阳	《贵阳市公园城市总体规划（2015—2020）》（2015）
山东青岛	《青岛市公园城市建设规划（2021—2035）》（2021）

资料来源：根据公开资料整理。

（三）公园城市的国际影响

在2018年9月26日举行的第六届深圳国际低碳城论坛颁奖典礼上，成都与深圳、里昂一同摘得了2018年度全球绿色低碳领域先锋城市蓝天奖。2020年成都"城市增绿"入选世界大都市协会绿色基础设施最佳解决方案，2021年公园城市建设入选全球28个应对气候变化基于自然解决方案案例，成为联合国人居署发布的首批五个"国际可持续发展试点城市"之一。2022年获评首届全球"生物多样性魅力城市"，入选国家生态文明建设示范区的区（市）县增至13个。2023年，《全球可持续发展报告2023》推出成都公园城市通过扩展绿色空间、降低城市热岛效应并提供休憩与健康的经验。同年，在人类发展论坛提交给SDG首脑会议的报告《世界更美好》中也有专篇介绍其人与自然和谐共生的新范式。

二、公园城市建设的内涵、目标与任务

（一）公园城市的内涵

《成都市美丽宜居公园城市建设条例》（2021）指出，公园城市"是指以人民为中心、以生态文明为引领，将公园形态与城市空间有机融合，生产生活生态空间相宜、自然经济社会人文相融、人城境业高度和谐统一的现代化城市"①。另外，关于公园城市的内涵，吴志强等学者（2018）提出，"公"代表了公共性与民生价值，"园"对应生态系统，"城"对应人居与生活，"市"对应产业经济活动，是以人民为中心的生态、生活和生产协调发展。

公园城市是生态文明时代的城市发展理念和模式。与工业文明时代的"以人为中心、自然为用"的城市发展模式不同，公园城市遵循人与自然两个平等主体和谐共生的原则，因此是生态文明形态在城市空间的深刻体现。公园城市建设要实现"既要绿水青山又要金山银山"以及"绿水青山就是金山银山"，从根本上来讲就是生态环境保护与生产力发展的相互转化、协调发展。

生态是公园城市的根基。公园是一种生态空间，在城市发展中承担涵养生态的功能，是人与自然链接的载体和平台。绿色生态是永续发展的必要条件，没有优美的生态环境与良好的资源环境承载条件，公园城市就是无源之水、无本之木。公园城市建设，尊重自然、顺应自然、保护自然，是基本遵循。"把生态价值考虑进去"指明了公园城市建设的价值和导向。

人城境业和谐统一体现的是生态文明建设的系统观，以及城市统筹发展、系统治理的理念，是人与自然和谐共生现代化的城市表达。城市是自然整体系统中的有机部分，是自然生态系统循环的一个重要环节。

从目的来看，公园城市生态惠民、生态利民、生态为民，满足人民群众日益增长的优美生态环境需求。以人民为中心，就是要满足人民对优美生态环境的需求，补齐生态产品短板，创造良好的生态环境这一最公平的公共产品、最普惠的民生福祉，共享生态福利。

（二）公园城市建设的愿景目标

1. 公园城市建设愿景与要求

公园城市建设总的愿景与要求是要"塑造以绿色为底色、以山水为景观、以绿道为脉络，以人文为特质、以街区为基础的人城境业和谐统一的新型城市形态"。《成都市美丽宜居公园城市规划》对标新一轮城市总体规划的战略目标，明确美丽宜居公园城市"三步走"的发展目标：2025年，加快建设美丽宜居公园城市，公园城市特点初步显现；2035年，基本建成

---

① 成都市美丽宜居公园城市建设条例［Z］. 2021年1月25日成都市第十七届人民代表大会常务委员会第二十三次会议通过2021年7月29日四川省第十三届人民代表大会常务委员会第二十九次会议批准.

美丽宜居公园城市，开创生态文明引领城市发展的新模式；2050 年，全面建成美丽宜居公园城市，全方位形成人城境业高度和谐统一的大美城市形态。具体目标包括：公园城市理念深入人心，贯穿城市工作全过程；城市形态和谐大美，人与自然和谐共生发展格局基本形成；城市品质宜人宜居宜业，创新创造的新场景不断涌现；城市生态价值充分彰显，形成城市持久竞争力。可以看出，成都建设美丽宜居公园城市要开创生态文明引领城市发展的新模式。

2. 建设践行新发展理念的公园城市示范区愿景目标

作为公园城市首提地，成都加快建设美丽宜居公园城市，努力走在前列、做出示范。《成都建设践行新发展理念的公园城市示范区总体方案》提出，率先形成发展方式转型示范、城市能级提升示范、治理体系重塑示范、美丽宜居公园城市示范。2025 年建成现代化国际化创新型公园城市，2035 年建成公园城市发展模式全国样板、具有全球影响力的创新开发高地和美丽中国建设实践范例；21 世纪中叶，建成具有全球竞争力、创新力、影响力的可持续发展公园城市全球标杆。

（三）公园城市建设任务

基于《中共成都市委关于深入贯彻落实习近平总书记来川视察重要指示精神加快建设美丽宜居公园城市的决定》（下文简称《决定》）、《成都市美丽宜居公园城市规划》（下文简称《规划》）、《成都建设践行新发展理念的公园城市示范区总体方案》（下文简称《方案》），结合公园城市的内涵需求、时代价值，尝试从建设对象与内容来梳理公园城市建设的主要任务。

1. 《决定》提出的公园城市建设任务

《决定》从彰显公园城市绿水青山的生态价值、诗意栖居的美学价值、以文化人的人文价值、绿色低碳的经济价值、简约健康的生活价值和美好生活的社会价值，提出公园城市建设任务，塑造城市竞争新优势。如表3-2 所示：

表 3-2　《决定》提出的公园城市建设主要任务

建设路径	主要任务	主要内容
构建蜀风雅韵、大气秀丽、国际现代的城市形态,彰显公园城市美学价值	涵养自然生态格局之美	全域公园化,构建生态安全格局与生态安全屏障
	描绘大尺度公园城市肌理之美	形成相对完整的绿色空间系统与全域公园景观体系
	营造蜀风雅韵的城市风貌之美	开展风貌营造,提升景观品质,展现城市历史文化
构建绿满蓉城、花重锦官、水润天府的城市绿态,彰显公园城市生态价值	展现林秀俊美的山地风光	建设世界品质的自然与文化遗产富集区
	呈现花重锦官的锦绣盛景	实现"常年见绿、四季有花"
	凸显茂林修竹的林盘景致	城乡融合,诠释公园城市的乡村表达,重塑川西田园景观。
	重现水润天府的河湖景色	实施"蓉城碧水"保卫攻坚战
构建传承创新、古今一体、别样精彩的城市文态,彰显公园城市的人文价值	传承历史延续城市文脉	合理保护、开发利用历史文化资源,留住"乡愁"
	核心价值引领发展天府文化	发展天府文化,营造多元文化场景
构建资源节约、环境友好、循环高效的生产方式,彰显公园城市的经济价值	强化创新驱动的绿色产业体系	实现经济社会发展和生态环境保护协调统一
	建设清洁高效的绿色资源体系	将资源利用能效提升到国际先进水平
	创新乡村振兴的产业模式	实施乡村振兴"十大重点工程"和"五项重点改革"
	打造新业态培育新场景创造新消费	培育高品质消费场景和新经济产业场景
构建简约适度、绿色低碳、健康优雅的生活方式,彰显公园城市的生活价值	培育和激发市民主体意识	开展全民绿色行动
	优化绿色公共服务供给	满足市民对美好生活的需要
	打造健康舒适的生活环境	实施"三治一增",坚决打好污染防治"三大战役"

表3-2(续)

建设路径	主要任务	主要内容
构建创新创造、示范引领、共建共享的推进机制，不断提升建设公园城市的能力	加强公园城市理论研究	内涵、形态、价值、场景、品质、品牌等重大问题
	加强公园城市建设领导	总体设计和组织领导
	构建生态价值转化机制	
	提升公园规划营建水平	
	强化重点领域示范引领	
	注重共建共享氛围营造	

资料来源：中共成都市委关于深入贯彻落实习近平总书记来川视察重要指示精神加快建设美丽宜居公园城市的决定［Z］. 2018-07-13.

2.《规划》提出的公园城市建设任务

《规划》围绕"人、城、境、业"四大维度，提出构建公园城市的策略举措，提出公园城市六大场景营造，即打造绿意盎然的山水生态公园场景、珠帘锦绣的天府绿道公园场景、美田弥望的乡村郊野公园场景、清新宜人的城市街区公园场景、时尚优雅的人文成都公园场景、创新活跃产业社区公园场景。如表3-3所示：

表3-3 《规划》提出的公园城市建设主要任务

维度	内涵	策略	举措
人	人的居住	营造"公园+"开放舒适的生活街区	全面推动公园街区建设；营造多元化的生活消费场景；营造舒适宜人的休闲交往场景
		营造"公园+"优质共享的公共服务	强化重大区域型及功能性公共服务设施供给；从人的需求出发针对性配置公共服务设施
	人的工作	营造"公园+"富含活力的工作场所	结合产业功能区规划形成健康舒适的产业社区；塑造健康舒适活力高效的工作环境
	人的游憩	营造"公园+"丰富多元的人文感知	强化天府传统文化与现代文化的双重感；营造多元文化场景丰富市民文化体验
	人的交通	营造"公园+"简约健康的出行方式	构建高效绿色交通体；构建具有多元体验的步行交通网；构建便捷舒适的自行车交通网，提高道路林荫化率和绿视率

表3-3（续）

维度	内涵	策略	举措
城	形态大美	塑造岷江水润、茂林修竹、美田弥望的大美田园	结合乡村振兴走廊、城乡融合发展单元建设，塑造大美田园；农商文旅融合发展，整田护林理水改院重塑川西田园风光
		塑造蜀风雅韵、大气秀丽、国际时尚的城市风貌	重塑城市空间秩序，塑造优美景观风貌；塑造整体和谐、多样有序的城市色彩，增强城市显示度；实施夜景亮化提升，塑造光彩靓丽醉美夜色
	内核支撑	塑造串联城乡、全民共享、功能多元的天府绿道	构建全域天府绿道体系；加强绿道的要素集聚和引领作用；提升绿道营建和筑景水平，打造新景区新景观
		建设链接全球、外快内畅的国际门户枢纽城市	构建国际航空枢纽、国际铁路货运枢纽、国家铁路客运枢纽、国家高速公路枢纽和国际通信枢纽
		建设绿色高效、低碳智能的可持续发展智能城市	推进海绵城市和韧性城市建设；加大污水再生利用，缓解水资源与城市发展突出矛盾；发展低碳城市；构建智慧城市
境	格局之美	构筑三生共荣的城乡格局	强化生态格局
	生境之美	构筑和谐共生的自然生境	划定生态隔离区加强管控；构建三级生态廊道网络，加强生物多样性保护
	环境之美	塑造碧水蓝天的优美环境	推进碧水蓝天净土工程
	绿境之美	塑造绿满蓉城的公园绿境	生态区增绿，提升生态环境质量；城区增绿，提升城市绿化环境；强化绿化建设要求
业	绿色经济体系	构建清洁高效的绿色能源体系	提高资源利用效率；形成资源循环利用网
		构建循环集约的绿色产业体系	做强绿色低碳制造业；壮大绿色低碳服务业；培育绿色循环产业
	"公园+"新业态	营造"公园+"新经济	推动"公园+"创新应用和新经济场景建设，推动环高校知识经济圈建设
		营造"公园+"新消费	营造公园城市新业态、消费场景与开发场景

资料来源：成都市规划和自然资源局. 成都市美丽宜居公园城市规划（2018－2035 年）[Z]. 2018.

3. 《方案》提出的公园城市建设任务

《方案》着眼于设立践行新发展理念的公园城市示范区，围绕率先形成发展方式转型示范、城市能级提升示范、治理体系重塑示范、美丽宜居公园城市示范的目标，提出公园城市建设主要任务。如表3-4所示：

表3-4　《方案》提出的公园城市建设主要任务

示范重点	示范路径	示范举措
深入践行创新发展理念，努力在发展方式转变上走在前列、作出示范	打造国际知名的创新策源地	建设综合性国家科学中心，集中布局新型基础设施顶级节点，打造"一带一路"创新枢纽
	推进先进制造业和现代服务业融合发展	以产业生态圈建设推进产业融合发展，瞄准世界前沿布局新兴产业集群，开展新技术新业态培育示范
	推进体制机制改革，释放创新活力	强化要素资源高效率配置改革，推进科技创新体制机制改革
深入践行协调发展理念，努力在增强国家中心城市经济人口承载力上走在前列、做出示范	落实主体功能区战略，重塑产业经济	转变城市空间开发和保护模式，重塑城乡关系，探索中心城区"三降两升"约束激励机制
	做强成都都市群推进成渝相向发展	构建成德眉资同城化利益共同体，支持成都向东发展建设东部新区，塑造城园相容的空间形态，营造蜀风雅韵的城市人文风貌，构建以人为本的绿色交通体系
	探索推动生态价值创造性转化	大力推动绿色低碳循环发展，创新生态资源市场化运营模式，构建生态建设投入产出平衡机制
	探索完善公园城市发展治理体系	健全完善公园城市法规规范，提升国土空间治理能力，参与全球生态文明建设和生态治理
深入践行开放发展理念，努力在融入"一带一路"倡议上走在前列、做出示范	全力构建多向度战略通道	聚焦建设国际航空枢纽，聚焦建设国际铁路枢纽，聚焦建设国家物流枢纽
	全力建设高能级开放平台	深化自贸试验区改革创新，争取设立天府国际空港航空经济试验区，争取布局更多高能级开放平台
	全力提升开放型经济水平	构建外事外资外经外贸外宣深度融合机制，聚焦向规则制度型开放转变，聚焦构建高水平开放型产业体系

表3-4(续)

示范重点	示范路径	示范举措
深入践行共享发展理念,努力在创造和谐宜居生活上走在前列、做出示范	加快构建党建引领的社会治理体系	强化城市治理顶层设计,强化党建引领社区发展治理,强化科技赋能城市治理
	加快构建国际时尚的消费供给体系	着眼率先突破,着眼品牌提升,着眼制度创新
	加快构建优质均衡的公共服务体系	聚焦公共服务组织方式创新,聚焦深化教育体制改革,聚焦扩大优质医疗卫生资源供给,聚焦完善社会保障体系

资料来源:国家发展改革委,自然资源部,住房和城乡建设部.关于印发成都建设践行新发展理念的公园城市示范区总体方案的通知(发改规划〔2022〕332号)[Z].2022-02-28.

三、公园城市建设及对城市问题的回应

(一) 以自然为本促进城市与自然和谐共生

厚植生态本底。良好的生态本底是公园城市建设的前提和基础。围绕夯实生态本底,成都实施了"五绿润城"生态工程,依托自然山水建设城市"绿心"(龙泉山城市森林公园)、"绿肺"(大熊猫国家公园)、"绿脉"(天府绿道体系)、"绿环"(环城生态公园)、"绿轴"(锦江公园)。开展了"百个公园"示范工程1.0以及"百个公园"示范工程2.0①,从2008至2023年,新建各类公园110个、新增公园面积2.4万亩,创造较多可感可及的公共生态产品。

让城市在自然里有序生长。以山、水、林、田、湖、湿地为代表的蓝绿空间不再是城市的后花园,而是与居民生活相融的多功能空间。在城市新区,协同推进天府新区鹿溪智谷、东部新区金榜阁、高新区瞪羚谷等公园城市示范片区建设,打造一批"三生"融合的公园城市示范组团;在郊县城区,打造复合多元的"森林+""林盘+"场景,培育森林康养、生态旅游、创客基地等新功能新业态。

(二) 以人民为中心满足人民高品质生活需求

从本质上看,公园城市建设是以人民为中心的发展导向,满足人民高品质生活对优美生态环境的需求是根本出发点,全面关照人的需求、人的

---

① "百个公园"示范工程1.0始于2021年,规划建设110个公园;"百个公园"示范工程2.0始于2023年,包括"老公园新提升"等行动,计划新建各类公园(含口袋公园)68个,提升改造老公园40个。

交往、人的工作生活、人的全面发展，注重对人的价值观和行为的引导和塑造。创造宜居美好生活，增进公园城市民生福祉，是公园城市建设最基本的价值遵循。

以公园城市"金角银边"微更新提升人民群众生态福祉为例，成都市先后出台《成都市公园城市"回家的路"金角银边景观建设指引（试行）》《关于"金角银边"业态场景植入涉及商业业态相关证照办理的指导意见》等引导性政策，将社区剩余、废弃或闲置绿化空间纳入社区公园分级管理，围绕百姓对"15分钟生活圈"相关需求，利用口袋绿地，提升社会环境，拓展活动空间，增加社区服务场所。无论是成都双桥子桥下空间，还是永丰立交桥桥区公园，或是成都区青桥下运动空间，都升级成为具有社区特色、富有活力的多功能公共运动和生态绿色空间，并通过市场化运营实现可持续管理与良性发展。

（三）以生态价值转化促进经济高质量发展

绿色是经济高质量发展的底色与普遍形态。蓝绿空间占比的提高倒逼生产空间产业发展向高端化、绿色化与集约化转型，宜居宜业的生活环境吸引着更多的创新型人才进一步集聚，生态环境治理带来经济价值的转化、催生新的产业赛道，而发展又反哺生态环境治理，实现了"绿水青山"与"金山银山"的双向流动、相互促进、相互增值。有风景的地方就有新经济，天府新经济产业园依托兴隆湖形成复合型滨湖办公空间，吸引商飞软件、安世亚太、蜀天梦图、热热科技、中科曙光、烽火通信、云从科技、商汤科技、清华四川能源互联网研究院等知名高校院所创新平台、行业知名企业和机构，成为集成电路、绿色低碳、高端软件、人工智能等重点产业的协同承载地。通过彰显生态价值并实现生态价值的多元转化，成都在公园城市建设中逐步走向生态优势与经济优势相得益彰，重塑城市新的竞争优势。

（四）以治理为途径探索超大城市转型发展

截至2022年末，成都市常住人口为2 126.8万人，打造人人有责、人人尽责、人人享有的城市治理共同体，走特色城市善治之路，成为公园城市建设必须破题的时代命题，更是国家赋予公园城市示范区的三大定位之一，也是超大城市转型发展的重要支撑。在智慧蓉城框架下，成都创新性地打造"微网实格"社会治理平台，按照30~100户居民设置1个微网格，配备1名微网格员，确保3~5小时内基本完成入户排查、宣传动员、居民服务等工作，全市精细划分微网格 11.9 万个，整合基层党建、政法综治、民政等各类网格，广泛开展营城惠民行动，各类网络正在成为超大城市现代化治理的有效抓手和有力支撑。

第二节　公园城市与 NbS 的相通之处

一、公园城市与基于自然解决方案高度契合

成都率先在全国开展公园城市建设，致力于以人民为中心，将生态价值转化为经济效益和生活品质，打造公园自然空间与城市空间有机融合、人与自然和谐共生的复合系统，这与基于自然解决方案完全契合，也因此入选全球 28 个应对气候变化基于自然解决方案典型案例。

（一）公园城市与 NbS 体现人本与自然导向

《成都建设践行新发展理念的公园城市示范区总体方案》指出，坚持以人民为中心，推进生态文明与经济社会发展相得益彰，这与 NbS 守护自然与服务社会两大目标高度契合。在生态优先基础上，公园城市坚持开放共享，让市民走进公园、绿道，畅享生态福祉，并创新场景营城理念，促进生态产品价值实现，增进民生福祉。2022 年 2 月，成都市公园城市建设管理局印发《成都市公园（绿道）阳光帐篷区开放试点方案》，首批划定并正式对外开放了 22 个大于 1 000 平方米的公园（绿道）草坪或林下空间作为公园（绿道）阳光帐篷区开放试点区域。2023 年 6 月，成都市公园城市建设管理局发布《成都市公园绿地开放共享地图》，涵盖全城 48 个共享公园扩大开放共享新空间 52 处，每个点位均大于 1 000 平方米，累计开放面积约 100 万平方米。

（二）公园城市与 NbS 准则高度契合

对照 NbS 准则 1：有效应对社会挑战。公园城市建设从在城市里建公园转变为在公园里建城市，让自然和城市有机融合，是新的城市空间形态与发展模式。在公园城市建设中，确立"双碳"目标，统筹优化空间布局、发展清洁能源、工业低碳转型、绿色建筑以及扩绿增汇，以应对气候变化挑战。同时，公园城市建设将应对生物多样性丧失、环境污染、三水统筹、粮食安全、城市内涝等系列挑战作为重要内容。

对照 NbS 准则 2：根据尺度来设计。一方面公园城市是涵盖平原、高

山、丘陵、盆地、河湖、绿地、城市、田野等生态要素的巨型系统，在整体上加强政策引导，充分考虑经济、社会、生态系统之间的相互作用，在有限空间中增加绿色空间并提升生态宜居品质，实施天府绿道、天府蓝网等系统工程。另一方面，在区域、流域、城市、社区等不同尺度因地制宜地设计不同方案，幸福河湖、和美乡村、未来社区、产业生态圈等已经成为公园城市的多元化表达。

对照 NbS 准则 3：生物多样性净增长和生态系统完整性。通过公园城市建设，成都生物多样性得到了极大改善，野生动物已记录 753 种，成都大熊猫人工繁育种群为全球最大人工繁育种群，芙蓉资源保有量目前为世界第一，公园城市中的生命美丽多姿。2022 年 12 月，成都荣获"生物多样性魅力城市"称号。

对照 NbS 准则 4：经济可行性。公园城市建设始终秉承"绿水青山就是金山银山"理念，营造多元场景并发布场景清单，创新探索生态价值转化，实现经济增值、文化增彩、社会增益。在公园城市建设中，运用商业化逻辑，前期通过土地增值溢价反哺生态环境建设，后期通过引入市场主体以商业利益反哺运维费用，实现投入产出的双平衡机制。《成都建设践行新发展理念的公园城市示范区机会清单（2023 年）》汇集项目 976 个，涉及投资规模 11 266 亿元。

对照 NbS 准则 5：包容、透明和赋权的治理。公园城市理念蕴含以人民为中心的生态公正内涵，是公共性、包容性和发展性的统一，体现为对民生福祉的关注。如在社区层面实施"幸福美好生活十大工程"，依托老旧小区改造，融入全龄友好的包容型社会营建，将城市公园、社区公园、口袋公园等各类公园作为普惠、均衡、可及的公共产品。坚持共建共享，通过场景营造激发社区居民公共精神、责任与参与意识以及协商能力，建设品质化的现代社区。

对照 NbS 准则 6：多种效益间公正权衡。公园城市建设涉及土地与自然资源管理，权衡生态系统的不同效益进行管理是必要的。如统筹生态扩绿、水资源配置与粮食安全之间，环城生态带复垦 10 万亩耕地守护"天府粮仓"。坚持山水林田湖草沙一体化保护与系统治理，是强化系统协同避免权衡的重要手段。

对照 NbS 准则 7：适应性管理。一方面，探索公园城市指标评价体系，发布《公园城市指数》，并在 2023 年联合国人居署与公园城市指数研究中心共同举行了"公园城市指数研究与城市评估"研讨会，签署合作意向书。同时，发布《公园城市"金角银边"场景营造指南》《公园城市场景营造和业态融合指南》《公园城市乡村绿化景观营建指南》《公园城市绿地应急避难功能设计规范》《公园社区人居环境营建指南》《城市公园分类分级管理规范》等公园城市地方标准。另一方面，加强智能化监测体系建设，完善生态系统遥感监测、污染物持续性动态监测、生态系统价值调查评估等，为适应性管理奠定基础。

对照 NbS 准则 8：主流化。公园城市建设是践行新发展理念的生动实践，明确写入《成渝地区双城经济圈发展规划》，进入国家战略，确立2035 年全面建成公园城市示范区目标。雪山下的公园城市已经成为成都的响亮名片和最鲜明的形象标识。成都坚持以公园城市示范区为统领，深化中国式现代化城市发展的全新探索。

二、公园城市包容多种形态的自然解决方案

公园城市具体建设举措与实践，包含了丰富的具体 NbS，如城市森林、城市湿地、都市农业、河流自然化、建筑解决方案、开敞绿地、生态绿廊、生物保留区、保护地、海绵城市、循环经济等，这些举措与 NbS 家族高度相容。同时，在空间规划、场景营城、社区治理等方面也包含了 NbS元素，如表 3-5 所示。

表 3-5　公园城市建设中的 NbS 举措与元素

NbS 类型	公园城市建设内容	公园城市建设案例
城市公园（绿地）	国家公园、城市公园、湿地公园、农业公园、体育公园、小微绿地、口袋公园	大熊猫国家公园、锦江公园
城市森林	行道树、都市林业、农林复合系统、林业碳汇	龙泉山城市森林公园
河流与溪流再生	幸福河湖、自然保水、自然净水	都江堰、兴隆湖、活水公园
生态绿廊	绿道、通风廊道、生态廊道、水网、绿色街巷、野生动物迁徙廊道	天府绿道、天府蓝网
城市农业	公园农业、屋顶农场、保护性耕作、共享田园	云上田园、都市农场、共享田园

表3-5(续)

NbS 类型	公园城市建设内容	公园城市建设案例
城市建筑	绿色建筑、零碳建筑	川西民居、绿色屋顶、零碳未来城
空间管治	生态保护红线、三区三线、保护地体系	自然保护地、生态保护红线
其他	海绵城市、无废城市、循环经济	雨水花园、生物墙、蓄水池等

资料来源：作者通过相关资料整理。

三、公园城市是基于自然解决方案的中国化

成都从公园城市"首提地"到践行新发展理念的公园城市"示范区"，累计实施增绿项目1.1万个，新增绿地面积11 500余公顷，森林覆盖率提升至40.5%，建成区绿化覆盖率提升至44.5%，累计建成天府艺术公园、东安湖体育公园等"百个公园"示范工程项目110个。5年来，成都依托龙门山、龙泉山两山，和岷江、沱江两水为生态骨架，规划建设1 275平方千米的龙泉山城市森林公园、1 459平方千米的大熊猫国家公园、1.69万千米长的天府绿道、133平方千米的环城生态公园和33.8平方千米的锦江公园，累计建成各级绿道6 158千米。2017年到2023年7月，记录到的鸟类种数由36种增长到75种；鸟类数量由2 490只增长到89 222只。

创新城市与自然和谐共生的NbS模式。依托公园城市首提地以及示范区资源，利用创新城市与自然和谐共生模式的先天优势，可以打造具有四川特色的城市人与自然和谐共生新方案。公园城市建设中基于自然的解决方案具有丰富的场景，天府绿道串联绿地、水系、森林、湖泊河流、乡村田园等，形成完整生态网络。天府蓝网统筹河湖水系、岸线绿地与滨水空间，支撑城市人水和谐、拥水发展。兴隆湖创新生态工法，重新塑造湖底地形并栽种水下植物，促进水生植物、底栖动物、鱼类和微生物共生系统。

创新"三水统筹"的NbS模式。NbS在统筹水资源、水环境和水生态治理上有助于互联增效。作为千河之城，成都在河湖生态修复、再生水资源化利用、雨水资源化等方面采取基于自然解决方案，有望创新实践"三水统筹"协同增效新路径。

创新新能源一体化开发的NbS模式。充分利用四川省清洁能源规模优

势，利用 NbS 创新新能源一体化模式：新能源开发与生态保护修复、降碳、减污、协同、增效有机融合的土地高效利用模式，如风光发电与工矿废弃土地生态修复有机结合的土地高效利用模式，新能源开发与农林降碳、减污有机结合的农（牧）光互补、渔光互补、林光互补的复合模式，新能源开发与观光旅游有机结合的农商文旅融合模式，生物质能与农林废弃物以及城乡生活垃圾资源化相结合的循环经济模式，光伏建筑一体化模式等。

第三节　公园城市与 NbS 的不同之处

一、提出的背景不同

基于自然解决方案源于人类认识到自然为人类提供多重惠益是应对一系列社会挑战的重要方面，可以补充或是促进基于人工或工程技术解决方案。这一理念由世界银行、IUCN 等国际组织积极倡导，在联合国层面推进并逐步得到世界各国响应，并通过各地各领域的相关实践汇集成为全球行动，其系统性、体系性还有所不足。

公园城市是基于自然解决方案的中国实践之一。公园城市的提出源于对城市发展模式的思考，是在我国生态文明理念指导下，借鉴、吸收并发展了田园城市、花园城市、水敏感城市等国际先进理念，又体现创新、协调、绿色、开放、共享的新发展理念，是中国式人与自然和谐共生现代化的实践探索。我国公园城市建设从首提地成都逐步向全国扩展，并在国际上产生积极影响。从这一角度，基于自然解决方案只是公园城市建设的方法、手段与内容之一。

二、作用对象不同

公园城市是一种综合的城市发展范式，其作用对象在城市规划、建设与管理，决定了其空间尺度为城市尺度。公园城市不仅仅是建设更多的公园或绿色空间，也不仅仅停留在建设层面，而是涉及城市生态、经济、文化、社会治理等方方面面的转型，涉及绿色空间的经济社会承载与价值转化，涉及创新、协调、绿色、开放与共享，是综合的转型发展理念，更是城市高质量发展理念的集成，是城市发展的新范式。

基于自然的解决方案是一种人与自然合作的系统方法，其作用对象在自然或人工生态系统，包括城市，也包括自然生态系统与乡村农田等。基于自然解决方案的空间尺度较为宽泛，可以是流域、城市、区域和场地，其应用场景包括减灾防灾、水资源管理、农牧林业可持续管理、碳中和等多元场景，且在不同区域根据应对挑战的轻重缓急而有所权衡与协同。

三、话语体系不同

基于自然的解决方案由国际社会提出，是由西方主导的共同知识与世界各地地方知识的有机融合。在这一话语体系下，国外 NbS 研究偏重于以"工具性生态系统服务"为框架的西方范式，是一种利用生态系统服务来帮助解决重大社会挑战的机制，侧重于将自然理解为外部系统，强化了人与自然的二分法。

公园城市是由我国提出，是在生态文明话语体系下的人与自然和谐共生实践探索，与生态文明建设互为内容、互为路径，相互促进，相互依存。公园城市建设不仅强调自然化自然，同时强调自然化人、人化自然与人化人其他三种路径的协同推进，本质是人与自然和谐共生，从而在根本上不同于西方工具性生态系统服务。

在公园城市建设中，一方面要创造性应用基于自然的解决方案，另一方面更要创新性发展基于自然的解决方案。并通过积极实践基于自然的解决方案，增进国际社会对我国生态文明建设以及公园城市的理解。

本章参考文献

［1］成都市公园城市建设领导小组.公园城市 城市建设新模式的理论探索［M］.成都：四川人民出版社，2019.

［2］成都市公园城市建设管理局.公园之城：从"首提地"到"示范区"［M］.北京：中国社会科学出版社，2023.

［3］潘家华，姚凯.公园城市发展报告（2021）：迈向碳中和的城市解决方案［M］.北京：社会科学文献出版社，2021.

［4］潘家华，姚凯，廖茂林，等.公园城市发展报告（2022）：和谐共融的场景营造［M］.北京：社会科学文献出版社，2022.

［5］廖茂林，周灵.生态文明：公园城市的成都实践［M］.成都：四川大学出版社，2022.

［6］周少来. 公园社区: 四川天府新区公园城市治理之路［M］. 北京: 中国社会科学出版社, 2022.

［7］秦尊文, 聂夏清. 我国"公园城市"内涵辨析与实践探索［J］. 区域经济评论, 2023（2）: 89-98.

［8］魏瀚宇, 阎波. 基于自然的解决方案与公园城市理论现阶段的比较研究［C］//中国风景园林学会. 中国风景园林学会2020年会论文集（上册）. 中国建筑工业出版社, 2020: 7.

［9］吴岩, 王忠杰, 束晨阳, 等. "公园城市"的理念内涵和实践路径研究［J］. 中国园林, 2018, 34（10）: 30-33.

［10］李雄, 张云路. 新时代城市发展的新命题: 公园城市建设的战略与响应［J］. 中国园林, 2018（5）: 38-41.

［11］林凯旋, 倪佳佳, 周敏. 公园城市的思想溯源、价值认知与规划路径［J］. 规划师, 2020（15）: 19-24.

［12］罗明, 张琰, 张海. 基于自然的解决方案在《山水林田湖草生态保护修复工程指南》中的应用［J］. 中国土地, 2020（10）: 14-17.

［13］卢风. 论基于自然的解决方案（NbS）与生态文明［J］. 福建师范大学学报（哲学社会科学版）, 2020（5）: 44-53, 169.

［14］李萌. 基于自然的解决方案理念及城市应用研究［J］. 城市, 2020（7）: 17-28.

［15］贺庆棠. 生态文明建设与基于自然的解决方案［J］. 中国林业产业, 2019（3）: 77-80.

［16］建立完善绿色发展制度体系 推进美丽宜居公园城市建设［EB/OL］. http://www.chengdubbs.cn/article-185705-1. html.

［17］中共成都市委关于深入贯彻落实习近平总书记来川视察重要指示精神加快建设美丽宜居公园城市的决定［N］. 成都日报, 2018-7-9.

［18］成都市规划与自然资源管理局. 成都市美丽宜居公园城市规划［Z］. 2019年4月22日.

［19］刘晓君. 成都公园城市的概念辨析、发展历程与建设策略［J］. 城市管理研究, 2022: 89-101, 211-212.

［20］吴承照. 城市公园社会协同管理机制研究［J］. 中国园林, 2017（2）: 66-70.

［21］李琳. 广西公园城市建设策略探讨［J］. 广西城镇建设, 2019

（12）：112-115.

［22］成都市委编办，四川天府新区成都党工委党群工作部.践行绿色发展理念 夯实公园城市建设体制机制保障［J］.中国机构改革与管理，2019（9）：40-41.

［23］赵一，陈泳，王丹，等.推动公园城市示范区建设取得更多实践成果［N］.成都日报，2022-03-23（002）.

［24］吴怡霏，朱小路，李颖.打造山水人城和谐相融的公园城市［N］.成都日报，2022-03-22（002）.

［25］邓凡.建设公园城市 探索超大特大城市现代化之路［J］.中共成都市委党校学报，2023（3）：14-24，108.

［26］刘陶.城市可持续发展模式的理论创新与实践探索：评《长江流域公园城市建设研究》［J］.社会科学动态，2023（5）：128.

［27］曾九利，唐鹏，彭耕，等.成都规划建设公园城市的探索与实践［J］.城市规划，2020，44（8）：112-119.

［28］刘彦平，何德旭.公园城市与成都城市品牌价值［J］.城乡规划，2019（1）：31-37.

［29］成都市公园城市建设管理局.成都市"十四五"公园城市建设发展规划［Z］.2022.08.

［30］国家发展改革委，自然资源部，住房和城乡建设部.关于印发成都建设践行新发展理念的公园城市示范区总体方案的通知（发改规划〔2022〕332号）［Z］.2022年2月28日.

［31］马延滨.交互涵化与全球环境治理的实践：以"基于自然的解决方案"为例［J］.外交评论（外交学院学报）.2023，40（2）：127-154，169.

［32］DUSHKOVA D, ANNEGRET H, MANUEL W, et al. Editorial for Special Issue "Nature-Based Solutions（NbS）in Cities and Their Interactions with Urban Land, Ecosystems, Built Environments and People：Debating Societal Implications"［J］. Land, 2021, 10（9）：937-937.

［33］Ruizi Y, Quan M. Implementation progress of Nature-based Solutions in China：A global comparative review［J］. Nature-Based Solutions, 2023, 4.

［34］E. Cohen-Shacham, G. Walters, C. Janzen, S. Maginnis Nature-based Solutions to Address Global Societal Challenges ［R/OL］. IUCN, Gland, Switzerland，2016. 10. 2305/IUCN. CH. 2016. 13. en

［35］ United Nations DevelopmentProgramme. Human Development and Planetary Health：The Role of Nature－based Solutions ［R/OL］. United Nations ，2019. https：//hdr.undp.org/content/human－development－and－plane-tary－healththe－role－nature－based－solutions

［36］ COHEN－SHACHAM E, ANDRADE A, DALTON J, et al. Core principles for successfully implementing and upscaling nature－based solutions. Environ ［J］. Environmonlal Science and Policy, 2019（98）：20-29.

［37］ IUCN. Global Standard for Nature－based Solutions. A user－friendly framework for the verification, design and scaling up ofNbS. First edition ［S］. Gland, Switzerland：IUCN, 2020.

［38］ IUCN. Guidance for using the IUCN Global Standard for Nature－based Solutions. A user－friendly framework for the verification, design and scaling up of Nature－based Solutions. First edition ［S］. Gland, Switzerland：IUCN, 2020.

第四章　公园绿地 NbS 实践

要让公园成为人民群众共享的绿色空间。

——2020 年 3 月习近平总书记在考察杭州西溪湿地时提出

城市公园与绿色开放空间承载着提高生态环境质量、休闲游憩、防灾避险、科普教育、社会交往等多重功能，是人与自然互动的重要公共空间，是居民最普惠的公共产品，是城市功能不可或缺的重要内容，也是公园城市建设的立足点和前提。基于自然的解决方案是通过保护、管理和恢复城市公园与绿色开放空间创造多重协同效益的重要方式，是公园城市建设的重要内容。

第一节　公园绿地 NbS 协同效益及其应用

一、城市公园与绿色开放空间

（一）城市公园缘起与发展

现代意义上的城市公园一开始就是为解决一系列城市化、工业化伴随的问题而出现的，直接原因是城市人居环境恶化，最初源于工业革命时期的英国进行的以皇室公园公共化为代表的大规模公园绿地建设，目的是缓解城市环境压力和促进社会健康，随后法国、美国、日本等国家掀起城市公园建设的高潮。1903 年，香港政府反思瘟疫给密集城市带来的严重灾难，拆除拥挤"唐楼"，建成 4 400 平方米的卜公花园保障公共健康，一直保存至今，成为香港重要公共遗产。

随着城市规划、景观生态等学科的发展以及城市迈向可持续发展，城市公园系统也更加丰富与多元化，如增设了绿道、绿色基础设施、绿色网络，并逐步演化为公园城市、花园城市等新型城市发展模式。伦敦致力于建设国家公园城市，整个大伦敦地区有超过 3 000 个规模不等的公园，有22% 的土地属于绿化带，10% 的土地属于城市开发土地。为了维护绿色空间，2019 年伦敦成立了由独立专家组成的绿色空间委员会，加强绿色空间的交付与管理。此外，私家花园、私家庄园、高尔夫球场等绿地也是伦敦绿化的重要组成部分，保护绿色空间成为全民共识。也就是说，公园建设将成为缓冲城市中人与自然关系的重要方式。

（二）城市公园类型

城市公园系统，通常包含各种绿色开放空间，涵盖各种规模的公园、未铺设的地表区域以及具有生物多样性的绿地。美国国家游憩和公园协会制定的公园、游憩、公共空间和绿道指南给出了一个引用较为广泛的城市公园分类体系，包括口袋公园、邻里公园、社区公园、区域公园、专类公园、学校公园、自然保护区、绿道或公园路（parkway），以及私家公园。我国全域公园体系也深受该指南的影响，大都包括各种类型、规模的区域公园、城市公园与社区（乡村）公园，如表 4-1 所示。

表 4-1　城市全域公园类型——以淄博为例

大类	中类	小类
区域公园	自然保护区	—
	自然公园	森林公园
		湿地公园
	区域游憩公园	风景名胜区
		遗址公园
		野生动植物园
		矿山公园

表4-1(续)

大类	中类	小类
城市公园	综合公园	—
	专类公园	雕塑公园
		动物园
		植物园
		历史名园
		游乐园
		体育公园
		儿童公园
		纪念性公园
		其他专类公园
	社区公园	—
	游园	—
社区(乡村)公园	乡村社区游园	—
	农业公园	田园综合体
	—	各类农业园(农庄、农场)
	郊野公园	—

资料来源:淄博市全域公园城市建设规划〔Z〕. 2021年12月22日.

二、城市公园作为 NbS 的多重效益

城市公园可以为城市降温、提高空气质量、减缓城市热岛效应、增强雨洪调节、促进社会交往与公众健康等,是城市绿色基础设施的重要组成部分,也是应对气候变化的重要基础,同时还是城市最重要的公共产品与公共资产。

(一)生态功能

城市公园是城市绿地的重要类型,具有强大的生态功能,包括为城市降温、提高空气质量、减缓城市热岛效应、增强雨洪调节、防噪滞尘、防风引风等,也是城市动植物资源最为丰富的重要场所。城市公园是城市绿色基础设施是重要组成部分,也是应对气候变化的重要基础。

（二）社会功能

城市公园是城市最重要的公共产品与公共资产，其广泛的社会功能包括休闲游憩、促进社会交往与公众健康、防灾减灾、景观与文化保护、艺术美育、减少城市犯罪、提高市民意识等。2021 年 6 月 30 日《关于推进上海市公园城市建设的指导意见》提出：贯彻"城市是一个有机生命体"的系统思想，通过土地、资金、政策等体制机制创新，推动公园形态与城市空间有机融合，促进生态、生产、生活空间相宜，体现高质量发展与高品质生活。

（三）经济功能

城市公园在城市区域发展中的作用越来越重要，最显著的作用是带动周边地价和不动产增值、营造良好营商环境吸引投资、促进旅游业发展。城市在公园城市建设中，通过场景化打造，赋予公园更多场景价值，带动了更多元、更有活力的新经济发展。

三、基于自然解决方案的公园场景

（一）区域尺度

区域尺度的城市公园是指与城市连通的自然保护地，不光是生物多样性保护的有效方式，还是 NbS 的重要载体，在许多情况下能够成为 NbS 发挥作用的基础。众多自然保护地雏形的管理措施其实是作为当前的 NbS 出现的，一些地区被划定为不允许耕种和使用，视作神圣的自然场所，对于防范洪水、滑坡、土壤侵蚀，以及维持有价值的生态系统具有重要意义。对于依托自然生态系统的 NbS，自然保护地是其理想载体。

在我国生态环境部协同自然资源部积极指导 31 省（自治区、直辖市）完成生态保护红线划定工作，陆域生态保护红线面积占陆地面积的 30% 以上，覆盖了所有全国生物多样性保护生态功能区、生态脆弱区和生物多样性分布关键区，90% 的重要生态系统类型和 74% 的野生动植物得到了保护。同时，建立以国家公园为主体的自然保护地体系，为实施基于自然的解决方案奠定了重要基础。

（二）城市尺度

城市公园。纽约中央公园始建于 1857 年，当时占地 315 公顷（1873 年扩展至 341 公顷），涉及 150 个街区。公园基本上保持了原本地貌环境和蜿蜒的水面与自然起伏的道路，尽可能地贴近真实的自然环境，并无缝衔接城市交通系统，有开阔的草坪、水面、绿地与丛林，有步行道、长椅和上万种树木，有花园、动物园、美术馆、运动场、剧院、喷泉等各种设施与人文景观点缀其间，开敞空间与自然风光相映成趣。纽约中央公园在建设初期就推动了曼哈顿地价上涨约 1 倍，房价上涨约 9 倍，并占据纽约最贵住宅楼盘 4/5 的席位。

公园融城。深圳构建了"公园-类公园"的全域公园体系，不但涵盖自然郊野公园、城市公园和社区公园，也包括功能空间复合利用的点状类公园和廊道空间等线性类公园。衔接重点发展区域，串联山海廊道周边公园，建设 12 个公园群促进城园融合，营建全景步道体系，满足高密度中心城区多样化的游憩需求。活化亲水亲海景观，以低扰动形势建设可观山海风貌、可赏城市花境的瞭望系统。让居民不仅可以远观青山翠岭、碧水蓝湾，在家门口也能感受自然气息，欣赏自然风光，在自然中撒欢，接受自然教育。

（三）社区尺度

口袋公园。佩雷公园位于美国纽约 53 号大街，建于 1967 年，占地 390 平方米，是喧哗闹市中闹中取静的围合空间（三面环墙，一侧为入口）与城市绿洲，这是世界上第一个口袋公园。公园主体是由 3.5~5 米高的浓密树阵营造的宽敞休憩与活动空间，公园角落是随季节变换的花卉，左右墙面覆盖低养护成本的藤本植物，树阵下方是可移动的座椅便于游人组合，配置有售卖亭等必要的服务设施。公园后方是高 6 米的水幕瀑布作为背景，流水遮掩城市喧嚣，晚上配合跌水后面的灯光布景，美轮美奂。即便公园是在一个狭小空间，自然入境，便有了人与自然和谐共生的氛围。

社区园艺。社区园艺是一种基于自然的生活方式干预，具有生态性与社会参与性，能促进人们积极、健康和参与社交的生活，减少慢性疾病的风险因素，还为健康饮食和积极活动提供了结构性的机会，为人们提供了一种加强生态联系的方式。社区园艺干预的组成部分包括接近自然，获得种植、消费和分享食物的工具，户外体育活动的机会，对园艺有共同兴趣的邻居的网络工作，以及促进认知刺激和培养有意义的体验的活动①。因此，社区园艺可以作为多成分干预措施，减少癌症和其他慢性疾病的风险

---

① Jill S Litt. et al. Effects of a community gardening intervention on diet, physical activity, and anthropometry outcomes in the USA (CAPS): an observer-blind, randomised controlled trial [J]. The Lancet Planetary Health. 2023，7：23-32.

因素，并促进社区人群福祉。

（四）建筑尺度

徐汇万科中心是体量 72 万平方米的大型城市商业综合体与建筑群，沿长达 1 千米、面积约 7 万平方米的徐汇中城绿谷布局，节点之间由林荫大道串联。这是一条可行可逛可跑可阅读的绿谷，分布着岩石园、植物园、竹园、湿地公园、水幕广场、银杏大道等，拥有丰富的动植物多样性，还有随处可见的大型艺术装置，办公空间、商业空间、文体场馆、公园绿地、休闲空间等和谐相融，如同城市会客厅。

第二节　公园城市理念下的全域公园实践探索

一、出门见园的全域公园建设

《成都建设践行新发展理念的公园城市示范区总体方案》提出，建立万园相连、布局均衡、功能完善、全龄友好的全域公园体系，以全域城乡的视野，构建覆盖全域包含山水公园、城市公园、乡村公园、绿道公园等多种形态的公园绿地系统。包括各类自然公园、郊野公园、城市公园，以及社区公园、口袋公园、小微绿地等。这是厚植绿色生态本底，塑造公园城市优美形态的重要环节。截止到 2023 年 7 月，成都市各类公园数量超过 1 500 个，成为名副其实的千园之城。成都在构建全域公园体系中，创新性地将公园体系分为市域公园体系与公园场景体系，如图 4-1 所示。开展"百个公园"示范工程，在城市新区实施"公园+"策略，老城区"公园城市与有机更新结合"策略。对望江楼公园、百花潭公园、人民公园等进行拆围透绿增景，塑造"城园融合、绿意渗透"的公园化街道，打造夜色鹤鸣等特色场景及新型文化业态。

二、超大城市的国家公园建设

大熊猫国家公园成都片区位于岷山山系和邛崃山系两个大熊猫最大种群的交界处，是大熊猫生存繁衍的"天然走廊"。涉及都江堰市、彭州市、崇州市、大邑县 4 个县（市）10 个镇 35 个村（社区），面积 1 459.48 平方千米，占大熊猫国家公园总面积的 5.4%，有野生大熊猫 73 只，高等植物 2 000 多种，脊椎动物 300 多种。

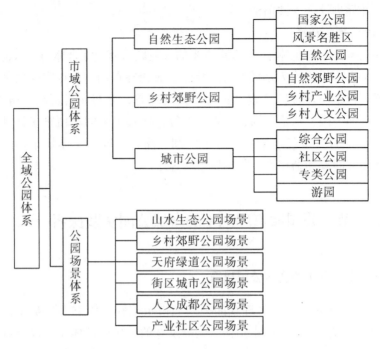

图 4-1　成都全域公园体系

（一）恢复自然生境

按照"人退猫进"原则，实施核心区生态搬迁，并整治退出国家公园范围内的 34 家小水电站。采用低干扰修复模式，推进都江堰长河坝、大邑火石溪等点位恢复自然生境，累计修复大熊猫栖息地 12.71 万亩。

（二）探索大熊猫野化放归机制

与中国大熊猫保护研究中心合作，在保护区内放归"琴心"和"小核桃"两只大熊猫，并持续开展野外监测工作。通过设置人工饮水点、首创野生动物人工洞穴等方式，持续改善野生动物种群栖息地环境。

（三）探索国家公园生态保护与社区协调发展模式

发布《大熊猫国家公园成都片区社区共建共管试点计划》，聘请村民参与巡护与服务工作，建立人兽冲突预警与损害赔偿机制。充分利用大熊猫超级 IP，培育大熊猫友好型产业基地，授权川熊猫竹笋、青城茶道等原生态产品特许经营。营造熊猫健康小镇、熊猫香山等生态旅游场景以及彩乐西岭等大熊猫主题消费场景，推进生态价值转化，带动社区经济发展。

（四）培育大熊猫生态文化

开设"熊猫课堂"，设立自然教育示范基地，组建熊猫讲师、志愿者等，开展"大熊猫生态旅游节""大熊猫国家公园原生态产品趣味游园会"等活动。开展各种形式的科普宣教活动，组织开展研学活动，厚植大熊猫生态文化。

（五）实施大熊猫重大科技创新

建立四川省濒危野生动物保护生物学重点实验室、大熊猫基因资源库等生物多样性保护重点工程，并设立"中国-克罗地亚生物多样性和生态系统服务'一带一路'联合实验室"，这是目前全国唯一以生态保护为主题的"一带一路"联合实验室。

（六）开展人与自然和谐共生指数评估

根据清华大学杨锐团队开展的成都大熊猫国家公园"人与自然和谐共生"指数评估结果，整体上人与自然关系较为核心，且都江堰、彭州片区高于成都片区平均水平。其中生态系统生产总值核算结果为 652.13 亿元，其中物种保育价值是国家公园的核心价值；气候变化下生物多样性保护成效评估显示成都片区在承接成都本地物种迁徙、两栖物种避难所方面的特殊价值；人类足迹指数增加的地表面积占 34%，耕地面积增加是成都片区人类足迹指数增加的主要原因；自然环境对人居环境的限制性较高，北部片区相较于南部片区更不适宜人居。

三、各种类型的城市公园建设

（一）新建型城市公园：天府公园

天府公园位于成都双流区杭州路东段与蜀州路交叉口，跨越成都中轴线天府大道，通过下穿式桥洞连接，为天府新区中央公园，占地大约 3 450 亩，是成都市目前市区规模最大的河畔山地城市公园。依托山水脉络，融合城市美学，通过不同季节花卉、植物、景观绘就公园城景。结合场地特质，运用海绵措施，收集场地地表雨水并再利用。利用生态廊道与生境板块为动植物提供生境场所与迁徙路线。44 公顷的水面打造成为海绵水森林，充分依靠生态自净能力维护地表 Ⅲ 类水质标准的水质。游客通过水岸漫步游路、山丘散步道、水下艺术走廊等感受多重自然与人文体验。Hi Park 运动中心生态景观与有氧健康步道、多功能运动草坪、五人制足球场、篮球场、网球场、溜冰场、室内羽毛球场及乒乓球场等多种类型体育设施融为一体。

（二）改造型城市公园：大源中央公园

大源中央公园位于高新区天府二街 777 号，占地 350 亩。前身为垃圾填埋场，适应城市南向发展需求改造为城市公园，建于2012年，在排除污染风险和改造之后，修建人工湖、覆盖新土、种植本土植被。依托绿地、湖面，种植花乔木1 000余株，花境1 000平方米，配置篮球场、乒乓球场、健身区、儿童游玩区、相亲角等。篮球场是一处露天下沉式的街头篮球场，全天对市民免费开放，为居民提供了家门口的运动空间，同时也成为篮球爱好者乃至CBA、CUBA专业球员和网红球员的聚集地，开展了"2023年成都街头篮球突袭赛""2023年成都市街道社区三人篮球联赛"等赛事与表演活动。内嵌于公园景观的下沉中庭引入了大型地下商业综合体"源野"，涵盖1个超大公共艺术空间、3座户外花园、20个店铺，商户都有与花园直接衔接的空间过渡，成为将地面公园的景观向下延续的典范。大源中央公园荣获2023年建设践行新发展理念的公园城市示范区"十大百佳"案例（"城园相融"十佳案例）。

（三）乡村公园：蒲江县铁牛村未来乡村公园社区

铁牛村位于四川省成都市蒲江县西来镇，辖区面积9.59平方千米，辖区有12个村民小组，据2022年统计共1 073户3 634人。依托千亩鱼塘和万亩橘园生态农业本底、现存西汉和宋代冶铁遗址与徽派建筑新村特色，融入乡村美学，编制《天府·新林盘聚落——铁牛未来乡村公园社区规划方案》，通过林盘保护、水美乡村建设与人居环境提升，形成"青山绿道蓝网"乡村生态公园格局。引入国内外70余名多元人才"回流"成为新村民，吸引20余名本村青年返乡创业，链接15家城市共创方，集聚300余名候鸟"新村民"，成立8家企业和社会组织，共建4个乡村融创空间、3个节会品牌、20余项文创农创产品以及多元消费新场景。2022年，全村旅游人数累计达5万人次，旅游收入达800万元。铁牛村先后获评四川省乡村旅游重点村、四川省乡村振兴示范村、四川省乡村文化振兴样板村、四川省"金熊猫"奖先进集体，成为成都全市首批25个启动建设未来公园社区之一。

（四）雨水花园：芙蓉岛雨水花园

雨水花园是自然形成的或人工挖掘的浅凹绿地，被用于汇聚并吸收来自屋顶或地面的雨水，通过植物、沙土的综合作用使雨水得到净化，并使之逐渐渗入土壤，涵养地下水，或使之补给景观用水、厕所用水等城市用水。这是一种生态可持续的雨洪控制与雨水利用设施，不仅具有观赏功能，还具有净化空气、缓解城市热岛效应的作用，收集雨水、促进水循环、保护生物多样性、净化雨水、减轻径流污染等功能。雨水花园在成都公园城市建设中非常常见，如成都地铁西博城站 E 口天府国际会议中心旁的雨水花园已经融入站城一体。摸底河沿岸型雨水花园贯穿金泉运动公园，沿岸采用生态驳岸设计。2021 年成都锦江区新桥社区"美空间·新逸景院落治理项目"在新桥逸景 C 区在推进微更新中，发动社区群众建设院落内的雨水花园。值得一提的是芙蓉岛雨水花园，其位于成都市高新区世纪城新国际会展中心东侧，占地约 42 000 平方米，是 23 座锦江公园之一。公园依岛而建，雨水花园位于芙蓉岛中部，由木板打造的小桥，石头修筑的微型墙体，郁郁葱葱的绿植环绕其间。采用高模量聚丙烯连续罐式海绵城市雨水收集、储存、回用系统，是成都地区首次采用的雨水储存高科技技术，能够实现雨水收集、处理、回收利用闭环管理，满足园区内景观、绿化、浇洒的用水需求。见图 4-2。

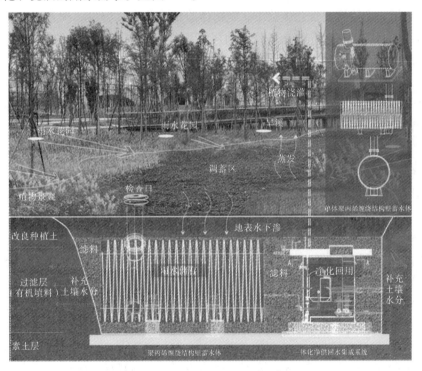

图 4-2 芙蓉岛雨水花园构建示意图

图片来源：四川省建筑设计研究院，转引自：成都首个"漂浮公园"：芙蓉岛公园正式开放！[EB/OL]. 锦观新闻，（2022-06-24）[2023-5-24] https://baijiahao.baidu. com/s？id＝1736504534922123188&wfr＝spider&for＝pc.

四、城市微更新中的社区公园

(一) 建设口袋公园

在公园城市建设中，成都充分利用桥下、街旁、地下、基础设施周边、屋顶、滨河、低效用地等城市剩余空间，在生态景观提升的基础上，优化功能、彰显文化并植入业态，打造"金角银边"品质空间示范场景。印发了《成都市更新利用城市剩余空间打造"金角银边"三年行动方案》《成都市"中优"区域城市剩余空间更新规划设计导则》，形成《公园城市"金角银边"场景营造指南》。永丰立交桥桥区公园位于武侯区永丰立交桥下，桥区面积8.1万平方米，建成的桥区公园将近4万平方米，命名为"芄丁花园"。按照城市花园立交桥理念，充分利用桥下剩余空间打造居民健身乐园，设置"趣、雅、仪、乐"四个板块，并植入健身广场、花园集市、冷饮屋、盲盒体验馆、宠物体验馆、儿童故事屋、理发店、咖啡店、便利店、餐吧等业态场景，为居民提供可参与、可进入的城市花园，建成成都首个全龄友好的综合型城市花园立交桥，集园艺、观赏、休闲、娱乐、亲子、轻食于一体。在精致的植被覆盖下，呈现清新雅致的消费场景与丰富多元的活动空间，既满足市民休憩运动需求，又为生态价值转化预留空间。

(二) 采取微更新策略

金牛公园位于成都市金牛区茶店子片区，占地257亩，长1.84千米，是国内最长的街心公园。前身是脏乱差的棚户区，打造后的公园转变为区域绿核，并与一品天下美食街区、茶花智慧商务集群有机融合。拥有熊猫金丝猴双宝、三星堆、川酒、川茶、蜀绣、竹艺为特色的六个天府文化博物馆。市民沿着1200米的空中绿廊（景观轴绿道）可以登高望远，跨三环路与天府艺术公园社区形成链接，融入天府绿道，衔接公共交通与慢行系统，形成微TOD，实现了城市空间的有机缝合。栽植约1700株乔木，保护植物群落并塑造特色，营造川西微森林。连接回家的路，营造公园城市全龄友好微场景。按照TOD理念，将地铁环线7号线茶店子站、商场等有机衔接，集成公园、轨道站点、休闲娱乐、避险场所、人防工程、地下泊位等多重功能，建成5个商业项目显示地下空间连接，辐射带动15个建设项目开发。引入 436 文创项目①，植入绿道驿站、小型售卖等新消费场景，形成公园文创商圈。

五、城市公园导向的开发模式

POD 全称 Park Oriented Development，即以城市公园为导向的开发模式。实践中，往往不局限于城市公园，更为宽泛地指代城市蓝绿空间及生态景观与周边土地开发良性互动的城市开发模式，这种开发模式不是在城市里建公园，而是拓展公园的单一功能，最终目标是形成公园城市。成都天府大悦城位于天府总部商务区北部绿廊南侧，占地约 115 亩。设计时将北部绿廊作为蓝绿空气延伸至建筑内部，建筑北侧与绿廊景观相连，成为人行与绿地相融的一体化街区。大悦城西南商业将大悦城定位为"立体式生活美学购物公园"，提出"公园漫游"等概念，围绕公园标签，大悦城开展沉浸式体验春日花园、游逛知觉通感式艺术展、阅读人类学视角的公园手册等深度体验、深度阅读的营销活动，使得商业有了公园基因、艺术气质与场景感染力，使得消费者获得身在公园的身心休憩与精神松弛，又体验到潮流生活文化，让更多的年轻人成为公园商业的共建者、公园生活的参与者。

第三节　小结与建议

一、赋予城市公园及绿地系统多重功能

多功能性是基于自然解决方案发挥作用的重要基石，这也应该成为城市公园及绿地系统规划与建设的重要理念。多功能性包含三个主要原则：空间的多功能利用、产生协同效益、创造附加值。城市公园及绿地系统是城市生态环境的自然基础，是城市生态绿色高质量发展的重要载体，不应只停留在生态绿化层面，多元化的生态系统服务功能更是其价值的重要体现。赋予公园及绿地生态防护、游憩娱乐、文化教育、环境美化、防灾避险等多重功能，将其作为城市规划建设、更新发展不可或缺的空间和功能

---

① 成都 436 文创创建于 2015 年，是以创意设计为核心，集文创人才孵化，文创产品开发，文化景观设计，文化艺术交流，文旅规划策划，园区建设运营等为一体的文创全产业服务平台和优秀文创孵化基地。

要素。同时多元功能叠加是促进生态价值转化的基础，在公园等绿色开放空间复合叠加多样化生活场景、消费场景、创新场景，形成多功能绿色经济复合体。以人民为中心，引导公园新兴业态和生活方式。

二、探索公园与城市和谐相融的新方式

公园绿地不仅是各自独立的景观系统，更是整体协调的统一体。利用公园绿地形成的连贯城市开敞空间，打通城市生态廊道，对接自然保护地体系，完善城市生态安全格局。在城市公园内部，通过立体化、多层次、多功能地高效利用土地，使公园融合步行空间、生境空间、休憩空间、设施空间，形成绿色综合体。探索公园城市新模式，从以路为街转变为以公园为街，以公园为边界转变为以公园为中心，将镶嵌于地块中的公园转为缝合地块的公园。推动公园绿地与山水林田湖及历史文化资源联动发展，衔接城市蓝绿空间体系，塑造公园城市特色绿地景观风貌，打造特色化、品质化的公共空间和城市景观形象。

三、探索城市公园开放共享新模式

开放共享不仅停留在拆除围栏或开放式无围栏设计的公园形态，更在于全面的开放式管理，提供更大的游人容量、便捷综合的步道设计和舒适物、更多元的文化活动与场景打造、柔化城市线条的边界处理。遵循海绵城市建设理念，结合地势地貌，落实雨水花园、植草沟、生态树池、透水铺装、植被缓冲带、雨水湿地等海绵城市工程措施，对地表雨水径流进行充分的收集和下渗，打造具有"自然积存、自然渗透、自然净化"的人工湿地海绵系统。滨河区域绿地体系主要强调"防外洪"作用，城市内部绿地体系主要强调"防内涝"作用。构建平灾结合的城市绿地避灾体系，完善紧急避灾点、临时避灾据点、救灾据点、救灾通道、避灾通道等设施。

四、创新城市公园社会化养护模式

公园不仅要响应使用者的需求，也要与使用者产生身份共鸣，从而引导使用者在保护其生态系统服务中发挥重要作用。鼓励企事业单位、社区认养附近绿地公园，或采取社会众筹共建与志愿者支持的方式，建立绿地公园与社会主体之间更紧密的关系，保护保养维护公园。同时通过税收优惠，创造低技能应聘者工作机会等方式系统保障城市公园的养护。

参考文献

［1］何昉.践行城市自然保护和韧性构建创新发展之路［J］.风景园林，2020，27（10）：13-18.

［2］全国市长研修学院系列培训教材编委会.致力于绿色发展的城乡建设系列教材［M］.北京：中国建筑工业出版社，2019.

［3］丁戎，栾博，罗珈柠等.应对气候变化的城市绿色空间韧性—减碳—增汇协同范式与设计策略［J］.园林，2023，40（1）：16-24.

［4］栾博，柴民伟，王鑫.绿色基础设施研究进展［J］.生态学报，2017，37（15）：5246-5261.

［5］郑宇，李玲玲，陈玉洁，等."公园城市"视角下伦敦城市绿地建设实践［J］.国际城市规划，2021（6）：136-140.

［6］张苗苗，李鑫玉，傅凡，等."公园城市"理念下对城市公园绿地建设的探讨：以北京市为例［J］.北京建筑大学学报，2023，39（1）：36-43.

［7］孙大维，苏衍林.论公园绿地在城市建设中的重要性：以华北街公园绿地工程为案例［J］.林业科技情报，2023，55（1）：154-156.

［8］毕文华.海绵城市理念下的新型多功能创意社区生态公园绿地设计：以金华东媚公园为例［J］.城市建筑空间，2022，29（6）：115-117.

［9］张苗苗.基于公园城市理念的城市公园绿地系统优化策略研究［D］.北京：北京建筑大学，2023.

［10］张艺凡，孙世界.城市公园对文化消费空间集聚的影响研究：以成都主城为例［J］.中国园林，2023，39（8）：83-89.

［11］宫宸，史舒琳，孟令爽，等.系统性自然接触的健康效益：以成都公园城市为例［J］.景观设计，2022（4）：22-27.

［12］郭庭鸿，舒波，董靓，等.城市小型公园绿地使用的影响因素：成都实例研究［J］.风景园林，2018，25（12）：87-92.

［13］魏家星，李倩云，陈明菲，等.基于 CiteSpace 可视化分析的城市公园生态系统文化服务研究进展［J］.建筑与文化，2023（8）：230-232.

［14］Mushkani Rashid A.；Ono Haruka. The role of land use and vitality in fostering gender equality in urban public parks：The case of Kabul city, Afghanistan [J/OL]. Habitat International. Volume 118 , Issue . 2021

[15] H. Eggermont, E. Balian, M. Azevedo, V. Beumer, T. Brodin, J. Claudet, B. Fady, M. Grube, H. Keune, P. Lamarque, K. Reuter, M. Smith, C. Ham, W. Weisser, X. Roux. Nature-based solutions: new influence for environmental management and research in EuropeGaia Okologische Perspekt [J]. Nat. -Geistes-Wirtsch., 2015, 24: 243-248.

[16] Hunter, R. F., Nieuwenhuijsen, M., Fabian, C., Murphy, N., O' Hara, K., Rappe, E., Kahlmeier, S. Advancing urban green and blue space contributions to public health [J]. The Lancet Public Health, 2023, 8 (9): 735-742.

[17] World Bank. 2021. A Catalogue of Nature-Based Solutions for Urban Resilience [R/OL]. [2023-06-07] World Bank, Washington.

第五章 城市森林 NbS 实践

城市森林是复杂的生态系统，具有惊人的韧性。

——联合国粮农组织，2016

作为城市尺度基于自然解决方案重要内容的城市森林，具有多种形态与多重功能，是公园城市建设中的重要资产，并可以融合多种产业形成新的高质量发展与高品质生态场景。采用基于自然的解决方案更加科学地养护、恢复和可持续经营城市森林，是公园城市建设不可或缺的重要内容之一。

第一节 城市森林 NbS 协同效益及其应用

一、城市森林的内涵

城市森林是指位于城市中或城乡交界处，包含森林、行道树、公园和花园中的树木以及废弃地中的修复性植被①（可以分为植被修复性森林、生态廊道式森林、农林复合型森林），具有多样的群落结构、多种土壤成分以及生物与非生物物质、多场景的适应机制，在丰富城市生物多样性、缓解城市热岛效应、防治空气污染、涵养水源、提供休憩健康等方面具有重要价值，是基于自然的解决方案之一。

2019 年联合国粮农组织宣布了"城市绿色长城"倡议，旨在增加城市森林和树木，支持基于自然的气候变化解决方案。伦敦被认为是最大的城

---

① World Bank. 2021. A Catalogue of Nature-Based Solutions for Urban Resilience [R/OL]. [2023-07-01] World Bank, Washington, DC. http://hdl.handle.net/10986/36507 License: CC BY 3.0 IGO.

市森林，超过五分之一的城市面积被森林覆盖，城市树木与城市人口规模相当，森林徒步或是城市树木节活动已经融入伦敦生活方式之中，居民也将照看树木作为职责。伊春市是我国重点国有林区，拥有400万公顷森林，森林里每立方厘米空气中负氧离子含量为20 000个以上，被联合国有关组织评为"城市森林生态保护和可持续发展范例"。

2004年，我国就开始"国家森林城市"建设试点，到2023年已累计建成国家森林城市218个，覆盖全国31个省（自治区、直辖市）和新疆生产建设兵团，城市建成区绿化覆盖率由10年前的39.22%提高到42.69%，城市人均公园绿地面积由10年前的11.8平方米提高到15.29平方米。

二、城市森林作为 NbS 的多重效益

（一）环境效益

首先，城市森林可以使空气凉爽2~8 ℃，减少城市热岛效应，帮助人类适应气候变化，同时是城市污染物，尤其是微细颗粒物的天然过滤器，对空气质量有显著的改善作用。根据 Nowak 等人2018年的研究，加拿大86个城市树木减少了1.65万吨空气污染，创造经济价值272亿加元，避免了30起死亡和2.2万起急性呼吸道疾病[①]。其次，城市森林可以为野生动物提供有利的栖息地、食物和保护，提升城市生物多样性，生物多样性丰富的森林往往能提供更加丰富的生态系统服务。最后，树木可帮助调节水流，净化水质，提供稳定和持续的供水，并在防止洪水和降低自然灾害风险方面发挥关键作用。一棵成熟的常绿树每年可以拦截超过1.5万升水。另外，城市森林可以帮助遏制气候变化。一棵成熟的树木每年可吸收高达150千克的二氧化碳。同时使人们对空调的需求降低30%，并将冬季供暖费用减少20%~50%。

（二）经济效益

一是城市森林可以提供粮食、水果、药材等，供人类消费和作为牲畜饲料，有助于粮食安全、改善营养、减轻贫困。二是城市森林景观规划可增加物业价值20%并吸引旅游业和商业。根据联合国粮农组织的研究，树木可以提供的总体效益比种植和照看它们的投资价值高两到三倍。

---

① Nowak, D. J., & Greenfield, E. J. (2018). U. S. Urban Forest Statistics, Values, and Projections. Journal of Forestry, 2018, 116（2）：164-177. https://doi.org/10.1093/jofore/fvx004.

（三）社会效益

城市森林与人居品质息息相关，如表5-1所示。生活在城市绿地附近并有机会接近绿地的人们，身心健康可以得到改善，这反过来又有助于增加城市社区的福祉。有着良好城市森林布局的城市，更具恢复力、可持续性和公平性。有研究表明，工作场所视野范围内至少应该拥有3棵成熟的树木，社区生活区域树冠投影面积占比不低于30%，住宅与最近的公共绿地与公园的不超过300米①。城市森林能够降低与高温相关疾病的风险，可以减少传染病（病毒）从动物宿主向人类传播，降低人畜共患疾病和媒介传播疾病的风险。

表5-1　森林给城市带来的益处

城市森林类型	城市内部森林	近郊森林	远郊森林
主要益处	干净的空气	干净的空气	储存碳
	遮阳	供水	生成降水
	城市野生动物栖息地	减少洪涝	木材
	更高的资产价值	减少土壤侵蚀	药材
	休闲娱乐	木材	生物多样性
	—	休闲娱乐	

资料来源：Wilson, S. J., E. Juno, et al. Better Forests, Better Cities ［R/OL］, ［2023-05-17］ World Resources Institute, 2022. https://doi.org/10.46830/wrirpt.19.00013.

三、基于自然解决方案的城市森林场景

（一）行道树

行道树是城市街区较为常见的绿色基础设施。行道树可以阻滞尘土、降噪、吸附微小颗粒物以及多种空气污染物，种植行道树是解决交通污染和改善街区环境的重要措施。行道树吸纳收集雨水、涵养水源，可以消减城市径流对城市基础设施的不利影响，缓解城市内涝。行道树有丰富的绿荫和蒸腾作用，可以调节气候，其显著的降温能力也能够缓解城市热岛效应，降低邻近建筑的空调负荷。行道树可以通过光合作用吸收二氧化碳并

---

① Konijnendijk, C. C. Evidence-based guidelines for greener, healthier, more resilient neighbourhoods：Introducing the 3-30-300 rule ［J］. Journal of Forestry Research Article. 2023, 34：821-830.

转化为氧气和有机物，以生物质形式封存空气中的二氧化碳，起到增汇固碳作用。另外，行道树还是不容忽视的城市名片与城市记忆、精神与文化的载体，其丰富多彩的景观、舒适的绿荫以及防护功能，增强步道吸引力，有助于促进居民身心健康，提高社会凝聚力，提高邻近商业服务体验，并提高城市地产与物业价值。也有研究表明，行道树数量增加可以有效减少犯罪，尤其是对贫困或破落街区行道树改造，可以是振奋居民精神和促进社区联系，减少犯罪。

（二）都市林业

孙中山先生曾提出植树造林是国家救亡图存的重要手段，有利于造福民生与防御自然灾害。都市或城郊林业（UPF）通过综合的、参与式的策略和方法规划及管理林木资源，以增强其经济、环境与社会文化效益，是应对城市周边景观破碎、遏制城市盲目扩张、促进人类健康的重要举措，是国家森林和自然资源政策的重要组成部分。在实践中，人类社会往往有着大量的娱乐、文化、艺术、体育、教育和社交机会。多功能林业在应对气候变化方面具有双重作用，包括碳封存与碳储存，增加碳汇与减少碳排放，同时森林生物经济发展也成为越来越重要的产业战略方向。

（三）农林复合生态系统

农林复合生态系统，包括农林牧复合系统、农林湿复合系统等多种形态，强调在同一土地利用单元，将木本植物、栽培植物与动物在同一土地管理单元形成多种群、多层次、多产品、多效益的人工生态系统。大量研究显示，这一模式具有显著的生态系统服务功能，包括多样化物质产品供给、改善土壤肥力、增加碳储量、保护生物多样性、减少径流与侵蚀等。农林复合生态系统已经成为协调环境保护与经济发展的重要手段，也是基于自然解决方案的重要组成部分。

上海市友好村"农林水乡"示范点是农林湿复合生态系统构建的一个典型案例。该项目位于上海市金山区廊下镇友好村，是廊下郊野公园二期市级土地整治项目重点打造的生态节点工程，大都市国土空间修复技术示范基地。实施前，友好村村域西侧为农田，农业尾水直接排到河道里产生严重的农业面源污染问题。东侧为苗圃地和人工林，但林相单一，生物多样性缺失，生态退化。总项目占地面积为 14.28 公顷，包括林地、湿地复合区域，以及通过土地整治形成的高标准农田区域。该项目充分利用当地农、林、水、湿、乡等多种自然元素，设置多级生态水耕区、清水涵养塘、水上森林、林间湿地等生态功能单元，耦合生态岛和生物通道，形成农林湿复合生态系统，农田退水逐级流动，层层过滤，水质改善后再流入河道。在生态水耕区，农田灌排尾水首先进入生态水耕区，水生植物吸收了水中的营养盐，产出绿叶、蔬菜和花卉，同时根系加速悬浮颗粒物质沉淀，净化水质。沿岸有耐湿植物护坡，在水流较急湍区域采用人工松木桩垂直驳岸，形成生态型的湿地景观。在清水涵养区，散布耐阴挺水植物，净化水质又为蛙类、蜻蜓提供栖息环境。在水上森林区，水上森林区域种植耐水乔木，多样化的植被和林水交融为本地鸟类提供最佳栖息地，也为市民提供林下活动空间。在林间湿地，建有水塘、芦苇湿地，保护生物多样性的同时提升生态系统服务价值。如图 5-1 所示。

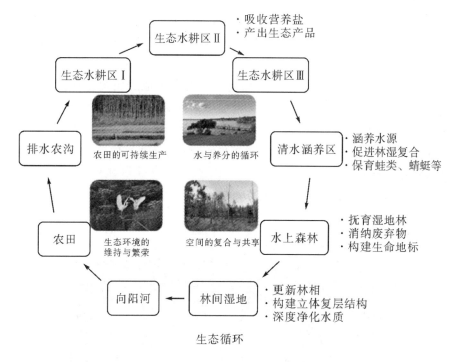

图 5-1　农林湿复合利用与生态功能协同增效原理示意图

图片来源：上海市规划资源局. 创新推进全域土地综合整治 积极助力上海城市乡村振兴，https://ghzyj.sh.gov.cn/tpxw/20230630/1b6b398bb2df4b3ca19648bcd033cac1.html.

"农林水乡"项目具有显著的效益。一是降碳效益。基于自然解决方案的土地整治，通过养分管控和田间废弃物消纳，减少化肥、农药使用，增强了农田的固碳功能，实现稻田丰产与降碳双赢。二是减污效益。2021年3月项目正式运行后，农田退水逐级流经农林水乡的生态净化系统，水体内氮、磷、钾等元素被植被充分吸收，使水质得到了净化，出水总氮、总磷优于地表水Ⅲ类标准，总氮总磷全年平均去除率达到46%和55%，有效解决了农业面源污染问题。三是扩绿效益。项目充分发挥了林地和湿地的栖息保育功能，且尾水里的氮磷也成为促进植物生长的营养物质，明显改善了当地生态环境，提升了生物多样性。截至2022年年底的监测结果显示，农林水乡共记录到了49种鸟类，其中包括国家二级保护鸟类——普通鵟和红隼，以及列入《世界自然保护联盟濒危物种红色名录》中易危（VU）的物种——田鹀。同时也吸引了白头鹎、棕背伯劳、喜鹊、乌鸫和八哥等上海市地方重点保护鸟类来此栖息。四是增长效益。"农林水乡"建成后，进一步提升了农村人居环境，不仅为当地居民提供休闲娱乐空间，也吸引了城市居民来此打卡，增加了当地旅游收入，如图5-2所示。友好村与华东师范大学开展结对共建，开发"自然教育、田间课堂"等实践课程，成立"廊下郊野公园野外科学观测研究站"，促进自然教育、自然体验和亲自然游憩发展。

图 5-2　上海市金山区廊下镇治下的友好村"农林水乡"示范点

图片来源：奔流十年丨社区、林带、郊野，生物多样性带动上海城市绿韵丨上海市_ 新浪财经_ 新浪网（sina.com.cn）https://finance.sina.com.cn/china/gncj/2022-09-29/doc-imqmmmtha9156866. shtml.

"农林水乡"既利用农林湿复合系统解决农业面源问题，又提升了农田、林地、湿地的生态功能，增加了景观功能，形成人与自然和谐共生的复合生态系统，在增进生态效益的同时也提高了民众福祉与经济社会效益。该项目"共建人与自然和谐共生的城市生态郊野"入选了首批上海市生物多样性优秀案例。

第二节　公园城市中的城市森林实践探索

一、国家森林城市建设

2022 年成都市森林覆盖率达到 40.5%，五年增长 1.4%，林草产业总产值 970 亿元。建成总面积 1 275 平方千米的龙泉山森林城市公园和总面积 133 平方千米的环城生态公园。挂牌运行市、区（县）、街道（镇）三级林长制办公室，完善市、区（市）县、街道（镇）、村（社区）四级林长，负责责任区域内森林、林地、湿地、公园绿地、绿道以及野生动植物、古树名木等林业园林资源的保护发展工作。成立全国首个跨区域林长制法官工作站，研发林长巡林 APP。

（一）天府新区：全域森林化

基于天府新区"一山、两楔、三廊、五河、六湖、多渠"的生态本底，通过对零散化森林进行梳理和补植形成覆盖全域的绿色网络，对重要生态区和生态廊道及景观门户集中实施增绿工程，促进城市形态与森林空间的融合，通过立体绿化等措施拓展绿地空间。同时，通过塑造天府特色彩林、提升森林生态质量、强化复合共享功能、构建系统监测体系等策略实现全域森林化。

（二）成都蒲江：碳中和天府森林公园城市

蒲江是全国首批国家生态文明建设示范县，森林覆盖率 66.96%，居成都第一，率先提出了建设"碳中和天府森林公园城市"，提出到 2035 年，全县碳存储容量提升 200 万吨，森林覆盖率达到 70%。确定了"绿色产业、绿色能源、绿色交通、绿色生活方式、森林湿地固碳"的顶层设计，重点推进"碳达峰十大行动"。制定《碳中和绿色生活方式专项规划》，推出《绿色生活方式指南》和指南 APP，打造"碳中和"小屋、垃圾分类主题公园、铁牛村"幸福鸡社"等绿色生活示范场景，启动近零碳社区建设试点,并推出"绿色生活合伙人计划"。

(三)青羊区:金沙天空森林公园

金沙天空森林公园是一个在楼顶上建立的体育公园。充分利用金沙公交枢纽站闲置的屋顶空间,公园占地面积约 12 000 平方米,新增绿化面积1 600 余平方米,配置有篮球场、足球场、街舞场馆等体育设施,形成了公园城市消费新场景。该场景既是公交导向的综合开发(TOD),连接公共交通,减少碳排放与能源消耗;又是生态环境导向的综合开发(EOD),屋顶生态化改造带动周边社区体育训练与赛事活动,引进专业体育团队参与运动空间的建设与运营,消费场景带来可观经济效益,反哺对公园的生态维护与修复。以篮球场为例,上午为公益时段,居民可免费使用,下午及晚上为商业时段,收费为 25 元/人。

二、公园城市森林可持续经营

2020 年成都市森林面积 864.30 万亩,林地面积 586.86 万亩,森林蓄积量 3 677.35 万立方米,森林覆盖率 40.20%。2020 年成都市森林调节水量为 19.51 亿立方米,森林固土量达到 453.65 万吨,年固碳量为 205.31万吨,释氧 442.38 万吨。2020 年年底全市已记录维管束植物 4 459 种,较10 年前记录的 3 390 种增加了 1 069 种。

(一)强化生态本底

实施全国国土绿化示范试点项目及储备林项目。建立地方政府与平台公司合作的储备林建设机制,采用"管委会+投资公司+集体经济组织"运营模式推进龙泉山国土绿化试点项目。截至 2023 年 7 月底,完成营造林7 万亩,预计可增加林业碳汇 16 725 吨/年。

(二)森林可持续经营

实施森林质量精准提升,构建乔灌草藻相协调的生态系统,培育异龄复层近自然森林,开发林业碳汇,推动传统造林向多功能育林、营林转变。分类推广"抚育间伐+补植珍贵阔叶树种""抚育间伐+修枝"等模式,推进森林经营试点。通过培育林业职业经理人,创新"山长制""共营制"等模式。

(三)积极发展林下经济

拓展林果、林菜、林禽、林油、林药、林菌、林蜂、林下套粮等多样化"林粮"模式,壮大"天府森林粮库",发展地标林产品,如金堂橄榄油、龙泉水蜜桃等。探索森林康养、自然教育、竹林人家、林农公园等新产业，在龙泉驿区、彭州市、崇州市等地探索生态林地与墓地复合利用新模式，推动绿色生态价值转化。在城市森林公园、大熊猫国家公园、天府绿道、川西林盘等实施生态工程碳汇开发，如龙泉山碳惠天府、碳中和林等项目。

（四）建设天府森林粮库

森林是粮库、菜库、药库，是天府粮仓成都片区的重要组成部分。成都市现有森林面积 867 万亩，是耕地面积的 1.8 倍，森林食品开发利用空间巨大，提供木本粮食、木本油料、森林蔬菜、森林药材、林果饮品等多元化食物供给，已经成为区县特色产业，如金堂以油橄榄为主的木本油料产业，邛崃笋用竹产业，大邑县、都江堰市的道地林草中药材等。根据《成都市 2023 年推进"天府森林粮库"建设实施方案》，以金堂县为核心区域建设"天府森林油库"，以邛崃市为核心区域建设"天府森林菜库"，以大邑县、都江堰市为核心区域建设"天府森林药库"，不断丰富"天府森林粮库"内涵。

三、公园城市树木

（一）行道树

花重锦官城，成都行道树有着悠久的历史与丰富的品种，从唐宋柳树、槐树，到元朝皂角树、油患子树，清朝女贞、黄葛树，到 20 世纪 50～80 年代芙蓉树、梧桐树，再到 2000 年之后香樟树、紫叶李、蓝花楹、黄花风铃木、栾树、银杏等，已经成为行道树上的公园城市表达。叶圣陶先生写的《谈成都的树》提及"房子藏在树丛里"，成都现有行道树 10 万余株。成都红星路河岸边的泡桐树，抚琴街南一巷 10 号院的紫藤花瀑布，百花西路、银杏路、锦绣巷的银杏，成都市温江区两河路北侧的小叶榕（川派盆景），成为成都独特的城市风景。成都大运会澳大利亚代表团副团长 Siobhan James 也曾在接受采访时提及"尤其喜欢那些布满鲜花与绿树的人行道和骑行绿道。"如果说街道是一个城市的灵魂，那么行道树就是有灵魂的风景，是有生命的基础设施。

增量提质行道树。《成都市园林绿化条例》要求对园林、人行道、自行车道实施林荫绿化，乔木覆盖率不得低于百分之六十。《成都市未来公园社区建设导则》也规定人行道内部"鼓励连续种植高大乔木，形成林荫道，提升街道休憩空间品质"。《2017 年中心城区行道树增量提质实施方案》专项行动计划栽植乔木 44 675 株，实际栽种 67 048 万株。从 2017 年到 2019 年，中心城区每年完成行道树增量提质街道 60 条。锦江区发出了《锦江区绿色生态共建共享倡议书》，倡导全区社会各界和广大市民朋友积极参与捐树捐资认养，共收到捐树 400 余株。呈现一街一树花满城的景观。

优先选用乡土树种。《成都市公园城市街道一体化设计导则》要求，统筹设计和建设街道绿化，在行道树选择上优先选用银杏、天竺桂、银木等乡土树种，彰显地域文化。《成都市生态森林建设植物选择指导意见（暂行）》要求乡土树种与外来树种的比例为 9∶1。将城市园林文化传承与树种相结合，如槐树街栽种槐树、枣子巷栽种枣树，桂花巷栽种桂花树。融入西蜀园林风格，增加天府文化韵味，如成都在新华大道—东西轴线、熊猫大道等多区域打造高品质翠竹长廊。

精细化管理。2019 年就建立了成都市公园城市园林绿化精细化管理平台，通过日常巡查、管理维护的市区两级联动工作机制，对行道树进行巡查，实现快速反馈，快速处理。发布公园城市花粉指数，春秋季每半月发布一次，以便花粉过敏人群做好防护。

行道树纳入城市规划与设计。行道树作为成都增绿的重要内容纳入公园城市规划与设计，同时出台《成都市行道树搭配选用导则》《成都市树池管理技术指引》《成都市树木支撑技术指南》《城市园林绿化藤本植物应用指南》《城市园林绿化藤本植物管养技术指南》5 项技术指引和导则。

根据海绵城市的理念设置 LID 树池。对中心城区 4 万多个树池进行生态化改造。其中 2 万多个原为透水混凝土覆盖，1 万多个是普通混凝土等不透水材质覆盖。

当然，成都在街道绿化中，也曾广泛采用以草坪为主的西式公园和以稀疏小乔木加灌木花草的道路绿化，暴露出认识、管理、执法等还有不完善的地方。

（二）古树名木

古树名木历经千百年，具有固碳释氧、保持水土、生物多样性等生态效益，同时蕴藏着丰富的历史文化、景观与科学价值，也是不可再生资源，全国每年有 1%～2% 的古树消失。根据《四川省古树名木名录》（2020 年版），成都市现存古树名木数量达 9 425 株，包括楠木、柏木、银杏、黄葛树、皂荚、罗汉松等树种，其中千年古树达 74 株。其中都江堰是古树种类和数量最多的县市，青城山景区内有着 1 900 年树龄的天师银杏入选全国"100 株最美古树"。

杜甫草堂博物馆古树群面积约 270 亩，现有挂牌古树名木共计 98 株，其中一级古树 2 株（500 岁树龄以上）、二级古树 51 株（300~499 岁树龄）、三级古树 45 株（100~299 岁树龄），平均树龄超过 200 年。代表树种为楠木、香樟、银杏等，具有极高的生态景观价值和历史文化价值，入选全国"100 个最美古树群"，不仅展现了西蜀园林的文化底蕴，还彰显了公园城市的绿色图景。博物馆不仅建立了古树名木图文档案实施动态管理，而且针对性地开展科学的古树复壮工作，对古树群进行划片保护，建立保护区。

四、森林公园

（一）龙泉山城市森林公园概况

龙泉山城市森林公园位于龙泉山脉成都段，是成都平原与川中丘陵的自然地理分界线、岷江和沱江的天然分水岭，是全球最大的城市森林公园。虽然山体森林覆盖率超过 60%，但生态本底较脆弱，保水能力较差、土壤贫瘠、林相单一、森林质量差，生态功能较弱。2017 年 3 月启动龙泉山森林公园建设，规划面积 1 274.8 平方千米，将龙泉山生态屏障建设成为城市绿心与城市会客厅，带动城市格局由两山夹一城（龙门山、龙泉山与中心城区），转变为一山连两翼（龙泉山、中心城区与东部新区）。

（二）主要 NbS 举措

划定生态红线。以"三区、三线、一单"明确分区管控，严守永久基本农田保护红线、生态保护红线、城镇开发边界。其中，生态红线涉及龙泉湖、宝狮湖、张家岩水库、东风水库、红旗水库。

连通生态廊道。生态廊道是动植物生存繁衍非常重要的线性生境空间。龙泉山是四川三大候鸟迁飞通道，是平原中低海拔动植物重要栖息地，成渝互联互通生态网络的重要环节。为了不影响生态环境，龙泉山森林绿道设置全透明的高空玻璃栈道，游客既能悬空体验，也能赏山林景色。生态廊道不但连通生物多样性，也实现了自然、文化、产业的有机串联。

再造林。推行林长制，管护公益林 25 万亩，保护古树名木 831 株，开展绿盾行动，打击乱砍滥伐、盗猎偷猎。依托国家储备林，持续开展大规模国土绿化，推进龙泉山山体复绿和森林质量提升，通过裸露山体新造林、现有林改造、中幼林抚育，提升生态固碳能力。持续推进国家"互联网+全民义务植树"基地建设，开展包山头植树履责活动。植树增绿借助拟自然方式和生态景观学手法，选取多样化本土木本和草本植物进行成片复建，形成低成本、高质量、林层丰富的林地群落和自然环境。

打造海绵山体。依托自然山形地势，规划山体排水走廊，源头、过程、末端多层级蓄洪空间，打造生态雨水花沟、实施人工湿地等，叠加湿地、林地生态系统，生态化处理排水廊道，将整个区域创新打造成"海绵体"。

发展绿色产业。在生态核心保护区、生态修复区打造低干扰生态小块田，在规模农业区打造高标准农田，引导农业绿色发展，通过品质提升和品牌化（天府龙泉山）实现农业生态产品价值转化。通过构建农田缓冲带、节水蓄水坑塘、生态防风林等，发展与周边山林水草自然风貌相适应的现代绿色农业。带动旅游休闲、森林康养产业发展，建成丹景台、种子乐园等一批生态研学、科普教育、自然体验场景，以及天府龙泉山节庆与赛事活动品牌，打造生态价值转化示范区。

开发生态碳汇。2018 年，在龙泉山城市森林公园实施会议碳中和林700 亩，实现了第二届国际城市可持续发展高层论坛、国家网络安全宣传周网络安全技术高峰论坛碳中和目标（合计 1 387 吨二氧化碳当量），向全国、全球展示成都作为国家低碳城市试点的创新实践。2023 年开发龙泉山城市森林公园造林管护碳普惠项目，通过成都碳普惠方法核算碳减排量，并通过成都市生态环境局的签发，助推了成都第 31 届世界大学生夏季运动会绿色低碳办赛。

（三）协同效益

根据龙泉山城市森林公园管理局提供的数据，从 2018 年，龙泉山城市森林公园平均每年固碳 20 万吨，并以 3%的速度逐年递增，落户碳中和林，助推了多项会议以及第 31 届世界大运会基本实现全过程碳中和。预计"十四五"期间，整个龙泉山完成固碳 120 万吨。

实施生态移民累积搬迁 2.47 万人，拆除违法建设 13 万平方米，关停不符合环保要求的企业 31 家，庭院渔船游艇 2 000 余艘，腾挪生态空间3.61 万亩。中国科学院成都生物研究所针对公园全域的生态效益监测显示，2020 年月平均负氧离子浓度达到每立方厘米 1 364 个，且与林外相比，林内负氧离子、氧气含量分别高出 23.42%、5.62%，空气质量明显改善。

推动总规模 56.6 万亩的龙泉山国家储备林、总规模 7 万亩的国家国土绿化试点示范等重大生态项目。6 年累计实现增绿增景 23 万亩，森林覆盖率提升 5.5 个百分点，成功入选全省首批林草碳汇开发"碳汇+国家储备林"试点单位。截至 2022 年，龙泉山城市森林公园在域内已记录野生植物 1 169 种；已记录野生动物 405 种，国家重点保护野生植物 21 种。已知记录动物 405 种，其中国家重点保护野生动物 31 种。

根据中国科学院成都生物研究所研究数据，2021 年龙泉山城市森林公园生态系统生产总值（GEP）641.37 亿元。龙泉山城市森林公园目前有 56.6 万亩储备林资源，在碳汇项目 30 年计入期内，预估产生的可交易林业碳汇货币价值可达 7 172 万元。

五、农林复合系统

（一）蒲江成佳松林茶园

蒲江县成佳茶乡拥有成都独有的马尾松茶园景观资源。茶区拥有世界上面积最大的天然马尾松林，圣茶社区就有 20 587 棵马尾松，多数生长在老鹰沟。马尾松是酸性土的指示性植物，通常土壤的 PH 值一般在 4.5~6.5，这也恰好是茶树最喜欢的环境。马尾松喜欢阳光，而茶树喜欢阴凉，马尾松为茶树遮阴，保持茶园温度和湿度，二者共生一处，相得益彰。同时马尾松花粉为茶园提供营养，有利于茶叶中氨基酸的合成，沾上花粉的茶叶制成茶之后分外清香。而马尾松松针和花粉又能增加土壤营养和有机物质，是茶园天然的有机肥料。在一定程度上可以说是马尾松的滋养造就了国家地理标志产品"蒲江雀舌"优良的品质，也呈现出茶海松林的独特景观。

（二）川西林盘聚落

成都平原地区被誉为"天府之国"，利用都江堰水利灌溉系统优势，拥有先进、宝贵且丰富的农业耕作经验。其中，林盘则是天府之国特有的、在全国具有唯一性的集生产生活和生态于一体的乡村人居模式，林盘内是生活空间，林盘外便是稻田与耕地。郫都林盘农耕文化系统更是位列我国的重要农业文化遗产名录。

依水耕耘和随形开垦。川西林盘充分利用地形地势，尤其是依托都江堰工程所开辟的河渠水网系统，智慧应对农业开垦灌溉需求，沿河分布

"平稻田"完美适应了川西平原的水网环境，经济而实用。

随田散居与复合系统。林盘一般由林、宅院及其外围的耕地组成，林盘周边大多有水渠环绕或穿过，形成人、田、宅、林、水相互共生的田园画卷。同时，林盘作为一个复合的生态系统，是聚落、林地、池塘等斑块，道路、林带、灌渠等廊道与农田基质的完美组合与有序网络，在生物多样性和改善生态环境等方面发挥着重要作用。

零碳建筑与宜居环境。建筑材料多采用当地盛产的木、竹、草、石等自然材料和小青瓦、火砖等人工材料，编竹夹泥墙（竹骨泥墙）在建设过程中，无须烧制，全部使用天然材料，建筑废弃后可以直接回归自然，不产生废弃物，是典型的零碳建筑。林盘里的高大乔木和竹林围合可以为田舍阻挡冬季风的侵袭，同时又可以为居舍提供夏季遮阳，以及空气净化和碳吸收，调节局部小气候，保证一个健康、宜人的环境，在宜居性上具有显著优势。

应对极端天气。林盘也是应对气候变化的生态调节器。当高温来临，林盘植物群落可以阻挡太阳光照射，削弱太阳辐射并降低环境温度。同时林盘临水也可以吸纳空气中的热量，起到降温效果。房屋布局内外空间通风并由竹林和乔木遮蔽，进一步调节气候。当发生持续干旱天气，林盘竹林、阔叶林以及针叶林等多样化林木抑制蒸腾作用，保持湿度。宽阔的林叶也可以形成辐射冷却效应，促成凝结物形成条件，增加降水。当暴雨来临，相对于硬化的道路河渠，林盘植物根系具有固土作用，可以有效拦截雨水，减缓洪峰，削减洪峰，蓄积水分，保护土壤，防止降水对土壤的侵蚀。

第三节　小结与建议

一、重新理解城市森林定义与功能

突破将城市森林局限于郊野森林、防护林以及林带等的传统认知与狭隘定义，认识到城市森林有着更为广泛的内涵，不仅包括森林、行道树、公园和花园中的树木以及废弃地中的修复性植被，也包括立体绿化，技术进步与绿化材料变革为城市森林发展带来的新机遇。见缝插绿、拆墙透绿、垂直绿化、屋顶绿化、护坡绿化以及利用攀援植物依附或者铺贴于构筑物及其它空间结构形成"植物墙"，都是未来森林城市发展的新方向新方式，也是减少热岛效应，吸尘、降噪的重要举措。城市森林不同于原生森林，以人工种植的经济林和绿化苗木较多，生态系统服务有限，更需要保护、修复与可持续管理。

城市森林建设可以在城市的任何角落，城区更应该打造生态微空间，留给植物和小动物栖息空间，在一定程度上推进城市生态的再野化进程，实现生态自然修复。倡导城市森林建设的全民参与，链接不同年龄、不同层次、不同背景的人群，共建共享绿色空间。

城市森林是城市生态系统中不可或缺的重要类型，为城市可持续发展提供生态系统服务，同样具有粮库、水库、碳库与钱库等多种功能，对改善城市水环境、热环境、风环境、生物多样性具有不可替代的作用。公园城市的建设要促进城市与森林有机进化成一个完整的生态系统，从建设森林到融合森林。

二、将城市森林作为重要资产来管理

城市森林既是重要的自然基础设施，也是城市生态安全的重要屏障，更是城市重要的自然资产。首先要认识到城市森林的重要价值，将城市森林作为宝贵资产来管理，保护现有森林植被，划定永久保护林地，恢复区域性生态廊道，通过加强管理提高城市森林的质量和品质，关注土壤以及微生物。

三、丰富公园城市的森林表达

促进城市森林价值转化，增进市民绿色福祉。推动林下种植、林下养殖、林下采集加工等林下经济发展，大力发展森林旅游、森林康养等新业态，打造森林公园、森林小镇、森林休闲养生区、森林文化体验区等生态休憩场所，丰富城市森林文化体验与多元消费场景，促进孩子的娱乐场所从游乐场、商场向森林转化，满足特定人群森林静坐、漫步等疗养需求，普及森林文化教育活动。

本章参考文献

[1] 田惠玲，朱建华，李宸宇，等. 基于自然的解决方案：林业增汇减排路径、潜力与经济性评价 [J]. 气候变化研究进展，2021，17（2）：

195-203.

[2] 赵煜, 赵千钧, 崔胜辉, 等. 城市森林生态服务价值评估研究进展 [J]. 生态学报, 2009, 29 (12): 6723-6732.

[3] 苏王新, 常青. 城市热缓解的基于自然的解决方案与实施路径: 以北京市为例 [J]. 风景园林, 2022, 29 (6): 26-32.

[4] 张小全, 谢茜, 曾楠. 基于自然的气候变化解决方案 [J]. 气候变化研究进展, 2020, 16 (3): 336-344.

[5] 王成. 全域森林城市建设的基本内涵、必要性、可行性和实施路径 [J/OL]. [2023-10-11] 中国城市林业: 1-10. http://kns.cnki.net/kcms/detail/11. 5061. S.20230915. 1329. 002. html.

[6] 杨文越, 冯小宇. 城市森林管理的国际经验与启示 [J]. 世界林业研究, 2023, 36 (3): 33-38.

[7] 毛沂新, 张慧东. 城市森林碳汇研究进展 [J]. 辽宁林业科技, 2023 (3): 51-54.

[8] 李永华, 丁睿. 成都"城市森林"建设路径研究 [J]. 资源与人居环境, 2022 (8): 25-33.

[9] 彭林林. 美国城市森林建设和管理策略、行动与启示 [J]. 四川林业科技, 2022, 43 (2): 145-150.

[10] 李思瑶, 张创, 张馨以, 等. 中国森林城市建设现状、成效及趋势 [J]. 中国林业经济, 2022 (2): 136-140.

[11] 刘爱维, 戴美琪, 罗芬, 等. 城市森林中人与自然互动效益影响机制研究 [J]. 林业经济, 2021, 43 (10): 52-65.

[12] 钱小琴, 刘喆, 赵天祎, 等. 基于宫胁造林法的近自然城市森林数字化设计探索: 以河北省绿博园邢台林为例 [J]. 景观设计学 (中英文), 2021, 9 (6): 60-76.

[13] European Union. Towards an EU research and innovation policy agenda for Nature-based Solutions & renaturing cities [R/OL]. [2023-10-11]. https://publications. europa. eu/en/publication - detail/-/publication/fb117980-d5aa-46df-8edc-af367cddc202.

[14] IPCC, 2019: Summary for Policymakers. In: Climate Change and Land: an IPCC special report on climate change, desertification, land degradation, sustainable land management, food security, and greenhouse gas fluxes in

terrestrial ecosystems ［R/OL］. In press. 2019. https://www. ipcc. ch/srccl/chapter/summary-for-policymakers/

　［15］ Besseau, P., Graham, S. & Christophersen, T., eds. 2018. Restoring forests and landscapes: the key to a sustainable future. Global Partnership on Forest and Landscape Restoration ［R/OL］. Vienna. 2018. https://afr100. org/sites/default/files/GPFLR_FINAL%2027Aug_0. pdf

　［16］ César, R. G., Belei, L., Badari, C. G., Viani, R. A. G., Gutierrez, V., Chazdon, R. L., Brancalion, P. H. S. & Morsello, C. 2021. Forest and Landscape Restoration: A Review Emphasizing Principles, Concepts, and Practices ［J］. Land, 10 (1): 28.. https://doi.org/10. 3390/land10010028

第六章　生态绿廊 NbS 实践

优化廊道的生态、生活、生产空间格局，形成碧水长流、江河安澜的安全行洪通道，水清岸绿、鱼翔浅底的自然生态廊道，留住乡愁、共享健康的文化休闲漫道，高质量发展的生态活力滨水经济带。

——《广东万里碧道总体规划（2020—2035 年）》，2020

城市生态绿廊是一种易被忽视的独特而重要的线性开敞空间，是生态系统服务网络化的重要组成部分，也是山水林田湖草沙系统治理和一体化保护的关键。在公园城市建设中采用基于自然的解决方案，有利于发挥生态绿廊多重效益，提升城市整体生态系统服务功能，增进民生福祉。

第一节　生态绿廊 NbS 协同效益及其应用

一、城市生态绿廊的内涵

1997 年，IUCN 提出生态廊道是将孤立保护区串联起来的网络化新方法。城市生态绿廊是由绿地组成的贯穿城市、能够链接各种生态系统、保护区或景观的线性绿化空间，沿着河滨、溪谷、山脊、交通、风景线等自然线性空间布局，连接公园、绿地、自然保护区、风景名胜、城乡社区等生态系统或重要开敞空间，同时具备人游憩、健身、出行，生物迁徙等多种功能。生态绿廊包括自然廊道和人工廊道，是城市绿色网络的重要组成部分，提供保护生物多样性、过滤污染物、防止水土流失、调控洪水、缓解热岛、加强通风、滞尘降噪等生态服务功能。

在城市中，生态绿廊具有多样化的形态和场景，也许是一座山岭、一条河流或海岸、一片森林、一条交通干线，也许是为野生动物迁徙穿行预留的通道，也许是水鸟栖息的湿地或开敞的绿地，也许是脚下的绿道、景观大道或文化长廊。上海在建设现代城市森林中提出林网化和水网化，整合林地、林带、散生木、防护林等，连通森林网络，使森林与河流、沟渠、塘坝、水库等连为一体。

二、城市生态绿廊的功能

城市生态绿廊由基本生态绿廊衍生而来，既具有生态绿廊的基本特征，又具有城市生态文明与文化属性，是城市空间格局的重要组成部分。

（一）生态屏障功能

城市生态绿廊作为线性绿色基础设施，将其他绿色开放空间链接起来形成城市生态网络。也就是说，城市生态绿廊在提供生态系统服务基础上，其网络链接功能尤为重要，能够有效解决碎片化的绿色斑块对于生物多样性的孤岛效应。城市外部的生态廊道往往是城市的绿色屏障，起到防风固沙、防止城市扩张的作用。

（二）生态服务改善功能

城市生态绿廊中的河流、树木可以有效减少空气污染和缓解城市热岛效应，提高城市居民与自然的积极互动，为野生动物在城市地区迁徙提供自然网络，并通过连接绿地来增加生物多样性。

（三）降碳与社会经济功能

城市生态绿廊增加了慢行交通系统，并为其提供重要的遮阳功能，改善了慢行环境，增加步行、骑行和公共交通作为低碳交通方式的机会，构成城市可持续交通的重要骨架。同时有效缓解道路上的噪声污染，利于人们进行体育锻炼与举办赛事活动。在生态功能与经济功能存在权衡的时候，应该处理好自然力和人工的关系，如对河流而言，它首先是安全的行洪通道，其次是水生动植物的栖息家园，最后才是人类活动空间以及产业经济活动场所（马向明，2021）。

三、基于自然解决方案的生态绿廊场景

（一）生态廊道

墨西哥城生态廊道工程是作为市政公用工程被提出的，本体是位于彼达河高架路中间的废水处理管道，通过在廊道上建立 8 个生物处理器和 4 个人工湿地，建设数万平方米植被与 5 万株植物，每年可减少 50 吨碳排放

到大气中，并清除了致病微生物、富营养物质以及其他主要污染物，有效改善了廊道水质。同时，该项目还是城市的慢行交通系统，也是线性公园，更是人们参与文化和教育等活动的交往廊道。

韩国首尔将一条巨大的存在污染和拥堵的高速公路改造成一条9千米的河流廊道与绿化带，将城市主干道之下的地下水道恢复为开放式的城市自然水道，上游是以清溪广场为中心的现代都市区，中游是以植物群落和休息区为主的休闲空间，下游则是大规模的自然湿地。改造之后可更好地应对洪水并使得清溪附近夏季平均气温下降3.3℃。增加公共交通并减少汽车使用，推动了公共交通与步行为中心的交通模式发展。这一转型也促进了首尔旅游经济发展，使首尔成为韩国最受欢迎的旅游城市之一。

（二）通风廊道

通风廊道是基于自然风向以及山水、绿地、干道等空间载体，保护或引导天然气流，提升城市空气流通性的通道。其目的在于提升城市空气流动性，引入冷风源，加快大气污染物扩散与稀释，改善局地小气候，缓解城市热岛效应，提升居民居住舒适度。同时，城市通风廊道还具有防治流行疾病、降低能源消耗、提供休憩场所、预留发展空间等多种功能。2016年2月，国家发改委和住房城乡建设部联合发布的《城市适应气候变化行动方案》提出："依托现有城市绿地、道路、河流及其他公共空间，打通城市通风廊道，增加城市的空气流动性，缓解城市'热岛和雾霾'等问题"。

在我国岭南传统建筑中，冷巷是典型的基于自然的解决方案。在建筑设计中，冷巷是加强自然通风的核心构件，包括建筑内外之间的弄堂小巷，也包括廊道、中庭和骑楼下的巷道等。当风经过时，由于冷巷截面较小，风速增大，风压降低，与冷巷连通的房间可以进行冷热空气交换，从而达到通风散热的效果。露天冷巷高而窄，日照时间短，温度低，风经过时产生狭管效应，通风降温。而且两侧砖墙和土坯墙厚度在20~60厘米，形成蓄冷源，白天吸收热量，晚上蓄冷。室内冷巷截面面积小，空气畅通无阻。另外，天井、门窗通道等共同加强通风降温。成都大运村生活服务中心外的一条半室外街道设计灵感也来自于"冷巷"理念。

（三）绿色街巷

绿色街巷是城市街道基于自然解决方案，从机动车优先转变为以人为本，是城市绿色基础设施的重要组成部分，既体现街道公共价值的回归，也能起到多功能绿化、雨水管理、低碳交通、安全空间、健康环境、休闲游憩等功能。加拿大蒙特利尔在城市更新中创建了 346 条绿色街巷组成、总长度超过 69 千米的绿色步行网络。在地方政府和合作伙伴的帮助下，社区居民广泛参与，并赋予绿色廊道网络的公共权属，创造了开放共享、兼具游憩、景观环境、生物多样性的绿色空间，减少了城市热岛影响，改善了空气质量与生物多样性。

（四）城市绿道

我国《绿道规划设计导则》将绿道定义为：以自然要素为依托和构成基础，串联城乡游憩、休闲等绿色开敞空间，以游憩、健身为主，兼具市民绿色出行和生物迁徙等功能的廊道①。生态廊道也称生物廊道，是指在生态环境中呈线性或带状布局、能够沟通链接空间分布上较为孤立和分散的生态单元的生态系统空间类型，可满足物种的扩散、迁移和交换。作为线性绿色开敞空间，绿道链接山水体系、田园林盘等各类自然人文要素，并与生态建设、工农业发展、运动康体、科普教育、旅游休闲等相融合，集合绿色通勤、游憩等生态、文化与社会功能。

（五）野生动物迁徙廊道

肯尼亚从蒙巴萨到内罗毕的蒙内铁路穿越内罗毕国家公园，全线设置了大型动物通道、桥梁路和涵洞，以保障野生动物的自由迁徙。其中桥梁式动物通道净高均在 6.5 米以上，方便长颈鹿"直立"通过，涵洞式动物通道则方便斑马等动物饮水。该铁路设计得益于铁路建设方中国路桥工程有限责任公司。无独有偶，加拿大蒙特利尔在贯穿东部绿化带的林荫大道下方，设计了长 26 米的涵洞型双层野生动物通道，种植 600 余种原生灌木。我国 2004 年通车的驻马店—信阳（河南）高速公路，因为穿越了董寨国家级自然保护区，专门设置野生动物通道。2006 年通车的青藏铁路也专门为野生动物迁徙设计了通道。2012 年我国颁布了第一部针对野生动物通道设计的《陆生野生动物廊道设计技术规程》。

---

① 住房城乡建设部. 关于印发绿道规划设计导则的通知（建城函〔2016〕211 号）[Z]. 2016 年 9 月 21 日.

第二节　公园城市中的生态绿廊实践探索

一、通风廊道

受四川盆地及周边复杂地形影响，成都是典型的高静风频率城市，城区多年风速仅为 0.75m/s，通风条件较差，亟须加强保护风源的通风廊道建设，让城市呼吸起来。

保护城市传统通风格局。老成都历史格局就已经有类似城市通风廊道的设计理念，如老城区城市道路采用斜路网肌理就是顺应成都的主要风向，适应天府平原的风热气候。城市主干道人民南路、府青路到新南路一线，基本上和成都主风向走向一致。西北门的少城、金牛坝，北门的府河上游，南边的老南门大桥，还有郫都区等，都是成都的天然风道。

将通风廊道纳入城市规划。《成都市城市总体规划》（2016—2035）划定了两级城市通风廊道，2017 年《成都市生态守护控制规划》对 6 条通风廊道进行了规划布局，2019 年《成都市空气质量达标规划》将城市一级通风廊道从 6 条增加到 8 条。2021 年，成都规划在东北和西北处的城市主导风向上，规划 "8+26+N" 的通风廊道体系，提升城市气候舒适性。在区域层面，天府新区直管区构建了以毛家湾冷源绿带、鹿溪智谷森林冷源带与龙泉山森林冷源带 3 条冷源廊道与毛家湾绿楔、新兴绿楔、鹿溪河与东风渠通风廊道 4 条通风廊道。

建设环城生态公园。通过建设安靖楔、北湖楔、金沙楔、龙潭楔、江安楔、青龙湖楔、三圣楔 7 个楔形绿地作为通风廊道，通风廊道与绕城内中心城区相连，保护了 "穿堂风"，减缓了城市 "热岛效应"。省政协常委、成都市公园城市建设管理局副局长屈军建议，结合五环路工程，修建五环生态公园，并利用通风廊道，将五环生态公园和环城生态公园相连，将绕城高速内的 7 个楔形绿地延伸到绕城外至五环之间的通风廊道。

二、天府绿道

成都市规划建设 16 930 千米全球最长绿道体系，植入生态景观、慢行交通、休闲游览、城乡融合、文化创意、体育运动、景观农业和应急避难等功能，使得绿道有了多功能性。如锦城绿道四级服务体系，一级驿站为特色小镇，二级驿站为特色园，三级驿站为林盘，四级驿站为亭台楼阁休息点，文化设施、体育运动设施与旅游餐饮购物设施完备，带动相关产业发展。截至2023年7月26日，天府绿道建成总里程突破6 500千米，串联绿地水系、森林、湖泊河流、乡村田园，植入文旅体及科技设施3 500余个，服务半径覆盖率95.88%。

温江北林绿道。总长350千米，其中生态环线65千米。以自然基底辅以人工点缀，采取现状保留、异地置换、规划调整和改造覆绿等方式。将绿道建设与乡村产业振兴同步推进，将绿道作为文化花木展示窗口，引入马拉松等赛事品牌，培育文化、骑行与消费场景，催生新型民宿、露营驿站、度假村、小酒馆等新经济形态。串联鲁家滩生态湿地公园、凤凰康养文旅小镇、植物编艺公园、恒大养生谷等，培育都市农业产业组团。

崇州桤木河湿地绿道。绿道全长14千米，由丰富的自然生态景观和其他公共配套服务设施构成。串联元通古镇、建川博物馆、刘氏庄园、安仁古镇和道明村，"自然河流+川西林盘+田园农耕"相映成趣。其中，绿道上有川西林盘典型代表中国民间文化艺术竹编之乡——道明村，凭借自然景观、田园风光与竹子的多功能用途，成为公园城市农商文旅体融合发展的典范。

江家艺苑绿道。遵循原始地貌与景观，布局点状湖区与堆坡造型，实现土方内部平衡，保留14万平方米原始植被，重现川西平原原始、自然、乡土的植物群落。依据北宋画家黄休复《益州名画记》，系统修复"闲逸、凝神、墨妙、品能"四个水体，形成山水田林格局。依托锦城绿道打造农商文旅体融合发展示范区，引入儿童研学、艺术审美、自然教育、户外探险等业态。

"回家的路（上班的路）"——社区绿道。成都市出台《幸福社区绿道建设工作指引——回家的路（上班的路）"社区绿道建设工作指引》，为市民营造更友好的慢行空间、更便捷的通勤体验、更生态的街道环境、更智慧的生活场景。从市民需求出发，结合街区生态群落修复、环境整治、低效空间再利用、绿色慢行系统、生活及公共服务配套等，融入社区商业功能，让森林、绿水、生物多样性更加贴近人的生活，显著提升城市品质。通过社区绿道，打通公园城市最后一千米，加强绿道网的连通性和联系性，整合城市生态要素，串联社区与生态绿地、公园、湿地、产业园区，营造文化体育休闲生活场景和消费场景，形成城园融合的生态之境。

为创造性应对城市更新改造、社区公共空间缺失等问题提供了创新性思路与经验。

三、天府蓝网

天府蓝网是以河湖水系为基础，以岸线绿地为关键，协调滨水空间，实现从"治水"到"营水"的价值蝶变。坚持以青山为底、绿道为轴、江河为脉。基于水、岸、城融合一体的理念制定了天府蓝网的核心策略：蓉水、融岸、荣城，形成了一核一环三江九带的总体格局。

崇州榿木河天府蓝网示范段。崇州榿木河天府蓝网项目是全国农村水系治理的首批试点项目，是田园型天府蓝网的典型代表，以河为脉，依托特色小镇、川西林盘、天府绿道、湿地公园等，建设多元化多层次的生态廊道、形成四季有景、全时可游的滨河景观。一是编制水生态走廊乡村振兴示范区规划，依水就势规划建设绿道系统 37.5 千米、生态护坡 49.6 千米、生态缓冲带 123 公顷、生态湿地公园 3 个，覆盖沿线 6 个镇（街道）。二是串联五大特色小镇，以河为脉，布局怀远藤编小镇、元通熊猫古镇、道明竹编小镇、白头慢享小镇和隆兴农博小镇，推进水美乡村串珠成链。三是打造林盘经济生态圈，建设一批形态优美、特色鲜明的川西林盘，利用精品林盘催生规上服务企业。四是打造万亩良田，塑造大田农业、社区微田园、立体农业等多层次乡村农田景观。

鹿溪智谷天府蓝网示范段。位于天府新区兴隆湖地段，示范段全长7.6 千米，生态空间占比 43%，以鹿溪河为轴，通过治水、植林、营园、蓄滞，形成林水相依、河谷相映、绿道串联、城园融合的生态网络。串起天府公园 CBD、兴隆湖科创研发中心与鹿溪滨湖人居区，推动城市沿着绿链生长。

白沫江水美乡村生态综合体项目。其是成都市首批天府蓝网示范项目，是亲近自然生态的风景型蓝网示范。2021 年 4 月，成功入选全国生态环境导向开发（EOD）模式 36 个试点项目。白沫江沿途规划了节水灌溉、艺术茶田、灵动滩涂、竹林风景线、精品林盘和特色镇等，有机串联夹关镇、临济镇和平乐镇农商文旅资源。通过绿道高速串联天台山风景区、平乐古镇、白沫江十二湾风景和沿线的文化、旅游、林盘、美食等资源。

四、环城生态区

成都环城生态区建设的初衷是防止城市粘连扩张与无序发展，在 2004

年成都将绕城高速公路两侧 500 米以及北湖、青龙、安靖等七大楔形片区作为中心城区的生态隔离区。直到 2013 年《成都市环城生态区保护条例》与《成都市环城生态区总体规划（2012—2020 年）》明确了环城生态区133.11 平方千米的生态空间。2017 年，针对该区域水系不畅、农田破碎和耕地撂荒等问题，部署建设锦城绿道，作为天府绿道体系的重要组成部分。2018 年之后，随着公园城市建设的提出与发展，环城生态区总体规划和专项规划进一步完善，通过土地整治与生态修复，进一步优化提升了整体功能。坚持不动林、不设桥、不进岛、不增建筑，保留大量生态林地与自然水域，打造人与自然和谐共生的典范。经过 20 多年的建设，环城生态区已经形成显著的冷岛效应，夏季高温天气能够降温 1℃～2.5℃，这得益于公园下垫面多被植被和水体覆盖，同时又具有较好的通风环境。2022 年环城生态区 100 千米绿道全线贯通，成为国内超大城市中心城区第一条无障碍绿道，2022 年总骑行量超过 1 300 万人次。

第三节　小结与建议

一、依托生态绿廊促进"山水林田湖草沙"有机融合与系统修复

践行"山水林田湖草沙"生命共同体理念，在生态廊道规划与建设中，立足资源基础，注重"山水林田湖草沙"等生态要素的内在联系，注重各类生态系统之间景观格局与生态过程的耦合，形成生态环境一体化保护与系统治理格局，如依托河湖建设的生态绿廊，要结合堤防绿化、生态驳岸、水岸场景打造，统筹上下游、左右岸联动共治，连通市政绿化，打开岸边带，拓展滨水空间，促进人水和谐。

二、促进生态绿廊价值转化以释放生态红利

生态绿廊是互联互通的带状自然生态空间，按照"绿水青山就是金山银山"的理念，注重发挥其多重功能，实现其价值转化。如浙江提出生态廊道的主要功能在于生态资源保护、生物栖息和迁徙、自然风景展示以及提供优质生态产品等。广州在碧道建设中也提出碧道具有生态廊道、休闲绿道、文化驿道、行洪通道、滨水经济带等多重功能。注重生态绿廊场景营造，因地制宜地充分利用闲置空间，植入体育健康、休闲游憩、文化创

意、教育研学、特色餐饮等消费场景，开展特色节庆、体育赛事、文娱会展、集市文创、嘉年华等活动，激活新业态新模式。

三、重视特殊类型的生态绿廊建设

历史文化遗产类的生态绿廊。生态绿廊串联沿途自然生态风景、历史文化遗产资源、休闲度假区是提升城市品质的重要措施，人们不仅可以在绿廊中享受自然，还可以品赏城市文化的博大精深。生态绿廊串联起城市生活的文艺与闲适，以及当地的民风民俗，为文旅多业态融合创造良好基础。

有助于城市降温的通风廊道。结合城市更新，顺应城市主导风向，腾出城市通风廊道空间，利用局地环流实现微风循环，构建城市新风系统，形成风道绿地系统、风道景区等。保护城市水体、绿地等城市生态冷源，并与通风廊道连接，将河风、山风引入城市。

四、提高城市生态绿廊管护水平

遵循城市生态绿廊建设规范，严格落实规划管控要求，建立生态廊道管护长效机制，按照"属地管理、分级负责、责任到人"的原则完善管护机制，构建综合治理体系。建设"立体感知层"和可视化全景监测系统，为调度决策和预测规划提供有力支持。坚决遏制违法建设行为，依法查处生态绿廊沿线违法建设。践行"人民城市人民建"的理念，号召全面积极参与到生态绿廊的管护中，以全民行动、"主人翁"精神管护好生态廊道。尤其是广大党员干部与志愿者要发挥积极作用，营造良好的社会服务氛围。

参考文献

［1］乔迪·希尔蒂. 通过生态网络和生态廊道保护连通性的指南［M］. 武建勇，等译. 北京：中国环境出版集团，2022.

［2］汪小琦，高菲，谭钦文，等. 高静风频率城市通风廊道规划探索：成都市通风廊道的规划实践［J］. 城市规划，2020，44（8）：129-136.

［3］李忠元. 城市生态化发展下的滨水绿廊的规划分析［J］. 现代园艺，2020，43（24）：157-158.

［4］吴婕，萧敬豪，李晓晖，等. 广州生态廊道生态价值实现的规划策略与政策路径［J］. 规划师，2023，39（3）：137-143.

［5］甘静静. 欧美生态廊道建设实践及其对湖南的启示［J］. 林业与生态，2022（7）：26-28.

［6］刘建，李汉龙，林超楠，等. 碧道、海绵城市和绿道的关系研究［J］. 中国水利，2023（12）：61-65.

［7］汪璐. 公园城市理念下城市滨水绿道景观优化策略研究［D］. 南昌：江西财经大学，2023.

［8］何洋漪，杨慧，李佳. 天府绿道多元场景营造的调查研究［J］. 中国集体经济，2023（4）：144-147.

［9］陈昌国，安明，张丹. 天府绿道碳汇核算方法研究［J］. 节能与环保，2022（6）：77-79.

［10］刘文豪，于儒海. 国土空间治理视角下的区域绿道规划实践创新探索：以成都市天府绿道七河绿带为例［J］. 城乡规划，2021（4）：91-98.

［11］张健. 以提升生态功能为导向的城市绿道系统规划方法研究：以成都天府绿道为例［J］. 西部人居环境学刊，2019，34（6）：73-78.

［12］于儒海，游添茸，马佳琪. 系统整合思维下的滨水绿道规划探索：以天府绿道锦江绿轴为例［J］. 建筑与文化，2019（3）：157-158.

［13］莫尚剑. 气候韧性视角下城市群通风廊道规划研究［J］. 中国资源综合利用，2023，41（8）：49-51.

［14］骆倩雯. 建设通风廊道有助于城市减热［N］. 北京日报，2023-07-07（005）.

［15］冀泓宇，丁国昌. 国内城市通风廊道缓解城市热岛研究进展与趋势［J］. 四川建筑，2023，43（1）：55-60.

［16］许涛，邵彤，李涵璟，等. 城市通风廊道研究进展［J］. 景观设计，2022（6）：54-61.

［17］缪梦羽. 将通过构建多级通风廊道缓解城市热岛效应［N］. 成都日报，2021-08-10（003）.

［18］代宗玉，罗成希. 基于成都探究绿道对公园城市建设所带来的意义［J］. 城市建筑，2022（S1）：170-172.

［19］AYEBARE S, PLUMPTRE A J, KUJIRAKWINJA D, et al. Conservation of the endemic species of the Albertine Rift under future climate change [J]. Biological Conservation. 2018, 220: 67-75.

[20] BELLMORE J R, DUDA JJ, CRAIG L S, et al. Status and trends of dam removal research in the United States [J]. Wiley Interdisciplinary Reviews: Water, 2017, 4: 1164.

[21] BODE M, LEIS J M, MASON L B, et al. Successful validation of a larval dispersal model using genetic parentage data [J]. PLoS Biology. 2019, 17 (7): e3000380. https://doi.org/10.1371/journal.pbio.3000380.

[22] Boisjolie B A, Flitcroft R L, Santelmann M V. Patterns of riparian policy standards in riverscapes of the Oregon Coast Range [J]. Ecology and Society. 2019, 24: 22.

[23] Boisjolie B A, Santelmann M V, Flitcroft R L, et al. Legal ecotones: a comparative analysis of riparian policy protection in the Oregon Coast Range, USA [J]. Journal of Environmental Management. 2017, 197: 206 – 220.

[24] Bridge T C L, Grech A M, Pressey R L. Factors influencing incidental representation of previously unknown conservation features in marine protected areas [J]. Conservation Biology. 2016, 30 (1): 154-165.

[25] Butman D, Raymond P A. Significant efflux of carbon dioxide from streams and rivers in the United States [J]. Nature Geoscience. 2011, 4: 839-842.

[26] Eizirik E, Kim J, Menotti-Raymond M, et al. Phylogeography, population history and conservation genetics of jaguars (Panthera onca, Mammalia, Felidae) [J]. Molecular Ecology. 2001, 10: 65-79.

[27] Fernandes L, Day J O N, Lewis A, et al. Establishing representative no-take areas in the Great Barrier Reef: Large-scale implementation of theory on marine protected areas [J]. Conservation Biology, 2005, 19 (6): 1733 – 1744.

[28] Leemhuis C, Thonfeld F, Näschen K, et al. Sustainability in the food-water-ecosystem nexus: The role of land use and land cover change for water resources and ecosystems in the Kilombero Wetland, Tanzania [J]. Sustainability, 2017, 9 (9): 1513.

［29］Penaluna B E, Olson D H, Flitcroft R L, et al. Aquatic biodiversity in forests: A weak link in ecosystem services resilience ［J］. Biodiversity and Conservation. 2017, 26: 3125-3155.

［30］Proctor M F, Kasworm W F, Annis K M, et al. Conservation of threatened Canada - USA transborder grizzly bears linked to comprehensive conflict reduction ［J］. Human Wildlife Interactions. 2018, 12: 248-272.

［31］Jian Peng, Huijuan Zhao, Yanxu Liu. Urban ecological corridors construction: A review ［J］. ActaEcologica Sinica. 2017, 37 (1): 23-30.

第七章　都市农业 NbS 实践

通过将城市种植者和消费者联系在一个相互支持的共同系统中，城市农业和可食用绿色基础设施（EGI）可以在可持续发展中发挥独特作用。

——丽莎·帕尔默，2018

　　农业技术以及成本逐步降低的清洁能源，在经济上让农业重新回归城市逐渐可行。公园城市中的都市农业基于农业资源与农业景观开展农产品生产、观光、体验、娱乐、教育等活动，集生产、生活、生态多重功能于一体，既是与自然和谐互动的农业生产方式，更是融合了现代城市功能的社会化参与活动，是自然都市的重要载体，具有越来越广阔的前景。采用基于自然的解决方案，可以将都市农业作为重要的公共和健康资产加以保护与推进，发挥其在促进社会生态正义方面的重要作用，并创新多元参与以及商业模式，形成公园城市独特的风景。

第一节　都市农业 NbS 协同效益及其应用

一、都市农业的内涵与特征

（一）内涵

　　基于自然解决方案中的都市农业是指在城市中开展可食植物或作物种植、动物养殖等相关活动，对提升城市的食品安全与食物供应链安全，建立弹性的农食系统具有重要意义，同时也是缓解气候危机、促进资源可持续利用、增加生物多样性的重要措施，也日渐成为最受欢迎的户外活动之一。尤其是全球经历新冠病毒感染疫情，可食用城市成为一个得到广泛推广的解决方案，具体包括城市食物森林和绿地、可食用的森林花园、公园及植物园、校园农场、社区花园、家庭花园、绿色屋顶和蔬菜雨水花园、绿色墙体和立面等（Alessio Russo，2019）[①]。

（二）特征

都市农业有别于传统农业，往往是小规模、分散的，不仅可以创造出更多的功能性公共空间，还可以缓解气候压力与食物短缺，为城市创造全新的可持续发展愿景。都市农业不局限于农业用地，可以布局在城市空地、学校、家庭、社区花园、市民农园、民宿农庄、集装箱等碎片化空间，也可以在屋顶、阳台、室内等多重空间。随着种植床等材料与无土栽培等农业技术的发展，以及清洁能源逐步降低成本，都市农业的发展有了更广阔的空间和可能性，农业重新回归城市。相对于乡村农业，城市农业往往不是专业农民在长期形成的农地上耕种，是城市闲置空间的再利用，销售形式可能是自产自销，也可以是面向城市消费者。都市农业有多种形态，并与其他业态相容，可以提供就业、教育、休闲、研学、创意等多种功能。农产品变观赏性食物，农事变体验性活动，农业变现代性经济活动。

二、都市农业的潜力与功能

（一）守护食品安全

在耕地紧缺的情况下，都市农业的发展推动城市当地食物的供应，为城市居民提供亲眼可见的安全食物。都市农业将生产者、消费者、配送渠道等整合在一个共同的食物体系中，减少了食物损耗和污染，增强农产品的本地化与新鲜度，增加了城市就业机会，构建的食物系统更具有韧性。都市农场利用温室栽培技术，可以实现一年不间断的农作物生产，且可以摆脱土壤、地理、气候与自然灾害影响，大大提高农业生产的产量。面对城市人口增长以及能种植作物面积的紧缩，都市农业成为应对这一挑战的自然解决方案之一。

（二）提供公共空间

都市农业可以充分利用城市中的剩余空间，根据联合国粮农组织提供的数据，1平方米的城市菜地每年可提供20千克食物，生产率可超出农村生产单位的15倍。都市农业让城市居民与自然更加紧密，并让更多市民体

---

① Russo A, Cirella G T. Edible urbanism 5.0 [J]. Palgrave communications, 2019, 5 (1): 1-9.

验到耕种乐趣，适当的劳作也可以慰藉市民心灵，让其获得真实的收获感。都市农业对于传承农耕文化、增强农业科普教育、防止食物浪费都有积极意义。都市农业往往能提供更为功能强大的社区活动和更为丰富的都市现代活动，如晚餐、婚礼、瑜伽、烹饪、艺术、教育等，满足了城市居民的田园需求。在疫情期间，城市中心保留一片都市农业区，实现蔬菜自由，对于减缓市民内心压力、保持社区互动以及减轻隔离造成的焦虑具有重要意义。

（三）增强气候贡献

随着工业化与贸易的发展，粮食生产远离城市消费者，甚至出现了全球化的粮食系统，粮食系统的长距离运输是造成温室气体排放的重要因素。都市农业的生产者与消费者具有地理上的邻近性，本地化的环境友好型食品更加新鲜，为改善社区营养健康与食物供应链安全性做贡献，同时减少了长途运输导致的能源高消耗与二氧化碳排放。城市农场为迁徙和本地传粉媒介创造了重要栖息地，增加城市生物多样性。

（四）废物利用与循环经济

都市农业利用雨水收集系统，并把农作物生产中的有机废物转化为可利用的清洁能源，提高城市公共卫生。巴黎 La Boîte à Champignons 用咖啡渣在一家超市的地下室培育平菇，并将产品卖给这家超市以及附近的其他超市和餐馆。同时，它开发了面向家庭的种植工具包和面向学生的教育工具包，并通过网络订购，拓展了多元化业务。

三、基于自然解决方案的都市农业场景

（一）屋顶种植

屋顶是城市大量闲置的未利用区域，比地面更容易暴露在太阳能下，是密集城市中种植植物的理想景观，具有粮食生产的潜力。2011 年，有机蔬菜供应商 Gotham Greens 在美国纽约建成首个城市商业屋顶温室，采用 NFT 水培系统，1 394 平方米的工厂每年生产超过 45 000 千克绿叶蔬菜，同时电力需求也被 60 千瓦的太阳能光伏板所抵消。同样在纽约，占地 6 000 平方米的布鲁克林屋顶农场，每年可收集超过 4 000 立方米的雨水，生产超过 5 万磅（1 磅＝0.45 千克）的新鲜食材，可供农贸市场批发销售、社区农业认购。

（二）垂直农场

垂直农场是指位于温室或建筑物内，将植物种植在垂直立面上的农业

生产方式。新泽西州 AeroFarms 在一座 6 410 平方米的大仓库中，每年产出 91 万千克的新鲜绿叶蔬菜。种植槽是由回收的塑料水瓶制成，顶部装有模拟阳光的 LED 照明系统并设置了最适合植物生长的光谱和光照，槽内的传感器可以跟踪植物生长并通过科学研究改进种植方式，工作人员还可以通过"算法"调整来改变蔬菜的味道。相对于传统土壤种植蔬菜，能节省 95% 的水和 50% 的肥料，且不需要喷洒农药。

（三）漂浮农场

荷兰有着世界首座漂浮在城市水面之上的漂浮奶牛场。该建筑分为三层，上层是奶牛饲养区，包括牛厩区和自动化挤奶区，奶牛既可以自由散步也可以沿着斜坡通道到陆地上休憩；中层是加工区，并有可以集合牛奶加工、排泄物收集、淡化海水与生成能源的综合系统；下层是可移动的浮动基座，从而使得农场不受海水涨落影响，又可以随时移动到其他水面，节省人力成本。农场的能源通过漂浮太阳能板收集，屋顶上的雨水经过过滤转化为奶牛的饮用水，城市里多余的残渣作为饲料喂牛，实现能源、水和原料的自给自足与废物循环利用，回馈城市新鲜牛奶。

（四）农业公园

迪拜将城市与外界连接的高速公路改造为生态谷地，打造长 25 千米、占地 350 万平方米的都市农场，成为世界上最长的都市农业公园。80% 用地皆为农业用地，包括多种室内环境，实现了农场-餐桌模式。剩余 20% 的非生产性休闲景观用地用于营造一个有花有草有林有鸟，利用昆虫与异花授粉蜜蜂的本地生态系统。都市农业在为城市提供作物的同时，也提高了城市的社会连通性，成为魅力城市空间的重要组成部分。

我国广州天河区珠江新城中轴线西翼的"花城农园"，面积 2 万平方米，运用无土栽培、水肥一体和太空培育技术，利用建筑空间发展立体农业，打造农旅综合体，形成农业生产、展销、体验、科普、教育、餐饮等多元场景，实现科技农业与城市功能的完美融合。

第二节　公园城市中的都市农业实践探索

一、公园农业

（一）环城生态区都市农业

环城生态公园涉及生态用地 133.11 平方千米，其中，规划耕地 10.1 万亩，其中基本农田保护区 5.44 万亩，永久基本农田储备区 0.55 万亩，一般耕地 4.11 万亩。

生态农田兼具生态景观与粮食生产功能，是环城生态区的基底和本底。扩大农业生态覆盖面，大面积种植水稻田，有利于缓解城市热岛效应。公园农业，既是创新发展现代都市农业的探索，也是对水系、田地、环境统筹保护的实践，农田与绿道和谐相融，种植与休闲相映成趣。一方面传承天府农耕文化，另一方面又展现多功能现代农业新风貌，呈现宜居宜业宜游的高品质生活场景。

自主农产品品牌"隅上田园"推进粮油产品加工与文创产品研发，同时打造农业科普研学、农事体验、农田观光、农产品展览、认种认养、共享农庄、运动休闲等项目。成都环城生态公园发起"我在公园有块田"小麦和油菜认养模式，认养一份 60 平方米的麦田或油菜田，可以得到环城生态公园农田立牌署名权、小麦收割体验活动、认养农田产出面粉 10 千克或菜籽油 2.5L（成都市内包邮）、认养农田专属游览权、"隅上田园"电子认养证书与纪念勋章。此外，还享有农事体验、知识科普、产品优惠等增值服务。

通过田块地形地貌来安排合理的农作物，多层次打造农田景观。耕地中预留了生态暂栖场所，辅以格桑花、波斯菊、向日葵、三叶草组成农田生态缓冲带，避免有害生物侵害农作物，推动农药减量化发展，促进生物多样性提升，有效恢复农田生态环境，也增加了耕地的观赏性。采用"粮食+蔬菜""粮食+中药材""粮食+食用菌"等粮经复合生产模式，增加农作物产量。构建智慧农业体系建设，通过农药化肥减量化使用及绿色防控技术，推广新品种、新技术、新肥料、新农药、新机具、新模式。

（二）锦城公园景观农业

锦城公园打造了 35.2 平方千米的粮油农作物景观区，65 平方千米的都市观光农业景观区。东段主要为果树—蔬菜景观农业带；南段主要为花卉—苗木景观农业带；西段则主打水稻—油菜景观农业带。

在土壤整治上，锦城公园采取了沟槽式取土的方法，把下面的有生产能力的土壤翻上来，并根据农作物的要求，保证土壤厚度到20~50厘米。种植了豆科类的固氮类植物，在作物生物量最大的时候，粉碎还田，从而来提升土壤的有机质。发展农业科研，与成都大学开展了藜麦等特色杂粮种植试验，在绿道范围内种植具有科研价值的农作物，不仅可以进行科学研究，还能呈现不一样的农业景观。

二、屋顶农场

（一）成华区"云上田园"

云上田园是位于成都市成华区万科路5号4楼楼顶的3 000平方米的农场，由闲置的屋顶铺上土壤改造成农场，不仅提高了屋顶的使用价值，也增加了城市绿化，美化了社区环境。入口左边区域是种满花草与果树的游园，右边是儿童游乐场，中间是田边小径。里面是小块田地，每块田地都种植着不同的植物和蔬菜，还饲养了鸡、兔、猪等动物。农场中的废菜渣、动物粪便、枯枝落叶等废弃物都会用来堆肥，贯彻了低碳循环可持续发展理念。这里不仅是小型农场，也不仅仅是屋顶农业景观，更是以农耕为主题的自然科普教育基地，提供耕种、采摘、养殖、科学试验等教育产品和活动。

（二）梦田·都市农场

梦田·都市农场位于成都市高新区商圈核心银泰城楼顶，使用面积7 000余平方米。运用"可食用的景观"设计手法，融入体验式的经营模式，打造集合农业、休闲、科普、环保、文娱等为一体的都市农业新形态，不仅将负资产的屋顶转化为正资产，而且拓展了农业生产空间与多种功能。农场划分为蔬菜绿植区、农耕乐园区、商业区、餐饮区、客户中心等功能区，采取市民认养模式自行种植蔬果，也有专人指导，提供孩子与小动物的互动区域，以及手工坊与运动场，生态餐厅和客服区提供多种消费场景。农场采用"基质培"技术与智能滴灌系统，保证农作物种植的有机安全。举办各种农耕知识科普、亲子游、社会实践等多元化活动，创新农业体验模式。

三、保护性耕作

(一) 轮作模式

都江堰市全面推进石羊"粮药"轮作、聚源"粮油"轮作、天马"粮果"轮作三大万亩粮食产业区建设。增大土地的利用率，使其产出效益更高。如食用菌可以把废弃物秸秆资源更好地回收利用，增加土壤的有机质。腐解的菌渣既可以改良土壤，还可以为猕猴桃的生长提供营养，提高猕猴桃的品质。在秸秆覆盖免耕栽培马铃薯试验田里，马铃薯果园间作亩产 1 765 公斤，亩均纯收入增加 2 000 元以上。

(二) 高标准农田建设

《成都市高标准农田建设规划（2021—2030 年）》提出：通过生物、化学和工程等方法，实施土壤改良和地力培肥等工程，提高耕地生产能力。鼓励采取深耕深松、秸秆还田、增施农家肥、种植绿肥还田、粮豆轮（间、套）作等措施增加土壤有机质含量，提升土壤肥力；积极推广测土配方施肥技术，促进土壤养分平衡。建成后土壤有机质含量达到 20 g/kg以上，土壤 pH 值宜为 5.5 ~ 7.5，土壤养分含量相对平衡。根据不同区域生产条件，推广合理轮作、间作或休耕模式，减轻连作障碍，改善土壤生态环境。

(三) 农业循环模式

成都典型的农业循环模式有"猪→沼→粮（菜）→猪""猪→（有机）肥→果"和稻渔综合种养等。位于彭州市九尺镇的佳源农场，因地制宜地开发了青贮饲料液态喂养系统，采用"猪→沼→粮（菜）→猪"种养结合循环经济模式，大大降低了生猪养殖成本，解决了周边蔬菜种植户田间叶菜污染问题，还带动了周边农业发展助力村民走上增收致富道路。早在汉末三国时期，就有文字记录四川郫县的稻田养鱼，目前已经发展出"稻鳖""稻虾""稻鳅""稻鱼""稻鳖""稻鸭鱼""稻蛙"等多种综合种养模式。崇州羊马河河面搭建浮台种植水生蔬菜，水中养殖不同季节上市的鱼类，底部主要为虾与蟹等。鱼虾蟹粪便等可为蔬菜提供很好的养料，而水上蔬菜则起到净化水体水质的作用。

四、都市农业模式创新

(一) 共享田园模式

四川省自然资源厅在农村土地制度改革试点的深化阶段，提出了农村综合改革的"共享田园"模式，并在郫都区棋田村、安龙村、先锋村等试点推进。该模式以全域乡村土地综合整治和生态修复为基础，通过承包地和宅基地"三权分置"，配套利用农村集体建设用地，盘活农房、田地、林盘等闲置资源，吸引市民下乡，与农民共享农耕、农产、生活和环境，共建农业文化旅游一体、生产生活生态同步、三产融合的特色乡村。通过模式创新，将农村闲置资源与城市需求之间进行最直接、最优化的重新匹配，将市民从消费端转移到生产端，探索新村民与原村民共融共享的社区治理新模式。如棋田村利用冬水坝农场于 2019 年 6 月选择 4 个林盘院落、28.2 亩建设用地、430 亩农用地，以土地作价入股，与郫都区乡村振兴公司组建合资公司，建设"共享田园"，包括共享农耕、共享居住、共享产品、共享生态等方面。招募的新村民分为两类：颁发了新村民证书的市民可以申请流转宅基地使用权；而另外的市民以共享农耕地为主，认养一分耕地进行种植，或采用"代耕代种"的方式，获得土地产出相应价值的农产品。每分土地的认养金为 2 980 元，每亩地收益接近 3 万元。而目前郫都区土地流转的平均价格在每亩 2 000 元左右，土地升值了 10 倍。

（二）市民参与经营模式

新津"渔耕田"市民参与经营模式。成都市民陈斌于 2013 年在成都新都租用了 2 亩地开始了"鱼菜共生"技术的生态农业实践验证。运营初期，"渔耕田"借助互联网在信息扩散方面的优势，通过众筹的方式实现了 260 万元的社会性融资，用于农场扩建和"知鱼水族鱼缸"研发生产，并在三年内以现金、兑换产品等方式将众筹参与者本金和收益全部返还，有效解决了"渔耕田"前期发展阶段生产性资金投入不足的问题。如今"渔耕田"逐步形成了相对成熟的商业模式，农场经营规模达 30 亩，近几年实现年营业收入 500 万元左右。

第三节　小结与建议

一、都市农业是公园城市重要公共与健康的资产

都市农业并不能养活城市，因此不应将都市农业单纯定位于商品农业，而应是兼具生产性、生活性、生态性的多功能农业，不仅具有产品功能，更具有服务功能，是城市一项重要的公共与健康资产，也是多功能的

绿色基础设施，可以用来平衡城市的拥挤以及休闲娱乐场所的不足，满足市民在城市中心享受田园乐趣、绿色品质的需求。在尊重城市空间机理与农业发展规律的基础上，拓展都市农业发展空间，创造具有美学吸引力的环境，强化农业资源转化与多功能空间价值引导，让都市农业成为振兴社区的重要举措。

二、重视都市农业在促进社会生态正义的重要作用

一方面，都市农业的公共性可以让更多人受益，尤其是保障低收入家庭食品安全与改善营养，给予弱势群体参与生产活动的机会与食物来源的可选择性，为其提供就业机会与培训生产技能，加强社会自救与应对城市相对贫困问题，这在一定程度上可以抵消城市扩大绿地时可能出现的绅士化效应，促进包容性城市发展。悉尼在有计划的社区绿化中，将空置的土地改造成蔬菜、水果和鲜花的种植区，侧重于解决弱势群体的粮食安全问题。

另一方面，由于都市农业多功能性及其促进产业融合的独特优势，有利于多方参与及社会互动，将市民、农民、科研人员、政府人员、企业单位、社会组织及志愿者连接起来，有助于建立重要的社会网络，激发社区振兴的潜力，在发挥一定弥合鸿沟的积极作用的同时，也为技术与制度创新提供实验示范，提升政府社区管理能力。

三、在多元参与的基础上创新都市农业商业模式

发展多种形式的都市农业，从庭院园艺到社区土地上的集体农业活动以及商业农业。利用志愿者或社区居民来种植、加工和分发，是一种低成本的措施，另外，可以向付费游客开放体验活动、亲子项目、教育培训等则是一种混合可行的商业模式。培育都市农业生产者和组织者，支持生产者与消费者直销协议、社区支持农业系统等模式，使得消费者以实惠的价格获得新鲜食品，同时使生产者获得合理报酬。

四、倡导再生与恢复自然的农业生产方式以维护高效的农食系统

在都市农业发展中，积极倡导减少农药化肥使用、减少耕犁、增加种植覆盖作物的再生农法，选育具有土地传承基因的老种子，采用作物轮作、间作、农林业复合以及作物多样化等多种方式，使用枯叶、秸秆、酵

素等生物肥料，按照"以土治土、以虫治虫、以草治草"的方式改良土壤，还原生物多样性，恢复生态食物链以重构农业生态系统，同时开展自然文化教育、农事体验等研学活动，在保护生态系统多样性的同时提供更为健康的食品。

参考文献

［1］魏雪，胡潇方，徐志宇，等. 欧盟的农田生物多样性保护政策及启示［J］. 中国国土资源经济，2022，35（12）：40-47.

［2］何思源，焦雯珺，闵庆文. 自然受益目标下食物系统转型研究：基于全球重要农业文化遗产（GIAHS）的解决方案［J］. 生态与农村环境学报，2022，38（10）：1249-1257.

［3］高兵，邓锋，程萍，等. 以基于自然的解决方案促进经济转型：自然资源治理服务支撑新自然经济发展［J］. 中国国土资源经济，2022，35（9）：23-30.

［4］赵宏宇，贾润泽. 基于自然的解决方案（NbS）在传统村落的引入与本土化推广探索［J］. 智能建筑与智慧城市，2022（8）：44-46.

［5］陈龙庭. 生态城市背景下规划建设现代化城市农业公园的思考［J］. 科学发展，2023（8）：91-98.

［6］林家惠，曾国军. 城市更新背景下绿色绅士化的效应与机制研究：以城市农业公园的绿化实践为例［J］. 地理科学进展，2023，42（5）：914-926.

［7］马立军. 校园生态农业闭循环链支持城市农业发展的模式［J］. 山西农经，2022（21）：136-138.

［8］杨阳，秦鹤洋. 城市农业：城市闲置空间的可持续利用途径［C］//中国城市科学研究会，江苏省住房和城乡建设厅，苏州市人民政府. 2018城市发展与规划论文集.［出版者不详］，2018：5.

［9］孙莉，张玉坤. 食物城市主义策略下的当代城市农业规划初探［J］. 国际城市规划，2013，28（5）：94-102.

［10］石嫣，程存旺，雷鹏，等. 生态型都市农业发展与城市中等收入群体兴起相关性分析：基于"小毛驴市民农园"社区支持农业（CSA）运作的参与式研究［J］. 贵州社会科学，2011（2）：55-60.

［11］曾武佳. 生态价值归位理论的提出及在乡村振兴中的实践路径探

究［EB/OL］.［2021-07-14］http://www.scst.org.cn/portal/article/index/id/8437/cid/27. html.

［12］李朝洋. 市民下乡促进生态农业发展的路径研究［D］. 成都：四川省社会科学院，2023.

［13］PalmerL. Urban agriculture growth in US cities［J］. Nat Sustainability. 2018, 1（1）：5-7.

［14］Russo A, Cirella G T. Edible urbanism 5. 0［J］. Palgrave Communications, 2019, 5（1）：1-9.

［15］Ilieva, R. T., Cohen, N., Israel, M., Specht, K., Fox-Kämper, R., Fargue-Lelièvre, A., Poniży, L., Schoen, V., Caputo, S., Kirby, C. K., Goldstein, B., Newell, J. P., & Blythe, C. The Socio-Cultural Benefits of Urban Agriculture：A Review of the Literature［J］. Land. 2022, 11（5），622.

［16］World Bank. A-Catalogue-of-Nature-based-Solutions-for-Urban-Resilience［R/OL］.［2023-11-20］World Bank, Washington, DC. 2021. http://hdl.handle.net/10986/36507.

［17］Abdelmagied, M. & Mpheshea, M. Ecosystem-based adaptation in the agriculture sector-A nature-based solution（NbS）for building the resilience of the food and agriculture sector to climate change. Rome［R/OL］. 2020. http://www.fao.org/3/cb0651en/CB0651EN.pdf.

［18］FAO. Building a common vision for sustainable food and agriculture. Principles and approaches［R/OL］.［2023-11-20］Rome. 2014. http://www.fao.org/3/i3940e/i3940e.pdf.

［19］FAO. The 10 Elements of Agroecology. Guiding the transition to sustainable food and agricultural systems［R/OL］.［2023-11-20］2018. http://www.fao.org/3/i9037en/i9037en.pdf.

［20］FAO. FESLM：An international framework for evaluating sustainable land management［R/OL］.［2023-11-20］Rome. 1993. http://www.fao.org/3/t1079e/t1079e00. htm.

第八章　城市河湖 NbS 实践

促进全流域高质量发展、改善人民群众生活、保护传承弘扬黄河文化，让黄河成为造福人民的幸福河。

——2019 年 9 月 18 日习近平总书记在河南郑州主持召开黄河流域生态保护和高质量发展座谈会时发表的重要讲话

公园城市河湖具有生态价值、环境价值、资源价值、文化价值、经济价值、社会价值、安全价值等多重价值属性，由河湖生态系统服务级联效应构成，其中连接多重价值的纽带是其作为自然基础设施与蓝色资产的功能。河湖基于自然的解决方案可促进气候韧性、生物多样性、经济效益、场所营造、健康效益等协同增效。

第一节　城市河湖 NbS 协同效益及其应用

一、城市河湖水系的特征与功能作用

城市往往依水而建，呈现城水相依的格局，得水而兴，废水而衰，因而河湖水系往往被认为是城市文明的源泉，经济社会发展的支撑。城市河湖水系按照形态可以分为江河、湖泊、水库、湿地、塘堰和沟渠等类型，是自然与社会高度耦合的复合系统。

河湖水系在城市中发挥着重要作用。一是提供必需的水资源，是水源自然蓄存空间。二是城市防洪安全重要的行洪通道与暴雨滞蓄空间。三是保护和改善人居环境，如降低风沙灰尘与城市噪音、调节气候温度、降低城市热岛效应等，河湖是最丰富的生物多样性栖息地。获得清洁的水也意味着更健康的生活方式和更低的医疗费用。四是城市重要的自然资产与公

共资源，是文化遗产的一部分，具有景观游憩以及经济社会功能。

二、城市河湖如何采取自然解决方案

在我国古代哲学观中，水是师法自然的重要元素，创造了大量人水和谐的生存智慧，如很早就有留出水塘、水池作为调蓄空间，农田边预留洼地并种植树木，引水渠引山泉水入村落，雨水梯级循环利用等举措。当然，天然水系并不一定适合人居环境，也存在水安全隐患，城市在选址和建设中非常重视水资源保障与水安全保障，并通过理水、治水，修建引水渠道、排水网道、航运水道等水利设施，来实现人水和谐共生。

进入工业化时代，高度城市化进程与气候变化给城市河湖水系带来多重胁迫，导致城市河湖水环境不断恶化、水生态系统日益退化、水资源紧缺成为常态。自然的河流蜿蜒曲折，人工河流渠化硬化、裁弯取直，不但破坏了自然的面貌，也削弱了河流的生态功能，导致生物栖息地被破坏、多样性衰减与自净能力下降。裁弯取直、工程化改造、河涌覆盖、岸线硬质化、水体污染等问题，导致河流长度与水面缩减、支流消失、形态单一、河网密度降低，极大破坏城市河湖水系的生态功能。

基于自然的城市河湖水系解决方案，采取与自然合作而非对抗的方式，是应对城市涉水系列挑战的重要措施。保护水源可以降低城市水处理成本并获得清洁水源，绿地、湿地等绿色基础设施可以净化水质、减少暴雨径流。这些措施不仅仅具有保障水安全，而且具有减缓和适应气候变化、保护生物多样性以及提高健康福祉等协同效益。

在当前降碳背景下，城市水对碳排放具有重要影响，也具有巨大降碳潜力。运输、进水、用水、排放，水在各个环节都影响着企业的生产效率、能源耗用及设备消耗，通过节水减少用水量也就是节省了运送处理水的能源消耗，从而减少相应的碳排放。水的源头保护，也会形成积极的降碳效果。比如，利用污水处理设备净化水的过程伴随着大量的碳排放，用基于自然的解决方法从源头提升水质，少"生产污水"本身就能减少碳排放。

2019 年 9 月 18 日习近平总书记发出"建设造福人民的幸福河"伟大号召，开启中国式人水和谐现代化的新目标新征程。同月我国牵头联合国气候行动峰会"基于自然的解决方案（NbS）"全球议程，走向共建人与自然生命共同体的世界前列。本书认为，NbS 作为与自然合作应对社会挑战并协同多重效益的伞形概念、综合方法与系统策略,将其创造性应用于构建中国式人水和谐现代化的城市幸福河湖新场景,具有广泛潜力和成本效益,并可产生多元价值与多重协同效益,造福河湖更造福人民。

三、基于自然解决方案的城市河湖场景

梳理城市河湖水系基于自然的解决方案,首先要认识到河湖水系是城市重要的基础设施,是大自然为人类提供的免费服务,包括保护海岸线的红树林、净化水质的天然与人工湿地、储存大量水资源的湖泊以及调蓄洪水的洪泛区等。其次,河湖水系也是城市重要的自然资产,具有多重经济、社会、文化、生态价值,是人与自然和谐共生的重要载体。

具体而言,改善城市河湖水系的自然解决方案包括但不限于退耕还林、植树造林和森林保护、重新连接河流与洪泛区、河流再自然化①、恢复河岸缓冲带、湿地保护修复、构建湿地、绿地(包括水道绿化)、自然集水、透水路面、保护恢复红树林、农牧业最佳管理等。

当然,基于自然的城市河湖水系解决方案并不排除工程水利基础设施,如果利用得当,还可以优化水坝、堤坝、管网等设施的性能与经济回报。二者本来就是相辅相成的关系,但基于自然的解决方案往往在灰色基础设施项目中被边缘化,忽略河湖水系本身也是自然解决方案的重要组成部分。如红树林可将波浪高度降低多达66%,但全世界只有不到10%的红树林受到保护。

河湖水系连通。水系连通有助于优化水资源配置从而兼顾各类用水目标,降低洪涝灾害,改善区域水质,复苏河湖生态环境,提升环境容量与生物多样性。

与水共生的城市策略。阿姆斯特丹低于海平面1~5米,雨洪灾害频发,但这座城市通过改变与水相处的方式,将水危机转化为城市最重要、最独特的自然景观。它发起了从社区公园到整个城市的绿色空间建设倡议,在荒地上建设规模不等的公园,为人们提供休闲场所,并发挥消减洪流、调蓄洪峰以及为城市降温的作用。建设绿色屋顶与垂直立面,发挥截留雨水、提供遮阳等功能。以绿色廊道连接市域公共空间,打造慢行交通,减少交通领域碳排放。通过人工沙滩、沙丘以及植树等方式保护海

---

① 河流再自然化是指让人工河流恢复近自然形态,并具有自然特征与生态功能。其主要举措包括拆除硬质边界恢复河道形态、恢复可渗透的软化护岸与生态河堤等。

滩、沙丘以防御洪水。

第二节　公园城市中的幸福河湖实践探索

一、基于自然的河湖治理实践

（一）都江堰无坝引水工程

在都江堰水利工程修建之前，成都平原常遭旱灾，而岷江两岸时遭洪灾，引岷江入成都平原，通过分流既可以改变岷江丰水期洪水问题，又可以消除成都附近的旱灾。都江堰始建于秦昭王末年，负责修建都江堰的是蜀郡太守李冰以及他的儿子。主体工程由三部分构成：其一，鱼嘴工程，是修建于岷江弯道处的分水堤，利用河道右高左低分流成内江和外江，内江河床低于外江，四六分水，即丰水期六成进外江，四成进内江，枯水期相反，从而保障了成都平原用水又利于岷江排洪。其二，飞沙堰工程，是建于内江外侧的低矮堰坝，内江水量较小时拦水进入宝瓶口来保证灌区水量，洪水进入内江时自动泄洪排沙，从鱼嘴进入内江的水流在此形成漩涡，剩余沙石被漩涡甩出，剩余的沉淀由河工清理，从而避免泥沙淤积而导致溃堤。其三，是宝瓶口工程，由石壁人工凿开，起分流与灌溉作用。

都江堰工程道法自然，充分利用山形地貌、河床地势，并顺应气候变化规律，又不完全依赖自然，因势利导、因时制宜，形成了"三字经""六字诀""八字格言"① 等基于自然解决方案的治水理念和规则。所用的竹笼、杩槎、木桩、羊圈、干砌卵石等就地取材，采取"深淘滩，低作堰"和"遇弯截角，逢正抽心"的河工技术，不但解决了江水自动分流、自动排沙与进水控制等问题，而且惠泽万民，滋养了成都平原数千年，是基于自然解决方案的古代典范。截至 2021 年，都江堰现灌溉面积可达1 130万亩，以占四川省不到5%的土地面积，覆盖了全省约1/4 的有效灌

---

① 治水三字经为：深淘滩，低作堰，六字旨，千秋鉴；挖河沙，堆堤岸，砌鱼嘴，安羊圈；立湃阙，凿漏罐，笆编密，石装健；分四六，平潦旱，水画符，铁桩见；岁勤修，预防患，遵旧制，勿擅变。六字诀为：深淘滩，低作堰。八字格言为：遇湾截角，逢正抽心。

溉面积和粮食总产量，养育了全省 1/3 的人口①。

（二）郫都沱江河治理

沱江河是岷江支流，起于安德镇云丰村五社走马河的两河口，流经安德、友爱、郫筒、红光、犀浦，穿越郫都区中心城区，被誉为郫都区的"母亲河"。但伴随着城市的快速发展，其污染严重。2012 年至今，其几经改造和整治，焕发新机，2015 年荣获全国人居环境范例奖。在河湖水系改造中，兼顾防洪、治污、净化需求，通过原生植被恢复、建设湿地公园等措施，再造城市海绵体。建立溪、湖、湿地相结合的内水循环体系，实现水系自循环、雨洪调蓄与水质自净化。保留原生树种作为沿岸景观骨架，保留河堤 22 组树群落，改造为河心岛，恢复自然河道形态，提升生物多样性。增加了老百姓的健身休闲场所和应急避难场所，进一步提升了城市的生态环境和人居环境，带动沿岸产业和城市品质升级。

（三）九道堰流域治理

九道堰流域是成都首个跨流域系统治理试验示范，总面积 1.8 平方千米。以河湖水系为基础，岸线绿地为关键、滨水空间为核心，统筹自然生态、人居环境、业态融合与水岸城一体化，打造无界融合的天府蓝网。该项目荣获 2021 年中国大坝工程学会科技进步奖二等奖。

河道设计采用拟自然手法，打破传统平直蓝绿线边界壁垒，打造层叠有致的滨河绿地与生态驳岸以展现生境野趣，"遇窄成溪、遇宽成湖、遇高差成瀑布"，联调联动"堰闸"系统，既扩大了河道的行洪断面，也为滨河景观预留出充裕空间，恢复河道生物多样性。科学管理洪水和亲水空间，将河道消落带打造成为生态公园，在防洪功能基础上，增加河道韧性与多样性，同时为无脊椎动物、鸟类和淡水鱼类等小型动物提供了适宜的栖息环境。

统筹水域、水陆交错带、滨水陆域三大要素，按照师法自然、陆水统筹的理念，水域构建水生生物群落，水路交错带重塑自然栖息地，陆域营造稳定演替的自然景观风貌。同时连通 18 千米河道、7 个生态湿地和周边社区绿地，形成互联互通的水文化生态走廊，丰富生态系统服务功能，提升生态价值。

---

① 数据来源：四川省水利厅. 都江堰水利遗产保护与利用规划（2023—2035）（征求意见稿）［Z］．［2023-07-14］，http://slt.sc.gov.cn/scsslt/gsgg/2023/7/14/e0143d7aac3d493eb729a4cafc96c24b.shtml.

构建河湖塘田林等多要素共生生态系统，实现流域截污控源、大水循环，补充生态基流 1.16 立方米/秒，确保水质达标。通过种植适应季节性干湿变化的乔木、灌木以及地被植物营造的拟自然生态植物群落，使场地生态承载力远远超过了传统绿化。

建立全域海绵河湖体系，通过灰色、绿色、蓝色设施促进排污蓄雨、涵养水体，通过初雨截留、海绵塘库、生态河流、透水垫面，实现了雨水散流滞蓄。并连通市政污水系统，通过源头分散消纳、过程截流截污、末端收集利用，实现全链条循环消纳与污水的零排放。以水文化展馆为中心，同时增加屋顶绿化、雨水花园等功能性海绵景观，营造海绵城市微系统。城市水面率增加 2%，场地透水率达到 98%，径流系数降低 0.1。

实施流域智慧管理，以 AI 机器视觉与多面视频融合的生物物种监测为技术抓手，立足 AI 算法、远程自控等技术，实现水量、水质、生态全面立体感知与厂、闸、池等全要素一体化调控。

二、基于自然的河湖生态修复

（一）自然保水

大自然为人类提供了免费的水基础设施，如湿地、湖泊、洪泛区、泥炭地、红树林等，可以扩大和优化水库、堤坝等工程水利基础设施性能与回报。保护修复常水河道和季节河道，释放自然雨水湿地的集水潜力，作为湖库工程的重要补充。成都市规划设计研究院在对天府新区开展城市水系统规划时，基于自然的解决方案探索内陆丘区的水安全系统解决方案。分析自然雨水湿地的集水潜力，布局符合丘区特点的梯级自然湿地系统，配合现有湖库工程调蓄雨水资源。规划的源头、中途与末端湿地，大于 15 亩的湿地有白沙湿地、鹿溪河湿地、雁栖河湿地、籍田湿地等，小于 15 亩的小型湿地包括川心沟湿地、大湖堰湿地、大坝沟湿地、鹿角槽湿地、万安湿地、石灰河湿地、土门子湿地、太平湿地、天宝沟湿地、庙子沟湿地等，如图 8-1 所示。

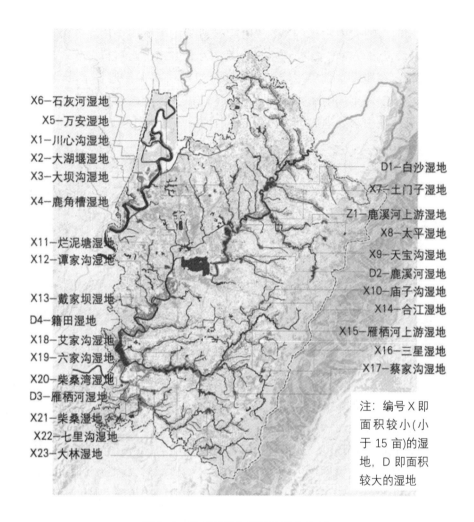

X6—石灰河湿地
X5—万安湿地
X1—川心沟湿地
X2—大湖堰湿地
X3—大坝沟湿地
X4—鹿角槽湿地
X11—烂泥塘湿地
X12—谭家沟湿地
X13—戴家坝湿地
D4—籍田湿地
X18—艾家沟湿地
X19—六家沟湿地
X20—柴桑湾湿地
D3—雁栖河湿地
X21—柴桑湿地
X22—七里沟湿地
X23—大林湿地

D1—白沙湿地
X7—土门子湿地
Z1—鹿溪河上游湿地
X8—太平湿地
X9—天宝沟湿地
D2—鹿溪河湿地
X10—庙子沟湿地
X14—合江湿地
X15—雁栖河上游湿地
X16—三星湿地
X17—蔡家沟湿地

注：编号 X 即面积较小(小于 15 亩)的湿地，D 即面积较大的湿地

图 8-1　天府新区自然汇水潜力分析

图片来源：王波，胡滨，牟秋，等. 公园城市水系统顶层规划的实践探索：以天府新区为例［J］，城市规划，2021（8）：45。

（二）湿地净水

2023 年 5 月开放的骑龙中水湿地公园，是成都市面积最大的垂直流人工湿地公园，共包含 9 大区域，52 个垂直流人工湿地系统，每日可净水 8.5 万立方米。另外，成都高新区肖家河中水湿地将成都市第九污水处理厂的尾水，通过动力提升至肖家河中水预处理站进行预处理，然后由管道注入人工湿地，通过垂直潜流人工湿地工艺，如图 8-2 所示，辅以微生物技术，进行深度净化，中水中有机污染物得到降解，达标后的出水进入肖家河。同时湿地表面栽种的植物①也能起到净化水体的作用。该湿地占地面积约 6.5 万平方米，日处理水量为 5.9 万立方米，已运行多年，出水主要指标稳定在地表水Ⅲ类水质，其中部分指标长期优于地表水Ⅱ类水质。肖家河中水湿地年均削减氨氮排放量 7.5 吨以上，削减总磷排放量 4.5 吨以上。且一吨中水处理成本仅为 0.1 元，而设施中水处理成本在0.8~1元。

图 8-2　肖家河中水湿地垂直流人工湿地工艺流程

图片来源：肖家河中水湿地展板。

（三）生态修复

天府新区鹿溪河。对上游河段进行分段分层生态清淤，改善底泥透气性，改善底栖生物环境，促进生物种群自恢复能力。构建包含沉水植物和挺水植物的水生植物群落，放养底栖动物并构建群落，配置水生态系统敏感性指示生物，激活水休微生物并提升微生物协同降解有机物的功能。芦苇、菖蒲等挺水植物，通过吸收利用水中的氮、磷元素进行代谢，鲢鱼等鱼类通过捕食抑制了藻类的繁殖生长，有效地削减了水体的富营养化程度，从而起到了净化水质的作用。

天府新区兴隆湖。采取基于自然的解决方案，创新形成天府生态工法②。兴隆湖总共种植了 198 万平方米的沉水植物，占水域面积的 70%，

_____

① 如风车草、香根草、芦苇、美人蕉、蜘蛛兰等，这些水生植物根系发达，控制水质污染、降解有害物质的时候，为水体输送氧气，增加水体活性。

② "天府生态工法"，包括以"湖泊一体化修复设计"为标志的"湖库整体修复工法"，以"林-水一体化"为代表的"湿地系统重建工法"，以"沉水植物群落配置+水下多维食物网结构"为代表的"水生生命系统重建工法"，以"界面生态结构+多维生态水岸"为标志的"水岸修复生态工法"。

形成沉水植物→浮游生物→草食性鱼类→杂食性鱼类→水鸟（涉禽、游禽）等构成水域生物链。近岸湿地挺水植物、灌丛等为两栖动物、爬行动物、鸟类等提供繁殖、庇护场所，滩涂区域提供觅食、栖息场所。岸上高大乔木为陆禽、猛禽等提供栖息和繁殖地，灌丛、草地则为小型哺乳类、昆虫等提供庇护、栖息场所。兴隆湖生态沙滩，过滤岸边雨污、为水鸟构筑捕食空间，同时也可满足市民对于亲水空间的需求。

双流区怡心湖。采用食藻虫引导水体生态修复技术，构建"食藻虫→水下森林→水生动物→微生物群落"的水生态系统，食藻虫吃藻控藻，净化水体。水生鱼类吞食食藻虫，形成食物链。沉水植物能吸附、分解污染物、增加水含氧量，在河道形成水下森林，虾类、鱼类、贝类、虫类、藻类等生物循环共生，造就稳定的水下生态系统，保持水质常年清澈见底。

崇州市榿木河。起源于文井江，由北向南贯通崇州全境约 40.8 千米，在大邑县安仁镇汇入斜江河，串联起古镇金三角、竹艺村、天府慢城等多个林盘景区。一是遵循自然开展生态治理。采用格宾笼、砼砌石、松木桩等措施治理岸坡，用关停、整改、提升等方法控制污染，采用清、连、疏等手法疏通水系。二是提升水生态涵养功能。遵循"应退则退、宜宽则宽"的原则，全面清淤疏浚，打通断头河沟，拓宽束水河道，优化水系布局，恢复河岸植被、河流生物多样性。三是促进生态与产业互融。以榿木河 40.8 千米水系治理为依托，沿河打造山水古镇康养区、水润湿地慢城区、现代智慧田园区 3 个重要场景。四是以水贯景，打造滨水游憩走廊。对近水域的原有村道、乡道进行整体风貌提升，高质量建设天府绿道，增设滨水步道，打造流域主游线。五是文化赋能。充分展示天府水利文化、天府稻作文化、崇州非遗文化、古镇文化，植入水土保持科技示范园，建设好水情教育基地，塑造"天府稻乡"品牌。

三、以人为本的幸福河湖建设

（一）活水公园

活水公园是世界上第一个以水生态治理模型为主题的城市生态环境教育公园，也是国家水情教育基地。占地约 2 400 平方米，建成于 1998 年，源于美国"水的保护者"协会贝西·达蒙（Betsy·Damon）提出的活水理念以及建议。公园形态整体呈鱼形，寓意人与水、人与自然的关系是一种鱼水不可分的关系。河水从"鱼嘴"流入，经过 400 立方米的厌氧沉淀池

（鱼眼区），流经水流雕塑、兼氧池、人工湿地塘床系统（鱼身鱼尾区）等水净化系统，其中人工湿地植物塘床系统，有浮萍、凤眼莲等水生植物和伞草、菖蒲、水竹等挺水植物，与鱼类、昆虫和大量微生物共存。通过过滤、沉淀、充氧、降解等过程，有机物分解为养料，水质由浊变清后重归锦江。每天有 200 立方米的水从河中抽出，然后除去细菌、重金属后再回到河中。同时，水一直顺着地形依靠重力流淌，长年流淌不息。鱼尾区 20 平方米的雨水广场渗透路面铺装后很快流走，并在地下对雨水进行过滤以及再利用。零碳智慧系统通过多样化的生态系统与光伏发电、植物减排，达到减碳乃至零碳排放的目标。活水公园被誉为"世界上第一座城市综合性环境教育公园"，是世界上第一座以水为主题的城市生态环保公园，曾获 1998 年国际水岸中心"优秀水岸奖最高奖"、国际环境设计协会和美国《地域》杂志联合评定的"环境设计奖"，1998 年联合国人居奖等多个国际奖项。

（二）永安湖森林公园

双流区永安湖森林公园位于深圳路南侧，共计 206 万平方米，水域面积 21 万平方米，拥有近千亩的原始森林。借助自然手法，构建"食藻虫→水下森林→水生动物→微生物群落"四级水体净化系统，使劣五类水达到二类水，生态自然的湖滨空间给鸟类提供了食源和居所。42% 的游线采用栈道形式架空，为园区小动物穿越保留通道，减少对现有地形和动植物生态的破坏。基于现有生态本底，采取低干扰低介入的景观改造和活动植入，活动场地和路径多以透水材质为主，透水率达到了 90%。公园提供了 290 万平方米都市森林疗养空间，构建 13 个配套服务点和 4 个儿童活动区，形成 13 千米林荫绿道与漫步道，可提供 19.88 吨/日的氧气生成，97% 场地雨水径流实现再利用，实现降低 3℃ 的区域热岛效应，荣获"2022 世界建筑节·中国年度最佳景观设计大奖"。

（三）天府新区麓湖

麓湖面积约 2 100 亩，拥有 35 千米水岸线，是一片珊瑚状湖区，也是国内首个由陆地生态基地转化为水生态基地的人工湖，以湖泊、湿地、草地构建出生态体系，连接人工湖与自然河流，是居住空间与滨水组织的创新融合实践。麓湖以水为媒，打造了一座以生态资源为本底并集合居住、产业、休闲娱乐为一体的生态示范新城。人与自然的和谐共生不仅在于 2 400 亩水系与 600 亩湿地公园的植入，还在于岸线带状公园以及密集布局的景观带来人民的自然体验与互动参与。麓湖社群是一支重要的建设与营运力量，社群与居民共同创造了"花岛节""龙舟节""渔获节""麓客之夜"等独属于麓湖的节庆活动，既是公众重回水岸、与水连接的载体，更是在地文化的生态体现。

（四）郫都区徐堰河

徐堰河是郫都区的母亲河，郫都区段 27.5 千米，流经唐昌、安德、三道堰、红光和团结五个街道，负责成都城区供水的两大水厂均坐落在徐堰河畔，因此其核心功能是满足城市居民生活生产原水供应。依托良好的水生态环境，沿岸形成君平故居、一堰四河、农夫记忆、全国十大最美乡村青杠树村、汉姜湿地、双虹空中绿道、净菊湿地、平康湿地长廊、永定湖湿地、兴旺翠林等生态价值转化场景。徐堰河青塔村河湾处地势开阔，形成了宽宽的河滩、田园风光、河边草地、河岸阶梯、岸上绿道、观景亭台与运动设施，以及露营休闲、骑行散步的游人，呈现出人与自然和谐的场景。

四、河湖场景创新与价值实现

场景作为河湖生态功能与社会功能互动的重要载体，是人水要素有效汇聚、协同作用、价值创造的系统集成，是全民可进入、可参与、可评价的治理平台，是实现幸福河湖人水和谐的重要机制。场景视角基于自然的幸福河湖解决方案，通过 NbS 导向的清水绿岸营造、人本需求的舒适构造、多重效益的可见可获，赋予人民美好生活体验，是幸福河湖建设的创新方法。以夜游锦江示范段为例，剖析场景创新与价值实现。夜游锦江示范段位于府河大安东路桥至合江亭段，全长 4.4 千米，绿道全长 8.8 千米。围绕文旅体商融合发展理念，在绿色空间中设置高品质生活消费场所，让市民在绿道中享有高品质服务，复原昔日东门码头繁华景象。

（一）场景要素

锦江水系是基础。锦江水系既是河道，也是廊道，是串联场景的线性空间，是生态宜居要素的重要载体。锦江水质优良率从 2016 年的 69% 提升到现在的 100%，流域内国、省考断面水质全部达标。

岸线绿地是关键。充分利用岸线绿地，建设长达 240 千米的锦江绿道，作为天府绿道"一轴两山三环七道"体系的核心"一轴"，北起都江堰天府源湿地，南至黄龙溪古镇，沿线跨经都江堰市、郫都区、金牛区、青羊区、锦江区、武侯区、成华区、高新区、天府新区、双流区。水域岸线生态景观带滨水空间是核心。包括滨水社区及公共活动街巷空间，通过综合整治、增绿筑景、开敞共享、文化再现等措施，有力促进了特色街巷与滨水区域有机融合。亲水步道、骑游廊道、主题景观区域，让市民可以随时体验。

建筑空间。在对码头主体建筑重新规划业态的同时，通过建筑的双表皮、周边景观设计（水帘屏等）实现了水岸市井的码头场景。

场馆设施。沿岸遍布文创市集、十二月花市、安顺廊桥、流动艺术馆、主题酒店、茶馆等特色体验场所。

（二）场景运行

绿道与场景串联。绿道为脉串联大川巷、望平街等特色街区以及 339 熊猫塔、合江亭、水井坊等特色街景，场景串联夜市、夜食、夜展、夜秀、夜节、夜宿，形成"夜跑锦江""夜游锦江""夜市锦江""夜宿锦江"主题产品，联动夜间经济发展，实现"全时可游"。

文化与科技赋能。通过夜游锦江项目，展示天府水文化、蜀都文化、景园文化、非遗及民俗文化等，形成天府文化走廊。通过灯光景色构造和创意设计提升周边环境品质，以多种方式植入各类商业业态，因地制宜构建夜间经济等消费应用新场景。

创意与运营赋能。创意是场景营造的关键，如位于锦江区水津街黄伞巷的"十二月市·兰桂酒市"在集合国内外数十家品牌商家将为市民游客提供丰富的酒文化消费体验，尽享艺术、社交、市集、夜游、潮玩为一体的沉浸式文化体验盛宴。同时，探索商业化运营，在打造自身品牌的同时，将项目蕴含的价值与商业品牌相结合，依托沿线广告、驿站、商业用房以及行船等，与麦当劳、芙蓉古城、五粮液、兴城人居、饿了么等品牌联动进行水上沉浸式品牌展示，获取经济效益。

（三）价值实现

打造特色产业。夜游锦江形成了周边众多业态的流量源头，为文创、集市、体育、旅游、休闲等各类产业创造更好的营商环境。新产业不断涌现并与各行各业跨界融合，形成了极具活力的宜居生态场景，催生了沉浸式特色产业的大爆发。

强化产城融合。借助锦江夜游，打造并串联特色街区，形成大川巷、望平街等示范街区，有力促进了城市有机更新。如望平街区的有机更新，突出了滨水带沿线国税局、电视塔、通美大厦三大本土地标，通过改善水岸吸引年轻人回流创新创业，形成以小店经济、首店经济、夜间经济为主打特色的活力街区。

促进全域旅游。成功打造了"夜游锦江"旅游新品牌，2023 年春节文旅部重点提及成都"夜游锦江"等系列夜游活动成为文旅消费市场的新亮点。

增进民生福祉。服务于高品质生活需求，引入零售、餐饮、文娱等新商户进驻，提升当地居民的生活质量。打开整个河畔区供市民公众使用，增加了公共活动空间，极大增进了民生福祉。

第三节　小结与建议

一、用好都江堰工程这一 NbS 世界名片

都江堰工程是人与自然和谐共生的典范，更是中国 NbS 的典范，凝结着我国人与自然和谐共生传统智慧。一是要从 NbS 视角讲好都江堰故事，向世界传递都江堰水利工程的顺水而为、因势利导的治水智慧，挖掘其独特的历史文化价值、科学艺术价值与现代价值，让都江堰人水和谐的文化走出去。二是从 NbS 视角促进都江堰生态价值转化。都江堰是全球为数不多的集世界自然遗产、世界文化遗产、灌溉工程遗产为一体的"三遗之城"，不局限于水利工程，还包括都江堰山、水、道、熊猫等生态要素与文化要素的融合发展，赋能城市品质提升与区域发展，让全球创新资源引进来。

二、河湖长制度是公园城市自然解决方案的重大创新

河湖长制度是我国城市河湖治理的重要制度创新，有利于促进基于自然解决方案的治理完善。基于自然的解决方案往往依赖更广泛的利益相关者参与，尤其是当地社区实施、管理和评估干预措施，并维护当地居民的利益。河湖长制度依托并超越政府管理，作为水生态保护的重点措施之一，开启了全民治水护水新篇章。越来越多的人从"治水"的"旁观者"变成"参与者""监督者"，形成"河长挂帅、水务牵头、部门协同、群众参与"的河湖管理保护新局面。

2017 年 2 月，成都市印发《关于全面实行河长制管理工作的实施意见》，建立市、县、乡、村 4 级河长组织体系，设立河长 6 878 名，设立"河道警长"239 名。协同年度考核、日常考核、专项考核，推动奖励资金与考核结果"硬挂钩"，设置预警警示、通报、问责等追责机制。设立民间河长、专家河长、企业河长、志愿者队伍，组建全民护河队，在重点排口、污水处理设施、工业企业等需要重点监管的点位设置"点长"，创新"党建+河长制""河长+警长""河长+检察长""河长制+政协民主监督""河长制+生态司法"等工作机制。另外，河长制办公室也延伸出了其他多元功能，如高新区河长工作室也是"水生态修复实景科普"示范点。河湖长制的完善是促进公园城市基于自然解决方案治理创新的重要依托。

三、借助天府蓝网植入公园城市多元消费场景

在城区和城镇段重点打造节点和公园，郊野段建设大地景观和林盘，串点成片、连片成景，积极引入重大赛事活动和创客公园、文化创意园等创新业态，努力营造公园+新消费场景，加快促进文体旅商融合发展，探索践行"绿水青山就是金山银山"的生态价值转化实现路径，使天府蓝网建设成为新业态、新模式、新场景的策源之地。通过蓝网、绿道叠加商业的建设模式，兼顾公共属性和商业利益，将滨河景观绿道与休闲商业相结合，城市服务与特色产业相融合，打造高品质生活空间、休闲空间和商业空间，实现生态资源与商业资源的融会贯通，利用生态价值的多元转化保障生态建设投入的可持续性。

拓展对城市河湖其单纯的资源性认识视角，从生态系统服务功能视角揭示河流是天然的行洪通道、生态廊道、文化承载、连续的开发空间、多功能的蓝色资产以及新经济的活力空间，兼具生态、安全、文化、景观和休闲功能，并具有与多领域融合的协同增效功能，应从开刀治病转向适应性管理。从人水关系供需变化视角，河湖价值转化经历了向资源、泄洪与航运为主的转化，到生态、环境、经济等多重价值共生，未来可能会更加注重在气候韧性、生物多样性、场所营造、健康等方面的效益协同，本质是从经济价值最大化纠偏到强可持续的社会总价值最大化再到人水和谐共生，这也是河湖多重价值协同转化的基本遵循。

四、创新公园城市河湖 NbS 最佳实践

水资源是公园城市核心生态要素，城市河湖是联通城市自然水循环和

社会水循环的关键。建议在流域、城市和社区三个尺度，营造公园城市河湖 NbS 场景，推出一系列最佳实践。在流域尺度，探索水源地保护场景，创新破解水源安全的 NbS 及品牌与补偿为主的转化共享；探索城乡河湖水系复苏行动场景，创新破解河湖断流萎缩的 NbS 与流域高质量发展的协同；探索山水林田湖草沙一体化修复场景，创新一体化修复的 NbS 及生态产业化和产业生态化提升。在城市尺度，探索海绵城市设计场景，创新雨洪管理的 NbS 及气候韧性协同多重效益共生；探索再生水循环场景，创新废水再生循环的 NbS 及循环经济主导的转化共享；探索滨水公园绿道场景，创新绿廊蓝网的 NbS 及场所营造主导的价值转化共享。在社区尺度，探索 15 分钟亲水圈场景，创新亲水乐水的 NbS 及活力空间营造主导的价值转化共享；探索水美乡村多元场景，创新乡村水系连通的 NbS 及乡村振兴多种模式创新；探索集水储水净水微场景，创新小规模的 NbS 及多元价值的显化再生与民生福祉。

NbS 参与三水统筹，在治理维度上通过生态系统服务交付促进系统治理，在发展维度上通过生态系统服务多样化促进价值转化，系统治理与价值转化相互促进，构成"技术-治理-发展"的有机联动。让自然更好地促进三水互馈耦合，包括：将河湖视为自然基础设施，将湿地、湖泊、土地、森林作为储水净水资产来管理；从水循环的自然需求出发进行山水林田湖城要素协同治理；从水循环的社会需求出发将 NbS 应用于供水管理、水流调节、水质管理、水温控制、生物多样性保护、水安全、水韧性等领域，管理环境与水的界面以应对挑战。通过社会要素融入推进多重价值协同转化，包括：场所类、发展类、服务类、交易类、补偿类、金融类等转化场景创新；政府、市场、社会及混合型转化路径创新；水基金、EOD 等转化模式创新。

参考文献

［1］李国英. 为以中国式现代化全面推进中华民族伟大复兴提供有力的水安全保障［J］. 水利发展研究，2023，23（7）：1-2.

［2］李国英. 强化河湖长制　建设幸福河湖［J］. 水资源开发与管理，2021（12）：1-2.

［3］张瑜洪，戴江玉. 全面强化河湖长制　推动建设幸福河湖：访水利部河湖管理司司长陈大勇［J］. 中国水利，2022（24）：19-20，31.

［4］李政，王彬彬. 基于自然的解决方案全球实践［M］. 北京：中国

环境出版集团，2022.

［5］大自然保护协会. 基于自然的解决方案：研究与实践［M］. 北京：中国环境出版集团，2021

［6］于贵瑞，等. 中国生态系统碳汇功能提升的技术途径：基于自然解决方案［J］. 中国科学院院刊，2022，37（4）：490-501

［7］Wishart, M., Wong, T., Furmage, B., Liao, X., Pannell, D. and Wang, J. 灰、绿、蓝方案相辅相成：中国基于自然的城市洪水综合管理解决方案效益评估［R/OL］（2023-11-20）. https://openknowledge.worldbank.org/bitstream/handle/10986/35687/160001CH.pdf？sequence＝5&isAllowed＝y.

［8］王思思，侯爽. 基于自然的解决方案在城市水管理方面的研究进展［J］. 中国给水排水，2021，37（24）：25-33.

［9］王志芳，简钰清，黄志彬，等. 基于自然解决方案的研究视角综述及中国应用启示［J］. 风景园林，2022，29（6）：12-19.

［10］谷丽雅，张林若，夏志然. 气候变化下的水安全与可持续发展解决方案初探［J］. 中国水利，2022（9）：45-47.

［11］冷吉卫，付意成，赵进勇. 基于NbS的流域绿色发展机制研究［J］. 水电能源科学，2020（9）.

［12］金勇，程骅，方晓波. 基于自然的解决方案：内陆湖泊生态保护淳安模式［J］. 浙江国土资源，2022（4）：20-22.

［13］周伟奇，朱家薇. 城市内涝与基于自然的解决方案研究综述［J］. 生态学报，2022，42（13）：5137-5151.

［14］忻飞，杨棠武，邵一奇，等. 基于自然解决方案理念的湿地一体化生态修复：以广西大新黑水河国家湿地公园为例［J］. 湿地科学与管理，2021，17（4）：28-32.

［15］张剑，赵进勇，彭文启，等. 基于自然解决方案的流域生态修复成效评估研究［J］. 水电能源科学，2021，39（12）：69-72.

［16］刘文平，宋子亮，李岩，等. 基于自然的解决方案的流域生态修复路径：以长江经济带为例［J］. 风景园林，2021，28（12）：23-28.

［17］陈雷. 新时期治水兴水的科学指南：深入学习贯彻习近平总书记关于治水的重要论述［J］. 求是，2014（15）：47-49.

［18］王振霖，耿春茂，禹雪中. 基于自然解决方案的国际经验及其对河流生态保护的启示［J］. 环境科学与管理，2021，46（8）：9-14.

［19］曾楠. 基于自然的解决方案助力碳中和［J］. 世界环境，2021
（4）：16-20.

［20］傅侃，柴夏，万陆军，等. 浮游植物群落对成都兴隆湖生态修
复的响应［J］. 环境生态学，2023，5（1）：82-87.

［21］侯潇，汪海，关二赛，等. 天府新区生态湿地建设理念与实践：
以兴隆湖湿地公园为例［J］. 资源与人居环境，2022（2）：49-53.

［22］郎劢贤，孟博，白鹤菲，等. 福利经济学视角下幸福河湖建设
理论模型研究［J］. 中国水利，2023（16）：13-16.

［23］狄俊明，武晓梅. 河湖长制与幸福河湖建设［C］//河海大学，
南阳市人民政府，南阳师范学院，南水北调集团中线公司. 2022（第十届）
中国水生态大会论文集.［出版者不详］，2022：6. DOI：10.26914/c.
cnkihy. 2022.039657.

［24］王宇田. 人工湿地公园景观设计研究：以成都活水公园为例
［J］. 鞋类工艺与设计，2023，3（14）：120-122.

［25］Luo，M.，et al. E. Towards Nature-based Solutions at scale 10 case
studies from China［R］. Gland：IUCN；Beijing：Ministry of Natural
Resources，2023.

［26］WWAP/UN-Water. The United Nations world water development re-
port 2018：nature-based solutions for water［M］，Paris，UNESCO，2018.

［27］Cohen-Shacham，E.，et al. Nature-Based Solutions to Address Soci-
etal Challenges［M］. Gland，Switzerland：International Union for Conservation
of Nature，2016.

［28］NathalieSeddon. Harnessing the potential of nature-based solutions
for mitigating and adapting to climate change［J］. Science，2022，（Vol 376，
Issue 6600）：1410-1416.

［29］Turkelboom，F.，et al. How does a nature-based solution for flood
control compare to a technical solution?［J］. Ambio，2021（50）：1431-1445.

［30］TNC. Financing nature for water security：a how-to guide to develop
watershed investment programs［M］. Version 1. Arlington，VA：The Nature
Conservancy，2022.

第九章　绿色建筑 NbS 实践

我们能不能建造更像一棵树的建筑，并真正吸收碳？

——SOM 的合伙人克里斯·库珀，2021

采用基于自然的解决方案促进建筑的绿色转型，是公园城市空间环境再创造、自我修复与包容性增长的重要内容。实现城市发展与自然环境平衡的绿色建筑具有降碳、减污、扩绿、增长协同增效的多重功能，可提供高质量、持续的新质绿色生产力。

第一节　绿色建筑 NbS 协同效益及其应用

一、建筑基于自然解决方案的内涵

建筑建造是高碳排放密集行业。根据国际能源署发布的《2020 年全球建筑和建造业状况报告》，2019 年建筑建造行业终端能耗占比 5%，碳排放占比 10%；如果加上住宅与非住宅，终端能耗占比 35%，碳排放占比 38%。根据中国建筑节能协会能耗统计专委会发布的《2022 中国建筑能耗与碳排放研究报告》，2020 年全国建筑全过程能耗总量为 22.7 亿 tce，占全国能源消费总量比重为 45.5%；全国建筑全过程碳排放总量为 50.8 亿 tCO_2，占全国碳排放的比重为 50.9%；全国建筑运行碳排放总量为 21.6 亿 tCO_2，占全国碳排放的比重为 21.7%。

建筑领域是基于自然解决方案的典型应用场景。城市化的快速推进导致人们对建筑的需求量大幅增加，利用混凝土打造的城市空间压缩了自然空间，导致生态调节能力下降，生态环境日益脆弱。为了应对这一挑战，建筑领域基于自然解决方案兴起并得到越来越广泛的应用。基于自然解决方案在建筑领域的应用，主要采用因地制宜的方式，多采用物理调节温度、湿度和照明，具有自然景观特征，能够增进人与自然的互动。如在建筑中合理采用中庭、天井、通风塔、导风墙，可开启外墙或屋顶、地道风等措施强化建筑自然通风效果。通过自然方式优化建筑湿热环境、照明环境与采用天然采光、遮阳。通过雨水回收系统将屋面及阳台雨水收集后排入地下雨水储水池，经过集成式雨水处理后，贮存于雨水清水池，提供建筑用水量。

我国绿色建筑采用大量基于自然解决方案。根据《绿色建筑评价标准（GB/T 50378-2019）》，绿色建筑是指在全寿命期内，节约资源、保护环境、减少污染，为人民提供健康、适用、高效的使用空间，最大限度地实现人与自然和谐共生的高质量建筑。住房和城乡建设部、国家发展改革委印发的《城乡建设领域碳达峰实施方案》提出的举措与基于自然解决方案高度契合。如"依据当地气候条件，合理确定住宅朝向、窗墙比和体形系数，降低住宅能耗。合理布局居住生活空间，鼓励大开间、小进深，充分利用日照和自然通风"①。2021年11月25日，国管局、国家发展改革委、财政部、生态环境部联合印发《深入开展公共机构绿色低碳引领行动促进碳达峰实施方案》明确要求：充分利用建筑屋顶、立面、车棚顶面等适宜场地空间，安装光电转换效率高的光伏发电设施。推广光伏发电与建筑一体化应用。到2025年公共机构新建建筑可安装光伏屋顶面积力争实现光伏覆盖率达到50%。根据江亿院士团队的研究，我国城镇建筑屋顶可安装8.7亿KW光伏，年发电1万亿KWh，为城镇建筑与私家车用电的25%。

二、建筑基于自然解决方案产生多重效益

降低能源依赖。基于自然的解决方案充分利用太阳能，或自然通风的风冷系统，采用节能的建筑围护结构，从而减少采暖和空调使用。高能效的建筑可在现场生产或采购足够的可再生能源，以满足建筑运营的能源消耗。

减少碳排放。在建设设计中注重利用建筑结构，依据不同地区的地形、地貌、地势、气候、温湿度等自然要素灵活设计，如通风通道、流水降温、自然采光等调节温度、湿度和光度，从而降低碳排放。采用符合工

---

① 住房和城乡建设部 国家发展改革委. 关于印发城乡建设领域碳达峰实施方案的通知［Z］（建标〔2022〕53号），2022-6-30.

业化建造要求的结构体系与建筑构件，增大建材耐久性与可回收性，增强建筑适变性，都可以降低碳排放。

多元绿色效应。保护人类心理健康和身体健康，提高人的创造力与加强团队合作并带来工作乐趣。根据哈佛大学公共卫生学院 2016 年的一项研究，在绿色建筑中人类的思考能力和计划能力可提高 25%。日比谷公园东急大厦与日比谷公园相邻，致力于建设公园中的办公室，周围环绕着与日比谷公园相连的绿色植物，地块内人行道路布满绿植空间，绿色大厅使公园延伸到办公室内部。办公室标准楼层可以借景日比谷公园，有丰富的绿色户外会议空间、交流空间、空中花园，以及超出 100 种植物营造多样化的自然空间。

三、基于自然解决方案的绿色建筑场景

（一）综合的零碳建筑设计

位于美国加州库比蒂诺市的苹果公司全球总部，占地面积 71 万平方米，可容纳 1.2 万人同时办公。园区依据加州自然地貌设计，重新利用旧建筑的 90% 来打造新总部，其中包括被拆除建筑的所有混凝土。环形主楼屋顶采用 17MW 太阳能装置，圆形外墙采用 3 000 余片巨型曲面玻璃，整体建筑由 100% 的可再生能源提供动力，非峰值用电期间可以通过蓄电池和微型电网向公共电网输送电能。总部大楼采用自然通风的被动式节能技术，独特的屋檐设计和空心楼板可以通过风道让外部循环空气进入建筑内部，提升建筑的通风保暖性能，一年有 9 个月不需要供暖和空调，依靠建筑自身的方式将室温控制在 20~25 摄氏度。总部大楼秉承"景观中的工作场所"理念，环形主楼的中庭是一个 12 万平方米的公园，园区周边是远山和绿植，植被覆盖率达到 80% 以上，有 300 多种植物，有 9 000 棵树，其中包括本土橡树等耐旱植物，还包括杏树、苹果树、樱桃树等果木品种，一方面回应"乔布斯小时候库比蒂诺是个大果园"，另一方面果实可直接供应给园区食堂。通过循环水处理系统，树木使用循环水来浇灌，污水过滤成再生水，还连接到库比蒂诺市市政水网。环形主楼采用了底层抗震装置和预应力架空楼板来适应抗震需求。

（二）建筑屋顶与立面绿化

充分利用建筑空间绿化具有改善微气候、美化环境、固碳等多重功效，改善热岛效应的同时具有降低能耗的作用，也增加了建筑碳汇。如胡

志明市的"绿色三明治"建筑。胡志明市是越南的最大的城市，居民长期保留有种植热带植物和鲜花的习俗，每层的建筑物都有布满盆栽或绿植的种植层，宛如绿色三明治。植物隔层避免了阳光直射、街道噪音以及空气污染，调节气候的同时节省了能源消费。建筑鱼菜共生作为一种新型的复合耕作体系，也是人工生态系统。将水产养殖与水耕栽培协同共生，蔬菜对养殖水中鱼虾排放的氨氮进行直接利用，净化水质并获得必需营养，实现养鱼不换水、种菜不施肥。

（三）产能建筑

最早的产能建筑源自 2000 年在弗莱堡太阳小区建设的产能住宅小区，采用被动式建筑节能技术与太阳能光伏发电技术相结合，光伏板产生的电量超过居民所需要的，并入国家电网。2007 年德国联邦环境、自然保护、建筑及核安全部提出产能建筑计划，并提出产能建设与电动汽车相结合，作为分布式供电的重要环节。天津大学佐治亚理工深圳学院于 2022 年获得产能建筑设计认证，采用架空、中庭、出挑等手法提升室内自然通风与采光，树形伞柱提供遮阳挡雨功能，顶部光伏面板提供可再生能源。学生活动中心的可再生能源利用率达到 209.2%，为建筑内部空调、照明等系统供电，并通过储能系统满足应急电力需求。《山东省城乡建设领域碳达峰实施方案》提出"加快推动近零能耗建筑及低碳建筑、零碳建筑建设，积极发展产能建筑"①。苏州同里新能源小镇综合能源服务中心构建了多能互补的智能微网，让风电、光伏、地热能等可再生能源高效接入并得到充分利用。

（四）建筑碳储存

木材由约 50% 的干重碳组成，这意味着建筑物中的木材会储存碳。位于俄勒冈州波特兰市的八层"Carbon 12 大楼"是美国最高的重型木结构商业建筑，确保重型木结构推动可持续林业管理。这是促进建筑脱碳并使其与气候适应型林业经济联系起来的愿景，更是减缓气候变化影响的重要方式之一。日本政府在 2020 年 12 月制定的"绿色增长战略"中将鹿岛建设株式会社的混凝土指定为吸收和固定 CO_2 的代表性技术之一。英国 Novecem 生产的新型水泥利用镁硅酸盐替代传统水泥中的石灰石，二氧化碳排放更少，还能不断吸收空气中的二氧化碳来硬化。2019 年，我国住房

---

① 山东省住房和城乡建设厅，山东省发展和改革委员会，山东省财政厅，山东省自然资源厅，山东省能源局. 关于印发《山东省城乡建设领域碳达峰实施方案》的通知 [Z]. 2023-5-26.

和城乡建设部发布国家标准 GB/T51366《建筑碳排放计算标准》提出建筑碳汇是"在划定的建筑物项目范围内，绿化、植被从空气中吸收并存储的二氧化碳量"。在 UNFCCC COP26 会议上设计公司 SOM 提出了一个名为"城市红杉"的提案，创造一个利用建筑及其所处的城市环境来吸收城市排放的温室气体的全新经济循环，将建筑本身转化为可行的解决方案。

（五）循环系统与生物滞留设施

雨水收集、水循环利用、废物回收可以打造循环的零碳建筑环境。雨水经过收集流入雨水花园，可以灌溉植物。使用非传统水源进行绿化灌溉、车库及道路冲洗、马桶冲洗等。建筑材料的回收利用也可以促进循环，以日本石膏板回收为例，日本鹿岛集团、熊谷组等从现场收集，并在制造商的工厂实现石膏与纸质剥离，纸可以回收制成纸板，石膏粉可以用作建筑材料、凝固材料等多种用途。

生物滞留设施通过植物、土壤和微生物系统，可以达到蓄渗、净化雨水的目的，如雨水滞留池、简易下凹绿地、雨水花园、雨水花箱、生物滞留池等。如 2021 年度苏州市海绵城市建设示范项目——赵库地区安置房 S02 地块（金熹园）项目通过生物滞留池，屋顶雨水经建筑雨落管进入雨水花箱，散排至花箱顶层种植土表面，渗透至花箱底部进行过滤，经花箱两级过滤后排入市政雨水检查井[①]，将海绵设施、排水系统与小区景观环境完美融合。

（六）生态化与智能化建筑

清华大学的产学研实践平台为福天集团研发的 3S 生态智能创新建筑，充分利用生态与智能手段，融合立体交通、垂直绿化、建筑新能源、建筑新材料、人工智能配套等，将建筑与自然相融，不仅有绿色生态的私属前庭后院和方便邻里交流沟通的公共空中休闲平台，而且景观由室外延伸至室内，一栋建筑就是一片森林，拥有自然遮阳、调节微气候和美化环境的功能。建筑外窗采用中空玻璃以减少能耗，内墙及楼梯间隔墙采用多孔砖以保温隔热。小区设置下沉绿地，承接、储存、收集雨水用于浇灌，并连接中水系统。地面采取透水铺装，便于雨水渗透、积存。

---

① 2021 年度苏州市海绵城市建设示范项目——建筑小区类，苏州住建微信公众号，2022 年 01 月 11 日发布，https://mp.weixin.qq.com/s? __biz = MzU2NDAzNTU4NQ = = &mid = 2247507703&idx = 2&sn = 7b5c075a82a802a95064d7b58e121f5e&chksm = fc53b799cb243e8f200db86a1e01d92f17fc0bef93c 9cf5e79fdc5abec7627379b747abe4dc7&scene = 27.

第二节 公园城市中的绿色建筑实践探索

一、成都传统建筑中的自然解决方案

由于成都平原特殊的地形地貌与潮湿多雨的气候条件，川西民居讲究天人合一的自然观，因地制宜、就地取材。从建筑结构上多采用穿斗结构，可有效减少地震对建筑的损伤。材料取自房前屋后或田间，木制构件可回收利用。建筑四周建高墙，周边种植竹林，有利于阻挡北风。院内开敞以利用排湿通风并吸收太阳光，且方便院落联通并提供生活与休闲空间。房屋出檐比较宽，以适应多雨气候，并可作堆放与遮阳遮雨之用，并增加了活动空间。屋顶冷摊瓦透气、遮阳又能防止雨水冲刷墙壁，也利于屋内外气流交换，以适应潮湿闷热的气候，如图 9-1 所示。传统民居中的草屋顶也具有良好的通风透气性能，以适应气候潮湿并与自然环境和谐一致，如杜甫草堂以及茅屋设计。

图 9-1　成都市龙泉驿区谢家大院

图片来源：https://www.163.com/dy/article/EJ91KUC70514CJA4.html，2019-
04-16.

二、基于自然的零碳建筑设计

中建滨湖设计总部位于成都市天府新区兴隆湖北岸，大楼总建筑面积7.8 万平方米，地上建筑面积 3.9 万平方米。通过被动式建筑设计，共采用近 40 项低碳建筑技术，最大幅度降低对能源的需求量和碳排放量。

在建筑平面，办公主楼每一栋楼的屋顶上都是屋顶花园，布置了瓜果蔬菜的种植场地，总计8 000平方米的太阳能板，不但实现了绿化，降低了大楼的城市热岛效应，同时实现了太阳能面板屋顶全覆盖，除了吸收热量外，还能实现综合固碳。光伏发电不仅可供照明，还可以供电动车充电。

在建筑立面，玻璃幕墙充分地获取自然光照，从而减少对灯光的需求。立体绿墙构造采用本土植物油麻藤形成垂直绿化，有利于给建筑降温，并形成随季节变化的动态景观。可节省35%的空调能耗，比采用中空玻璃低37%。

在建筑内部，室内布局尽量减少使用合成材料，充分利用阳光，节省能源。地下室的雨水收集池可以用于灌溉植物和冲洗场地，加上智慧灌溉系统，更加节约水资源。在室内外连接空间，包括中庭、边庭、下沉庭院、屋顶花园、架空、外廊等室内外中介空间，游憩步行系统覆盖了整个中建滨湖设计总部办公面积的87%，一层和二层设置了一部宽9米的台阶踏步，同时满足交通需求，以及在开放平台上休憩、交流、聚会的体验需求；二层与以上楼层由六部景观楼梯和空中连廊连接，可通达各个楼层的屋顶花园、庭院、平台、茶座等不同目的地。同时菜地、球场、跑道等有机嵌入建筑内部。

在空间组织上，不同空间通过感应式智能天窗、光道管等形成光、风等有效的互动，如在三层屋面花园与中庭天窗之间设置通风廊道，自然风带走多余的热量。从节能减排角度来看，大楼光伏发电年发电量约12.9万度，可直接提供给办公大楼使用，地下室安装大型储能机房，员工除了可向电动车充电外，还可以利用市电谷价充满电动车后向大楼储电装置反向充电，实现"光储直柔"一体化，年均可产生10万元收益。同时，中建滨湖设计总部较成都市一般办公楼年均能耗降低至40~80千瓦时/平方米，每年可以节省用电186万度，减少碳排放约1 027吨。

三、"垂直森林"住宅

成都"垂直森林"坐落于成都市新都区七一国际广场，小区名为"七一城市森林花园"，里面共有8栋30层的住宅被垂直的绿植围绕，貌似树塔，有树木、灌木、花卉和攀缘植物，采用错层阳台庭院、生态化的立面设计，层层有街巷，户户有庭院，可以在家中种菜养花，被归为第四代住房模式，属于成都首批实验建设项目。8 栋住宅楼空中墙面垂直绿化和空中庭院立体绿化面积有 2.72 万平方米，小区总绿化面积达 3.39 万平方米，绿化率高达 160%。将森林与高层建筑相结合，使建筑具有一定的森林生态功能，如造氧增湿、净化空气、削减噪音等，是自然与建筑和谐共生的新模式。庭院的绿化由专门的园林工程部负责统一种植，在产权上归开发商所有，覆土里设计了自动滴灌、喷灌系统，每年提供四次维修，加强虫害防治。

《成都市立体绿化实施办法（征求意见稿）》（2022 年）指出，实施立体绿化应当根据建（构）筑物的屋顶、架空层、墙（面）体、窗阳台和构筑物顶部、棚架、桥体、硬质边坡等空间特点，采用不同的立体绿化形式，包括屋顶绿化、架空层绿化、墙（面）体绿化等多种呈现方式。玉林小学、华西中学种植的爬山虎覆盖了钢筋水泥，解放路二段沿街的青砖黑瓦爬满爬山虎，一环路磨子桥小游园拆墙透绿，都是公园城市风景线。

四、基于自然的绿色屋顶

绿色屋顶具有保温隔热、蓄水减少暴雨径流等生态功能，还能通过屋顶花园、菜园、餐厅、游乐场、养蜂等商业开发带来可观的经济效益，同时兼具交往、健康等社会功能。荷兰 2008 年就开始大规模鼓励屋顶绿化，并给予成本价 25% 的补贴。

以成都国盾融合创新中心为例，主体建筑屋顶全部由连廊连接，双环屋面以绿色屋顶、空中花园形式呈现。设置 24 个川派盆景景观节点作为绿色屋顶一大特色，每个景观节点对应独特的诗词和文化背景，利用川派盆景展现主体景观。同时，还设置了总长 2.4 千米的人行走廊，通过人行走廊可依次体验 24 个川派盆景景观节点。同时，双环的顶部还设计了光伏板发电，最大限度地节约能源，打造绿色低碳园区。

以成都未来科技城科创基地为例，采用连通器和峡谷等自然采光通风体，创造利用自然通风、自然采光、隔音降噪和生态共享的条件。使用采光天窗和天井，控制建筑进深，提高室内可利用自然采光区域。主要功能房间设置开启扇，增强自然通风，降低过渡季节空调负荷。突破传统开窗通风方式，采用开窗、开墙与格栅围护等方式实现良好自然通风效果。与建筑结合采用底层局部架空，建筑围合式花园，裙房退台形成屋顶绿化等。

四、建筑绿色改造

四川省建筑科学院科技楼改造是西南地区首个三星级建筑绿色改造项目，也是成都市绿色低碳示范项目，位于成都市金牛区一环路北三段 55 号，于 2018 年开始将原四川省建科院科技楼进行加层、加高绿色改造，改造后建筑面积扩建了 47%。

通过绿色设计充分利用自然资源。因地制宜采用了被动式建筑，用 BIM 技术进行整体被动式建筑节能设计。采取凹向弧形建筑体形，开口向北，拆除一环路侧商铺，除了外表美观和增加建筑内部面积，还能有效地引导室内自然通风效果，保证室内 98% 的房间换频率数不低于 2 次/小时，降低能耗需求。屋顶设置装机容量为 15kWp 的薄膜太阳能光伏发电系统，全年实际发电量为 11 000~13 000kW·h，产能的时候还具有遮阳功能。将分体空调改造为高效集中式冷热泵空调系统，设置新风热回收及空气质量在线监控系统，将旧风道改造成新风井，冷热风从楼顶引进后就可以从新风井送进每一个房间。外窗改造为三层中空 low-e 保温隔声窗以减少临街噪音污染，改造后围护结构热工性能比原有围护结构提升幅度达到 45%。

大量运用基于自然的解决方案。大面积的垂直绿化与屋顶绿化，以及屋顶浅色饰面与光伏遮阳有效改善室外热岛效应。雨水回收利用、室外喷灌与垂直绿化滴灌每年节约 80% 的室外绿化及道路用水。大量采用透水地面、雨水回收、下凹绿地、雨水花园等海绵城市设计。以功能性和实用性的提升作为牵引来进行改造，对建筑原有的楼面、栏杆、木门、木地板等实现了最大程度的保留和拆除加工再利用。

改造后科技楼的建筑节能水平达到 65%，高于 50% 的最新国家标准，获得国家绿色建筑创新奖二等奖，实现单体建筑的碳中和认证。增量投资为每平方米 76.8 元，远低于原址拆除再重建一栋同等规模大小的办公楼，设计寿命在已使用 27 年的基础上又增加了 50 年。

第三节　小结与建议

一、通过建筑创造绿色与碳中和价值

建筑是城市零碳运营的单体细胞，产能与固碳应成为公园城市绿色建筑内生的重要功能与价值。利用太阳能和风能等自然补充的可再生资源在现场产生的能源依然是绿色建筑的主要方向，也是建筑碳中和的关键所在。推进建筑光伏一体化和建筑"光储直柔"配电的建设和改造。如构建以"直流建筑+分布式蓄电+太阳能光伏+智能充电桩"为特征的新型建筑电力系统。通过屋顶绿化、垂直绿化、下凹绿地、雨水花园、高大乔、灌木等复层绿化结合的方式进行固碳。随着无机材料固碳性能的逐步发掘，高固碳能力的无机材料碳汇也会越来越多，负碳建筑不再遥远。借助新型农业科技手段，发展城市零千米食物系统与植物工厂。

二、重视提升城市建筑的气候适应性

提升建筑的气候适应性是应对全球变暖的气候适应战略的重要组成部分，越来越多的建筑被赋予了气候调节功能，应对气候变化的绿色建筑实践越来越普遍。如在建筑形态、体量、方位、结构层面，融入气候适应性设计策略，根据不同的物理和气候特点，优化形体，控制进深，提高自然通风、采光、遮阳效果，并使建筑能够调节温度、天气、降雪和降雨等。采用建筑全生命周期的绿色设计，通过技术、材料的综合集成，最大限度地减少建筑对不可再生资源能源的消耗以及对生态环境的破坏。选择本土材料和可回收材料，降低新建筑在其全生命周期内的碳隐含量。促进建筑垃圾减量化、资源化、无害化，推行建筑拆除和建筑垃圾运输、收储、处置、再生产品使用一体化实施。

三、推广多元绿色措施并加强科技创新

在绿色建筑建设中因地制宜地推动被动式节能、太阳能光伏发电、外窗遮阳、空气净化处理、高性能维护结构等技术，基于数智化引入空气质量在线监测、智能灯光+空调控制系统、集成智能化系统、能耗管理系统等智慧管理，推广垂直+屋顶绿化、雨水回收利用、建筑动力通风技术、可循环材料利用等绿色措施。构建符合绿色导向、适应市场需求的建筑技术创新体系，打造建筑绿色发展新技术应用场景。

参考文献

[1] 中华人民共和国住房和城市建设部，国家市场监督管理总局联合发布. 绿色建筑评价标准（GB/T 50378-2019）[S]. 2019 年 3 月 1 日发

布，2019 年 8 月 1 日实施.

［2］中共中央办公厅 国务院办公厅印发《关于推动城乡建设绿色发展的意见》（中办发〔2021〕37 号 [EB/OL]. (2021-10-21) [2023-10-11]. https://www.gov.cn/zhengce/2021-10/21/content_5644083.htm.

［3］住房和城乡建设部办公厅. 绿色建造技术导则（试行） [EB/OL]. (2021-03-16) [2023-10-11]. https://www.gov.cn/gongbao/content/2021/content_5649730.htm.

［4］住房和城乡建设部 国家发展改革委关于印发城乡建设领域碳达峰实施方案的通知建标〔2022〕53 号 [Z]. 2022-06-30.

［5］庄惟敏，刘加平，王建国，等. 建筑碳中和的关键前沿基础科学问题 [J]. 中国科学基金，2023，37（3）：348-352.

［6］陈夏，张怡卓，蔡晓烨. 欧盟 德国建筑碳中和前沿 [J]. 暖通空调，2022，52（3）：25-38.

［7］联合国环境开发署. 2022 年全球建筑建造业现状报告：迈向一个零排放、高效且具有抵抗力的建筑建造业 [R]，内罗毕，2022.

［8］饶伟，李道亮，位耀光，等. 循环水养殖新模式：鱼菜共生系统 [J]. 中国水产，2017（5）：76-79.

［9］成都市公园城市建设管理局. 关于公开征求《成都市立体绿化实施办法（征求意见稿）》意见的公告[Z]. [2022-08-15].http://cdbpw.chengdu.gov.cn/cdslyj/c110472/2022-08/15/content_4863a8eb97d6442cb4cc50d070b63d86.shtml.

［10］成都市人民政府. 低碳成都 100 [Z]. 成都市火炬印务公司印制，2022.

［11］中国建筑节能协会. 2022 中国建筑能耗与碳排放研究报告 [R]. 重庆：中国建筑节能协会，2022.

［12］庄贵阳，窦晓铭，魏鸣昕. 碳达峰碳中和的学理阐释与路径分析 [J]. 兰州大学学报（社会科学版），2022，50（1）：57-68.

［13］王静，杜鹏，吴中平. 湿热气候下高层办公楼气候适应性设计：以广东交通设计大厦为例 [J]. 南方建筑，2021（2）：96-102.

［14］韩胜海. 多元化生态补偿思想下城市冷岛效应优化研究 [J]. 城市建筑，2023，20（12）：4-7.

［15］双碳引领 绿动蓉城 ② | 空间结构调整：立体空间的"双碳"

表达，解密成都首个"近零碳建筑"[EB/OL]. [2023-11-08] http://cd-drc. chengdu. gov. cn/cdfgw/fzggdt/2023 - 03/28/content _ b2b466912f56494ab eddac4653525eca.shtml.

[16] IEA, IEA-EBC Annex 82-Energy Flexible Buildings Towards Resilient Low Carbon EnergySystems [EB/OL], [2023 - 10 - 11]. https://annex82. iea-ebc.org.

[17] He Q., Tapia F., Reith A. Quantifying the influence of nature-based solutions on building cooling and heating energy demand: A climate specific review [J]. Renewable and Sustainable Energy Reviews. Volume 186, Issue. 2023.

[18] M. MartínezEuklidiadas. Climate - Resilient Architecture: This Is How We Will Protect Cities [EB/OL], [2023 - 10 - 11]. https://tomorrow. city/a/what-is-climate-resilient-architecture.

[19] UNEP. 2021 Global Status Report for Buildings and Construction: Towards a Zero - emission, Efficient and Resilient Buildings and Construction Sector [R]. Nairobi, 2021.

[20] Judy Bush, AndréanneDoyon, Building urban resilience with nature-based solutions: How can urban planning contribute? [J]. Citie, 2019, 95 (12): 102483, https://doi.org/10. 1016/j.cities.2019. 102483.

[21] Palomo I, Locatelli B, Otero I, et al. Assessing nature-based solutions for transformative change [J]. One Earth, 2021, 4 (5): 730-741.

[22] Likhachova, I., A. Maheshwari and A. Malik, Green Buildings: A Finance And Policy Blueprint For Emerging Markets [R]. IFC, 2019.

第十章 生态治理 NbS 实践

基于自然的解决方案要求人们更为系统地理解人与自然和谐共生的关系，更好地认识人类赖以生存的地球家园的生态价值，提倡依靠自然的力量应对气候风险，构建温室气体低排放和气候韧性社会，打造可持续发展的人类命运共同体。NbS 通过倡导人与自然和谐共生的生态文明理念，构筑尊崇自然、绿色发展的社会经济体系，以有效应对气候变化、实现相关可持续发展目标。

——2019 年 6 月解振华在阿布扎比气候峰会预备会上的发言

基于自然的解决方案倡导适应性管理、多元参与以及主流化，是优化协同治理的重要方法，内涵了以人为本、人道主义、社会包容以及性别保护等治理理念和相应的能力建设方案。这与公园城市探索超大城市全生命周期现代化治理在理念、目标与内容上有契合性和相通性，可以互为理念、路径与内容。

第一节 生态治理 NbS 协同效益及其应用

一、良好的治理是基于自然解决方案的重要内容

(一) NbS 强调可持续管理

保护、修复与可持续管理是基于自然解决方案的三种方式和基本类型，其中可持续利用和管理生态系统是其重要部分，包括可持续农业（农林牧渔）管理、可持续森林草地管理、水资源综合管理等。以水资源综合管理中的海绵城市为例，通过增强"渗、滞、蓄、净、用、排"功能，实现城市水生态、水环境、水资源、水安全、水文化协同发展。广元市在城

市规划中融入海绵城市设计理念，与排水防涝、城市水系、绿地系统、老旧小区改造统筹规划，在绿地建设中尽可能提供雨水滞留、缓释空间，提升雨水滞蓄、净化能力。

在管理城市生物多样性中也时常用到基于自然的解决方案。如贵州省花溪区网格化指挥调度中心和花溪区综合执法局通过物理治理的方式，将福寿螺卵清理工作进行得井井有条，从而有效遏制了福寿螺的繁殖。与此同时，还采取了生物防治措施，投放了青鱼和鸭子。这种措施的巧妙之处在于，青鱼和鸭子以福寿螺为食，作为福寿螺的天敌有效地控制了福寿螺的数量。这种综合运用物理治理和生物防治的方法不仅治理效率高，还能够节约成本，使得解决福寿螺问题的工作更加可行。

（二）NbS 与防灾减灾

灾害风险管理是常见的气候适应性措施，包括建立早期预警系统，降低气候极端事件的发生频率与强度，改善排水等基础设施，建立洪水与气候避难所。通过保护、恢复和可持续管理生态系统，利用生态系统服务功能应对灾害挑战，能够促进生态减灾协同增效，确保城市社会经济可持续并增强城市韧性发展。良好的生态环境在灾害防治中起着关键作用，植被对地表水、地下水都有重要调节作用，对土壤也有保护作用，从而调节了水土的耦合过程，避免灾害形成，也可以有效减轻灾害、减少灾害发生频率与规模。城市湿地公园、绿道往往是融生态、休闲与减灾功能为一体的设施。这些方法和实践与生态文明理念和新时代防灾减灾救灾指导思想高度契合，也是公园城市建设的重要内容。

（三）NbS 与空间管治

空间不仅是具有确定地理范围的资源，还是经济、娱乐、居住和生态的实体载体，具有多重功能。空间规划与空间管治作为促进地域整合与空间协调的重要方法和手段，越来越重视基于自然的生态系统方法与举措，也将其作为自然和文化遗产保护的明智管理方式。如对国土资源用途、空间利用准入条件、开发强度与边界等实施的控制和引导，是各国政府在可持续发展实践中普遍使用的空间管理手段。

我国也一直非常重视空间管治，党的十八届三中全会在加强生态文明制度建设中赋予空间管治显著地位与重要功能，从全面深化改革的战略高度提出对自然生态空间进行确权、实施主体功能区制度、划定生态保护红线等创新举措，意味着空间管治对象从土地、水、能源等有形要素向主体功能、资源环境承载力、自然资源产权等无形要素拓展，并由要素管治向系统管治转变；意味着管治手段由分区、划线、定界向森林蓄积量、能源消耗总量等底线指标拓展，并由末端治理向源头保护转变。

自然保护地是 NbS 的重要举措。自然保护地通过保护高碳储存潜力区域林木、泥炭、土壤、植被等增加碳捕获量，通过物种种群保护保障粮食安全，通过保护重要地表或地下水资源、涵养水源来维护水安全，通过滨海红树林、河岸植被、陡坡森林与旱地植被缓冲灾害，通过可持续药材供给以及康养旅游促进人类健康与社区发展。

二、基于自然解决方案是协同治理的重要纽带

（一）NbS 多元治理与主体协同

作为一种治理手段，NbS 倡导治理过程的包容、透明并赋权利益相关方，包括在实施 NbS 之前与受影响的利益相关方充分协商，建立反馈与申诉机制。在实施过程中保证多方充分参与，并享有联合决策权力，与受影响的利益方达成合作协议。并要求赋权当地社区和其他利益相关方，惠益当地妇女、土著居民、贫困群体和当地社区的生活，这些社区的生计和福祉与自然资源密切相关。我国在实践基于自然的解决方案过程中，践行全过程人民民主理念，尤其是在社区层面，动员多方资源共享共建，居民共同参与，社区自治，成为社区治理的亮点。如四川天府新区华阳街道安公社区菜蔬新居小区屋顶绿化，已经超越单一的生态环境营造或老旧小区改造，成为良好社区治理的典范和模式。

我国在降碳减污协同增效中促进多元主体协同治理与基于自然解决方案倡导的治理具有一致性。首先，全国一盘棋。党中央、国务院对协同推进降碳、减污、扩绿增长作出系统部署，各地区党委政府要坚定贯彻落实中央决策部署，研究制定地方党政领导干部生态环境保护责任制，建立权责一致、奖惩分明的责任体系。相关部门要落实生态文明建设责任清单，强化分工负责，加强协调联动形成齐抓共管的强大合力。各级人大及其常委会加强降碳、减污、扩绿、增长协同的法治建设，各级政协加大专题协商和民主监督力度。其次，加强不同部门领域合作。2023 年 6 月 28 日，浙江省减污降碳协同创新区建设现场会由国家和省市级生态环境部门牵头，浙江省能源、交通、工业、建筑、科技、财政、金融等 19 个省级部门共同参与，这与 NbS 识别利益相关者，加强部门统筹是一致的。最后，强调政府市场社会协同。宁波市海曙区龙观乡统筹四种力量的协同共建。一是政府引导，确立生态保护乡策，开展生物多样性调查，发布《生物多样性友好乡镇规划指南》，规划建设生物多样性体验地"一馆一公园一环线四基地"。二是专家指导。与中国林学会等科研机构组建"（浙东地区）野生动植物保护—龙观联盟"。三是企业主导。引进文旅企业，落户功能水稻及种子创新示范基地项目。四是全民参与，打造友好景区、学校、村社、企业等友好保护单元。

（二）NbS 主流化与政策协同

NbS 是贯穿"社会-生态"系统的跨领域协同治理变革，需要依托国家战略体系进行系统化的整体推进。除了在国际层面通过多重履约机制推进 NbS 的主流化，在国家与地区层面，也在陆续推出 NbS 行动计划，多国在其政策和实践中采用了 NbS 方法和工具。欧洲 2013 年就提出绿色基础设施战略，将基于生态系统的适应纳入气候变化政策，将基于自然的解决方案纳入研究和创新政策，将自然保水措施纳入水政策，将生物多样性保护提供的多种生态系统服务及其潜在因素纳入自然政策。2022 年美国发布《美国 NbS 路线图》及其指南文件，提出将提供超过 250 亿美元的基础设施和气候资金支持 NbS。德国政府于 2022 年 3 月发布了《德国 NbS 应对气候和生物多样性行动计划（试行）》，将在 5 年内投入 40 亿欧元推动 NbS，以期实现一系列应对气候变化和生物多样性保护目标。

协同推进降碳、减污、扩绿、增长已经作为建设人与自然和谐共生现代化的系统思路被写入党的二十大报告，上升到生态文明建设的重要战略地位。国家生态环境部等七部门联合印发《减污降碳协同增效实施方案》，是推进降碳、减污、扩绿、增长一体谋划、一体部署、一体推进、一体考核的具体部署。一方面，地方层面在协同推进降碳、减污、扩绿、增长主流化上也进行了积极探索，出台地方实施方案或行动计划，湖北省全域推进长江经济带降碳、减污、扩绿、增长行动。浙江被批准为全国首个减污降碳协同创新区，编制减污降碳协同指数，涵盖协同效果、协同路径与协同管理评价，并已纳入设区市污染防治攻坚战考核。重庆市利用排污许可制衔接碳排放管理，探索减污降碳协同增效机制。江西省生态环境厅与中国银行江西省分行、九江银行签署《"减污降碳"金融服务合作备忘录》，助力企业绿色低碳发展。我国已经将 NbS 作为减污降碳协同增效的技术路径，写入《减污降碳协同增效实施方案》，在一定程度上推进了 NbS 的主流化。另一方面，也要借鉴 NbS 主流化的思路，强化并深入实施降碳、减污、扩绿、增长协同行动，将协同推进降碳、减污、扩绿、增长作为新时代生态文明建设的重要方法、重要原则、重要任务来实施，并将落实到国土空间总体规划、国土空间生态修复规划以及区域发展规划中。

以浙江减污降碳协同创新区建设为例。2022 年 9 月，国家生态环境部复函同意浙江省率先开展减污降碳协同创新区建设，并于 11 月下发第一批试点任务清单，将这些工作提升到为全国其他区域探索示范的高度，也是不断主流化的思路。而在这之前，2022 年 6 月浙江省第十五次党代会就已经提出构建减污降碳协同制度体系，将其作为当前面临的现实而紧迫的重大课题来攻克，纳入重大改革内容。开展减污降碳协同创新区建设以来，浙江省从以下三个方面推进主流化：①形成减污降碳协同创新最高决策部署。一是减污降碳协同创新的政治性。将其作为落实习近平生态文明思想的重要内容，推进高质量发展的重要抓手。二是落实减污降碳协同创新的责任体系，成立了减污降碳协同创新区建设工作专班，建立例会制度，实施"任务清单化、清单责任化"的闭环推进。三是发挥减污降碳协同对生态环境质量改善的源头牵引作用，推进经济社会全面绿色转型。四是突出先行示范，并把先行升级为领跑，发布典型经验，推进全域创新。②强化降碳减污协同创新顶层设计。2022 年 12 月浙江省生态环境厅等八部门联合印发《浙江省减污降碳协同创新区建设实施方案》，将建设方向、内容、路径转化为清晰具体、可操作、可衡量的 32 项目标、47 项任务、9 项政策与 24 项评价指标。减污降碳协同创新也涵盖了保护修复和扩容增汇，内涵了高质量发展，也是降碳、减污、扩绿、增长的行动指南。在顶层设计之下，浙江省陆续出台了《关于金融支持减污降碳的指导意见》《2023 年浙江省减污降碳协同创新区建设工作要点》等政策举措。③创建减污降碳协同评价考核制度。目标责任体系是生态文明建设的重要抓手，也是主流化的重要举措。浙江省生态环境厅联合多家科研机构创建浙江省减污降碳协同指数，对各设区市减污降碳协同效果和措施进展进行评价考核，评估环境质量和碳排放进展，量化协同控制效益，度量协同管理效能。

（三）NbS 数字赋能与技术协同

NbS 强调自然做功，但并没有排斥工程技术，而且能够与工程技术很好结合起来。数字化的发展对推进 NbS 起到了重要促进作用，一方面利用数字化的方式开发更多的基于自然的解决方案，另一方面通过数字化的方式有助于解决当前难以量化 NbS 的效益、信息不对称等难题，打消投资者的疑虑。我国基于自然资源资产信息化平台，利用大数据、物联网、云计算等技术，开展生态产品构成、数量、质量、权属、保护开发的调查监测，生成开放共享的生态产品信息云平台，探索生态系统生产总值核算，并实现 GEP 数据多维度、多层次展示，进一步显化了自然生态系统的服务功能与自然价值。丽水市生态环境局根据"花园云"（城市大脑），汇集水环境、大气环境、声环境、固体废物、污染源、环境信访等 12 大类数据，对接市场、水利、气象、交通等其他市局部门数据，实现环境信息数据集中化统一管理。徐州贾汪区在潘安湖采煤塌陷区整治中，依托远程遥控、三维成像、快速淋洗技术等开展"靶向诊疗"，加快生态环境修复治理，如今已经成为国家级湿地公园、国家 4A 级旅游景区。

数字化对降碳、减污、扩绿、增长的支撑与赋能体现在生产和生活不同领域，具有广泛的应用场景和巨大潜力。数字化和绿色化的融合发展趋势不断演进，成为协同降碳、减污、扩绿、增长的必然选择。

在生产领域，主要体现在能源结构转型、终端节能降碳、能耗与碳排放管理等。在能源供给、传输、存储和使用过程中，大数据分析、数字感知控制、数字建模、数字孪生以及决策优化等，通过监测分析与智能优化，大大促进了资源优化利用，助力节能减污降碳，促进经济效益、环境效益和社会效益多赢。绿色建筑是基于自然的解决方案重要组成部分，在设计阶段基于建筑信息模型和数字技术的集成与创新应用实现绿色设计，在建造阶段智能控制平台或中央控制系统实时监测管理降低建筑运维总体能耗。"互联网+回收"模式有效提升了废旧资源在估价、质检、分类、服务等方面的效率，有效促进了循环利用。

在生活领域，主要体现在绿色出行、绿色消费、绿色办公以及共享服务等方面。公共交通体系通过借助数字技术与移动端软件不断优化出行服务，使得低碳出行成为一种便利优选方式，绿色出行与碳足迹的数字化连接，共享单车等共享模式创新，也有力促进了低碳出行。数字手段助推了绿色消费观念的传播、普及，并提供了丰富的绿色消费场景，线上教育、远程医疗等方式的普及，也降低了传统服务模式下的资源能源消耗。

三、基于自然解决方案的城市生态治理场景

（一）基于自然的防灾减灾：柳沟村防灾减灾示范社区

陕西汉中柳沟村位于南郑区牟家坝镇冷水河畔、大神山脚下，属于秦巴山区，依山傍水，以茶叶种植为主，是绿茶"汉中仙毫"的主要产地。2012 年遭遇暴雨重创，从而引发一场近十年的由乐施会等社会组织以及当地政府联合发起的气候适应性社区建设，从人道救援到社区防灾减灾再到气候变化适应，从而成长成为陕西省防灾减灾示范社区。

生态种植茶叶是建立社区韧性的重要方面。柳沟村坚持原生种、原生态与原生境的生态化种植，与农科院专家合作开展碳中和茶叶试点，发展生态循环农业，推进农业三产化，并通过社会普惠化保障社区权益、城乡融合与文化传承保护。女性小茶农是当地茶叶种植的主体，也是应对气候风险的关键载体。柳沟村神柳种养殖专业合作社组织留守妇女开展生态种植、合作生产与生计发展。在当地建立了防灾减灾小组和灾害预警机制，对小组成员进行灾害应急、基础设施建设的培训，宣传提高村民防灾减灾意识。

（二）水资源综合管理：浙江杭州市余杭区青山村水基金模式

浙江杭州市余杭区青山村，下辖 24 个村民小组，人口 2 600 余人，总面积 15.6 平方千米，有中型水库三座。龙坞水库周边大量使用化肥和除草剂造成了水库氮磷超标和面源污染。

引入国际水基金模式。龙坞水库水资源地保护项目按照 NbS 商业可持续实践运行，由阿里巴巴公益基金会与万向信托、大自然保护协会联合发起善水基金信托，创建了中国首个水基金信托林权流转——龙坞水基金。由农户将林地、土地等使用权作为信托财产委托给水基金集中管理，引入黄湖镇政府、水务公司、企业主体与公众个人通过投资或捐赠参与信托，组建决策委员会，成立"水酷"公司作为市场经营主体，支持水源地保护与绿色产业发展。该模式实质是一个由各利益相关方参与的运行平台与可持续的生态补偿机制。

推出自然好邻居计划，鼓励村民采用基于自然的生产生活方式，减少对自然的扰动，并将餐饮住宿收入的 5%～10% 捐赠于水源保护。将废弃小学改造为公众自然教育基地，吸引大量社会公众参与生态体验与自然教育，并将工作室、展馆和工坊搬迁到青山村，促进乡村多产业融合发展。

新老村民众创共治。青山村吸引了大量关注公益、艺术设计、传统手工艺的新村民陆续入驻，民主协商会由新老村民共同参与，通过特许经营机制，全村的企业、村民形成了一个互利共赢的有机整体。

社区协议共保。青山村通过保护协议，搭建了多方参与、共同磋商的开放性协作平台，农户、企业和个人可以通过投资或捐赠成为信托的委托人，撬动社会资本参与生态产品价值实现，吸引社会公众生态体验，引导多方参与水源地保护并分享收益，构建了市场化、多元化、可持续的多元化生态保护补偿机制。

青山村及龙坞水库水质逐步提升，总磷与溶解氧由 2014 年的Ⅲ类或Ⅳ类提升并稳定在Ⅰ类水质标准，总氮指标呈下降趋势，农业面源污染得到有效控制。周边山林里生物多样性逐步恢复，村民实现了"善水基金"信托补偿金、"自然好邻居"计划增收以及水源地管护、生态活动和文创产品等额外收入。2017 年龙坞水库约 2 600 亩汇水区被划定为余杭区饮用水源保护区。

第二节　公园城市中的生态治理实践探索

一、防灾减灾：建在公园绿地的应急避难所

《成都建设践行新发展理念的公园城市示范区总体方案》提出，全面提升安全韧性水平和抵御冲击能力，合理布局应急避难场所。成都市应急避难场所有 2 000 多个，总面积 2 000 多万平方米，建成区人均达到 1.6 平方米。其中 100 余个位于城市各个公园里，包括浣花溪公园、人民公园、塔子山公园、大源中央公园等，应急供水、应急供电、应急报警、应急指挥、应急物资存放、应急棚宿区等标志显著，这些公园里的应急避难场所与市民居住区域紧密连接，有利于紧急疏散，同时将应急避难场所建在公园里，可让市民在无形中接受防灾减灾科普教育。浣花溪公园占地 400 余亩，紧急情况可容纳 10 万人避难，拥有成都主城区唯一的应急直升机停机坪。天府新区东林寺北巷公园又是"天府新区消防文化公园"，场地总面积 15 038 平方米，有效避难面积为 4 222 平方米，能够容纳避难人数 2 500人，到处是应急消防的警示标语和创意景观。内设"天府新区消防科普教育基地"，不仅有火灾报警装置、报警系统和隐患排查等的模拟演示展出，

也有模拟各类逃生救援的体验项目。位于九里堤街道的市青少年宫九里堤校区是成都第一座防灾减灾公园，占地221亩，绿化率达81%，是集防灾体验、科普教育、应急避难、健身休闲为一体的体验式公园，为青少年提供完善的地质灾害教育、水上安全教育、灾害逃生体验、交通安全教育、自然灾害教育、消防知识教育、灾后求生教育等。

二、社区治理：天府新区楼顶的"空中花园"

位于四川天府新区华阳街道安公社区菜蔬新居小区楼顶的"空中花园"是成都市在公园城市建设中的成功典范。该小区始建于1999年，属于农民统规统建小区，当时没有规划任何绿化和公共活动空间，居民楼顶搭建、漏水严重。2019年，在社区引领动员下，小区60户居民们自发拆除了顶楼违建，将其打造成了1 100平方米楼顶花园（见图10-1）。

图10-1　成都天府新区华阳街道安公社区屋顶花园

图片来源：成都天府新区华阳街道安公社区。

屋顶绿化。采用农科院专利产品针叶佛甲草进行屋顶绿化，土壤仅需3厘米厚，重量轻。该草种不扎根，不但不破坏防水还有涵养防水功能，十年不浇水免维护。花园里还种植三角梅等几十个品种的花草树木。屋顶绿化有利于减缓暴雨降水的流速并减少路面径流，促进雨水的自然积存、自然渗透和自然净化。

共享花园。屋顶花园打通连成一片，这意味着任意一栋楼的居民都可以上楼，共享1 100平方米的花园。"共享空中花园"建有党建主题文化、和谐邻里活动、共享菜园生态种植体验、怀旧文创、城市文明等多个特色活动区。

社区治理。屋顶花园从建设到维护，充分尊重居民意愿，并动员居民积极参与。为了满足居民们不同需求，楼顶花园划分多个特色活动区，并由小区居民共同承担日常管理维护责任。同时建立了公约，签订了责任书和协议，小到遛猫遛狗，大到安全和维护都有居民具体负责，真正实现了政府一次投入、居民长效共管。邻里交往空间的扩大也增进了邻里亲情，促进了和谐邻里关系。

降碳效益。屋顶花园在夏季能降低建筑物周围环境温度 0.5~4℃，也能大大降低建筑顶层的室内温度，节约室内空调的使用。就近可及的绿色空间也可以减少人们为了锻炼和娱乐而出门远行带来的碳排放，部分可自足的蔬菜供应也可以减少交通物流碳排放。该案例作为成都市近零碳社区建设实践案例，在 2022 年 11 月 14 日 UNFCCC COP27 边会上中国城市气候故事与气候行动经验分享环节向来自世界各地的参会代表展示。

减污效益。绿化屋顶，植物可通过气孔吸收气态污染物，并用叶片拦截某些颗粒。通过屋顶花园建设，实现了违建治理、杂物清运、生态植入、空间再造的协同治理，有效释放老居民区蕴藏的潜力空间。屋顶花园不仅解决了老旧小区楼顶违建的城市顽疾和楼顶防水的重大民生问题，过去脏乱差的楼顶闲置空间也蝶变成为远近居民文化活动的小公园。

扩绿效益。绿化屋顶可以增加更多绿色空间，让居民更多接触自然环境，有利于居民身心健康。同时为动植物提供栖息地，有利于提高城市生物多样性，并在一定程度上降低了城市化对当地原有物种栖息地的损害。

经济效益。屋顶花园除了生态效益外还能产生巨大的经济效益，它能够延长建筑物的使用寿命。没有了阳光的暴晒屋顶楼板热胀冷缩得到缓和，使屋顶的耐用时间得到延长。除此之外还能吸引人员驻足停留带来经济价值。

三、空间治理：空间格局优化与生物多样性保护

以三区三线构建人与自然和谐共生的生态格局。"三区"是指城镇空间、农业空间、生态空间三种类型的国土空间。"三线"分别对应在城镇空间、农业空间、生态空间划定的城镇开发边界、永久基本农田、生态保护红线三条控制线。划定后的城镇空间占成都市域总面积的 22%，生态空

间占市域总面积的 33%，农业空间占市域总面积的 45%。成都市划定生态保护红线 1 496. 61 平方千米。

构建以国家公园为主体的自然保护地体系。成都市自然保护地现有两类（国家公园、自然公园）6 处，总面积 1 503 平方千米。1+1+1+8 的自然保护地体系，即大熊猫国家公园成都片区，四川新津白鹤滩国家湿地公园、龙泉湖省级自然保护区和八个风景名胜区。

成都以生物多样性保护助推公园城市建设。成都相对高差超过 5 000 米①，是全球范围内海拔落差最大的特大城市，成为唯一分布有七大完整植被类型②的省会城市，2022 年被评为全球"生物多样性魅力城市"。根据《成都市国家重点保护野生动植物名录》（2023）与《成都市生物多样性监测报告》（2021）：已记录高等野生植物（维管束植物）3 门 192 科 1 005 属 3 139 种，兽类 8 目 27 科 80 属 114 种，鸟类 22 目 79 科 279 属 566 种，两栖动物 2 目 9 科 21 属 32 种，爬行动物 2 目 15 科 29 属 41 种，昆虫 29 目 321 科 3 819 种，鱼类 7 目 17 科 77 属 122 种。根据《成都市微生物名录 2022 版》，成都市细菌/放线菌共 2 311 个属，隶属于 66 个门，204 个纲，537 个目，934 个科。真菌共 1 907 个属，隶属于 10 个门，52 个纲，171 个目，510 个科。根据《成都市微生物名录 2022 版》，对成都市天然林、人工林、城区、农田和湿地微生物高通量测序结果发现，成都市细菌/放线菌共 2 311 个属，隶属于 66 个门，204 个纲，537 个目，934 个科。真菌共 1 907 个属，隶属于 10 个门，52 个纲，171 个目，510 个科。与其他城市研究数据进行比较，成都土壤微生物具有更高的多样性，反映出成都城市生态系统具有较为丰富的微生物物种层次和结构。

四、无废城市：园林绿化垃圾处理及资源化利用

针对园林绿化垃圾处理及资源化利用，成都初步形成"集中+分散"的模式，实施还肥于林、还肥于地的就近就地生态循环处置与集中处理两种方式，在各区建立分类收运处置站或小型处理设备来处理园林绿化垃圾。百花潭公园 OAR 园林绿化垃圾处置集成系统，通过堆肥处理并将腐熟

① 从最低海拔 359 米的简阳界牌村沱江边到最高海拔 5 364 米的大邑县大雪塘（苗基岭），高差达 5 005 米。

② 七大完整植被类型包括常绿阔叶林、常绿落叶阔叶混交林、落叶阔叶林、亚高山暗针叶林、亚高山灌丛、高山草甸、高山流石滩稀疏植被。

产品施用返回园内土壤，实现"零外运"。天府新区华阳街道安公社区锦华苑垃圾分类示范小区引进微生物处置设备，建立了社区生物有机垃圾处置循环中心，就地发酵处理餐厨垃圾、园林绿化垃圾。

金牛区绿化再生资源利用基地位于金牛区天回镇街道白塔社区，是成都首家针对园林垃圾和大件木质废弃物的资源再利用项目，于 2020 年 4 月建成并运行。经过处理的枯枝落叶一部分进入颗粒机压制，变成燃料；另一部分进入车间内的堆肥槽，40 天发酵后，变成有机土壤。基地每年可处置利用相关废弃物 10 000 吨，产出相关衍生产品 8 000 吨，实现销售收入 280 万元。与焚烧填埋等传统处置方式相比，每年可节约 250 万运输处置费，减少排放颗粒物、氮氧化物、二氧化硫及二噁英等有毒有害物质 348 吨，经济效益和社会效益明显。

第三节　小结与建议

一、在全社会凝聚 NbS 理念和协同效益共识

增强 NbS 理念和协同效益宣传，提升公众的参与度。发挥主流媒体的宣传教育作用，以全国生态日、世界环境日、世界森林日等主题活动为宣传契机，强化 NbS 的宣传力度。推动更多的环保民间自愿性组织，鼓励并帮助其将 NbS 纳入主要工作中，助力其成为 NbS 宣传和落地实施的中坚力量。促进和鼓励更具韧性和可持续性的 NbS 企业[①]，采用 NbS 并将其纳入生产流程和供应链，通过会计核算证明 NbS 成本效益，创造体面的绿色工作岗位等。大力推进自然教育与环境科普，提升民众对 NbS 的关注度，畅通民众了解、参与、监督 NbS 的渠道。

二、增强包容性与利益相关方的充分参与

在当前阶段，NbS 行动虽然需要自上而下实施，但应充分尊重地方权利，在决策过程中考虑当地的声音、价值观和知识。将凝聚力、学习及赋权作为影响 NbS 协同降碳、减污、扩绿、增长的重要因素，倡导参与式和

---

① 基于自然的企业提供以自然为核心要素、可持续使用并从事经济活动的产品或服务。其从事的经济活动包括生态系统恢复、绿色屋顶、生态旅游，以及 NbS 的智能技术和社区参与等。

支持性别平等的决策，鼓励所有相关利益相关方都应参与 NbS 的设计、实施、管理、监测和评估，促进 NbS 的多重效益与成本在当地利益相关者和权利拥有者内部及之间公平分配。为促进社会伙伴、妇女和当地居民全面参与提供平台，为当地人民提供一系列利益，包括支持生计和减少气候变化的脆弱性。

三、促进 NbS 新型机构与协商机制建设

建立涵盖不同部门和行业以及不同层级的多边的、多方参与和协商的机构和机制，与生态环境和自然管理机构相互补充。探索建立多样化的协商谈判机制，包括政府主导的正式协商机制，也包括围绕具体项目或具体方案的临时社会参与方式，并以地域为基础，建立跨区域、流域、生态系统的协商机制。牢固树立地球生命共同体和人类命运共同体理念，深化与世界自然保护联盟、大自然保护协会等国际组织的合作，丰富"基于自然的解决方案"理论研究与最佳实践，打造具有地方特色的人与自然和谐共生新方案。

四、加强能力建设并制定长期发展战略

NbS 的参与方需要广泛的动员能力、政治和法律能力、组织能力、技术能力、资金能力、创新能力和扩大推广能力等。制定长期能力发展战略，通过采取系统、长期和制度化的方法，弥补当前相关能力发展上存在有限、分散和各行其是的缺陷，形成强有力的能力发展制度环境，以促进相关措施达到预期的变革性和可持续性变化，并确保新的举措建立在现有流程、内生能力和先前的举措之上并充分加以利用。持续投资于教育、再培训和技能提升，尤其是投资青年人群，为发展自然收益型经济提供必要的企业家思维与技能培训，并注重长期能力提升。针对不同目标群体，还应从多种角度，在各个层面开展各种形式的能力建设活动，如公共部门要加强基于自然的解决方案的能力建设，以提高基于自然解决方案实施的质量。

五、充分利用数字化赋能治理效能提升

加强数字技术在 NbS 协同治理中的应用。利用大数据等数字化技术，探索基于自然的解决方案用于城市规划、河流和湿地、可持续农业、林业

和旅游等不同领域的价值链范式，探求其在众多领域带来的商业和就业机会，进一步显化自然的多重价值。

培训数字应用技能，提升全民数字素养。实施"培训培训者"工程，着力解决使用技能缺乏、文化程度限制以及设备不足等突出问题，提高数字化与干部群众自身关联感知与认识，推进干部群众数字技能普及，将数字应用技能作为职业培训和劳动力终身技能更新及提升的重要内容，提高全民数字参与程度和安全意识。

参考文献

[1] 翟紫含，周妍. 关于推进基于自然的解决方案中国主流化的思考 [J]. 中国土地，2022 (6)：40-42.

[2] 唐小平. 国家公园体制引领生物多样性主流化 [J]. 林业资源管理，2021 (4)：1-8.

[3] 顾佰和，王毅，杨方义. NbS 促进碳中和的定位和政策路径分析 [J]. 中国土地，2021 (6)：13-16.

[4] 孙佑海. 生物多样性保护主流化法治保障研究 [J]. 中国政法大学学报，2019 (5)：38-49，206-207.

[5] 王夏晖，刘桂环，华妍妍，等. 基于自然的解决方案：推动气候变化应对与生物多样性保护协同增效 [J]. 环境保护，2022，50 (8)：24-27.

[6] 靳彤，彭昀月，曾丽诗，等. 基于自然的解决方案：推动生物多样性保护主流化 [J]. 自然保护地，2023，3 (3)：35-44.

[7] 蔡文婷，陈艳，王钰，等. 高质量可持续发展理念下园林绿化垃圾资源化处理利用的思考 [J]. 园林，2021，38 (12)：2-10.

[8] 纪丹，田健，艾合麦提·那麦提，等. 基于自然的解决方案在防灾减灾中的应用进展 [J/OL]. 灾害学：1-12 [2023-10-11]. http://kns. cnki.net/kcms/detail/61. 1097. P.20230802. 1525. 006. html.

[9] 张钰佳，翟国方，鲁钰雯. 融入基于自然的解决方案（NbS）的社区韧性规划历程与实践：美国的经验与启示 [J/OL]. 国际城市规划，2023，9：1-18 [2023-10-11]. https://doi.org/10. 19830/j.upi.2023. 103.

[10] 罗明，张丽荣，杨崇曜，等. 利用基于自然的解决方案促进生物多样性保护 [J]. 广西植物，2023，43 (8)：1366-1374.

［11］李萌. 基于自然的解决方案与社会制度手段的防洪综合效益：以鄱阳湖流域为例［J］. 中国软科学，2023（3）：178-191.

［12］李海东，马伟波，张龙江，等. 美丽城市生态环境协同治理：基于生态韧性与协同增效的考察［J］. 生态与农村环境学报，2023，39（8）：1096-1102.

［13］周伟奇，朱家萁. 城市内涝与基于自然的解决方案（NbS）研究综述［J］. 生态学报，2022（13）：1-15.

［14］刘佳坤，岙涛，赵宇，等. 面向城市可持续发展的自然解决途径（NbSs）研究进展［J］. 生态学报，2019，39（16）：6040-6050.

［15］张小全，谢茜，曾楠. 基于自然的气候变化解决方案［J］. 气候变化研究进展，2020，16（3）：336-344.

［16］林伟斌，孙一民. 基于自然解决方案对我国城市适应性转型发展的启示［J］. 国际城市规划，2020，35（2）：62-72.

［17］周伟奇，朱家萁. 城市内涝与基于自然的解决方案研究综述［J］. 生态学报，2022，42（13）：5137-5151.

［18］Palomo I, Locatelli B, Otero I, et al. Assessing nature-based solutions for transformative change［J］. One Earth, 2021, 4（5）：730-741

［19］Lafortezza R, Chen J, Bosch D V K C, Thomas B. Randrup. Nature-based solutions for resilient landscapes and cities［J］. Environmental Research. Volume 165 , Issue . 2018. PP 431-441.

［20］Nesshover C, Assmuth T, Irvine K N, et al. The science, policy and practice of nature-based solutions：An interdisciplinary perspective［J］. Science of the Total Environment, 2017, 579：1215-1227.

［21］Cohen-Shacham, E., Walters, G., Janzen, C. and Maginnis, S.（eds.）Nature-based Solutions to address global societal challenges［R］. Gland, Switzerland：IUCN. xiii + 97pp, 2016.

［22］Raymond C M, Frantzeskaki N, Kabisch N, Berry P, Breil M, Nita M R, Geneletti D, Calfapietra C. A framework for assessing and implementing the co-benefits of nature-based solutions in urban areas［J］. Environmental Science & Policy, 2017, 77：15-24.

［23］Kalantari Z, Ferreira C SS, Keesstra S, et al. Nature-based solutions for flood-drought risk mitigation in vulnerable urbanizing parts of East-Africa

［J］. Current Opinion in Environmental Science & Health, 2018, 5: 73-78.

［24］ Liquete C, Udias A, Conte G, et al. Integrated valuation of a nature –based solution for water pollution control. Highlighting hidden benefits ［J］. E-cosystem Services, 2016, 22: 392-401.

［25］ Jagt D V P A, Raven R, Dorst H, et al. Nature-based innovation systems. Environmental Innovation and Societal Transitions, 2020, 35: 202 -216.

［26］ Pan, H., Page, J., Shi, R. et al. Contribution of prioritized urban nature-based solutions allocation to carbon neutrality. Nat. Clim. Chang ［J］. 2023, 13 (8): 862-870.

第十一章　NbS 协同推进降碳、减污、扩绿、增长

　　坚持山水林田湖草沙一体化保护和系统治理，统筹产业结构调整、污染治理、生态保护、应对气候变化，协同推进降碳、减污、扩绿、增长，推进生态优先、节约集约、绿色低碳发展。

　　——2022 年 10 月 16 日习近平总书记在中国共产党第二十次全国代表大会上的报告

　　坚持降碳、减污、扩绿、增长协同推进是中国式现代化的内在要求与"双碳"战略基本遵循。《减污降碳协同增效实施方案》指出技术路径上要优先采用基于自然的解决方案，为公园城市协同推进降碳、减污、扩绿、增长指明了一条更多依靠生态系统服务应对多重挑战并产生多重效益的可行路径。本章聚焦公园城市创新应用 NbS 协同效益应对"双碳"多重挑战、协同多重政策目标的有益探索，同时为多元主体多尺度协同推进降碳、减污、扩绿、增长提供决策依据与方法选择。

第一节　协同推进降碳、减污、扩绿、增长的内涵

一、降碳、减污、扩绿、增长的内涵

（一）降碳

1. 降碳的基本内涵

降碳，又称减碳，相关概念包括脱碳、去碳、碳移除、碳抵偿等，也包括低碳、零碳、负碳，泛指碳排放的降低或吸收。"十四五"期间，我

国生态文明建设进入以降碳为重点战略方向的新时代，降碳进入由党和国家的重要政策予以推进的重要阶段。

2. 降碳的主要目标

2020 年 9 月，国家主席习近平在第七十五届联合国大会上宣布"中国力争 2030 年前二氧化碳排放达到峰值，努力争取 2060 年前实现碳中和目标"。其中碳达峰阶段的目标分为两个阶段实现，到 2025 年，非化石能源消费比重达到 20% 左右，单位国内生产总值能源消耗比 2020 年下降13.5%，单位国内生产总值二氧化碳排放比 2020 年下降 18%。到 2030 年，非化石能源消费比重达到 25% 左右，单位国内生产总值二氧化碳排放比2005 年下降 65% 以上，顺利实现 2030 年前碳达峰目标[①]。

3. 降碳的核心内容

降碳涉及内容广泛，从领域层面，主要涉及工业、能源、技术和消费四大革命推动（徐华清，2022）。全球二氧化碳排放 87% 来自能源系统（中国占比 88%），能源供应系统转型依赖减量、增效、替代，关键是大规模发展可再生能源。从城市层面，主要涉及十大领域，包括可再生能源、碳金融、交通、土地利用、信息与通信技术、气候行动计划、建筑能效、固体废弃物管理、可持续和低碳社区以及气候适应能力。从主体层面，主要涉及三大主体：重点地区、重点行业、重点企业，即由这三大主体率先达峰带动整体实现碳达峰。在技术层面，根据科技部碳中和技术分类，主要涉及零碳电力能源、零碳非电能源、燃料/原料与过程替代、CCUS/碳汇与负碳排放、集成耦合与优化五大类及 18 个子类和 66 个亚类，其中按照减排贡献，30% 处于概念研发阶段，36% 处于中试/示范阶段，只有 34% 进入商业应用阶段。我国在部分能源产业处于领先的创新前沿地位，如动力电池和新能源关键材料、元器件领域。技术和产业双领先 TOP10 中六家来自于中国。不同领域降碳举措举例如表 11-1 所示：

---

① 国务院. 关于印发 2030 年前碳达峰行动方案的通知（国发〔2021〕23 号）[Z]. 2021-10-26, http://www.gov.cn/zhengce/content/2021-10/26/content_5644984.htm.

表 11-1　不同领域降碳举措举例

领域	主要举措举例
能源领域	提高清洁能源利用比例，降低能源生产部门碳排放，试点智能电网建设，推进清洁能源替代，发展非化石能源、分布式能源供给，进行电力高峰负荷管理等
建筑领域	推广绿色建筑技术和标准，提升建筑节能工作层次，加强重点建筑耗能企业的在线监测，推动可再生能源建筑一体化应用，加强建筑节能管理，需求控制，标准规定，建筑能耗通剂体系，监督激励体系，注重城市规划，加强建筑施工管理，推动可再生能源建筑应用、垃圾资源化利用、绿色建筑标识管理，合理设计建筑结构，充分利用建筑热回收系统，通过室外空气、地下水给建筑降温，楼面开发利用奖金，建筑电气化等
交通领域	TOD 模式，集约混合开发规划与有机更新，倡导绿色出行，提高公交速度、可达性，免费公交，拥堵收费，慢行交通，针对交通运输过程中碳排放进行征税，鼓励电动车消费，积极的自行车交通政策，共享汽车（单车），交通工具生物燃料替代等
工业领域	降低石油产量，绿色制造，清洁生产，氢能产业，企业节能改造，提升工业能效标准，提升工业产品利用率，工业电气化，水泥熟料替代，遏制高耗能、高排放、低水平项目盲目发展，传统产业转型升级，低碳技术开发应用等
生活领域	碳普惠，绿色家庭计划，低碳办公，可再生能源电价补贴，智能电表，绿色家具计划，碳价格制度等
技术领域	智能电网、电化学储能、光热发电、绿氢以及 CCUS 低碳零碳新材料、可控核聚变、二氧化碳原料化、高效率太阳能电池等
其他领域	金融支持，绿色标识，碳排放权交易，碳信用，绿色就业等

资料来源：作者根据相关文献与国内外实践整理。

4. 降碳的相关政策

我国已经形成碳达峰碳中和"1+N"政策体系，其中"1"是指《中共中央 国务院关于完整准确全面贯彻新发展理念做好碳达峰碳中和工作的意见》，在政策体系中发挥统领作用，并与国务院发布的《2030 年前碳达峰行动方案》共同构成顶层设计。"N"则包括能源、工业、交通运输、城乡建设等重点领域重点行业碳达峰实施方案、措施与行动，以及科技支撑、财政支持政策、统计核算体系、人才体系等保障方案。

截至 2023 年 7 月，16 个省级层面和约 120 个地市的碳达峰实施方案陆续推出，另外还有成渝地区双城经济圈与长三角绿色一体化发展示范区两个区域级碳达峰行动方案。对比地方行动，优化产业、能源结构仍是重中之重，但也有侧重，北京重构供热系统并率先提出加强非二氧化碳控制，上海大力推进可再生能源，江苏推进制造业绿色转型，湖南强调金融支持等。

（二）减污

1. 减污的基本内涵

污染问题是与气候变化、生物多样性丧失并列的三大全球性危机。减污，顾名思义是指减少环境污染物排放，主要是指减少以大气、水、土与固废为主的环境污染。党的十九大报告首次将污染防治与防范重大风险、精准脱贫并列成为三大攻坚战。减污成为我国经济由高速增长阶段转向高质量发展阶段后必须迈过的三道关口之一，在我国生态环境保护中占据重要地位，对建设人与自然和谐共生的美丽中国有重大意义。以改善生态环境质量为核心，推动精准治污、科学治污、依法治污，倒逼增长方式转变，促进节能环保产业蓬勃发展，推动实现高质量发展。

2. 减污的主要目标

2021 年 11 月，中共中央、国务院发布关于《深入打好污染防治攻坚战》的意见，提出"到 2025 年，生态环境持续改善，主要污染物排放总量持续下降。"对污染物浓度、空气质量和地表水质量提出了具体要求，即"地级及以上城市细颗粒物（PM2.5）浓度下降 10%，空气质量优良天数比率达到 87.5%，地表水Ⅰ-Ⅲ类水体比例达到 85%，近岸海域水质优良（一、二类）比例达到 79%左右。"[1]

3. 减污的核心内容

减污的核心内容包括：①大气污染治理。着重打好重污染天气消除攻坚战、臭氧污染防治攻坚战、柴油货车污染治理攻坚战和加强大气面源和噪声污染治理，进而提升环境空气质量；②水污染治理。打好城市黑臭水体治理攻坚战、长江保护修复攻坚战、黄河生态保护治理攻坚战、巩固提升饮用水安全保障水平、着力打好重点海域综合治理攻坚战、强化陆域海域污染协同治理；③土壤污染治理。持续打好农业农村污染治理攻坚战、推进农用地土壤污染防治和安全利用、管控建设用地土壤污染风险、推进"无废城市"建设、加强新污染物治理、强化地下水污染协同防治；④固废污染治理。包括工业固废生活垃圾、建筑垃圾、农业固废、危险废物等。

---

① 中共中央 国务院. 中共中央 国务院关于深入打好污染防治攻坚战的意见 [Z]. 2021-11-02，http://www.gov.cn/zhengce/2021-11/07/content_5649656.htm.

4. 减污的政策体系

党的十八大以来，我国强力推进污染治理，出台大气、水、土壤污染三个行动计划，从"坚决打好污染防治攻坚战"到"深入打好污染防治攻坚战"，污染防治不断深入。①在大气污染防治上，出台了《大气污染防治行动计划》和《打赢蓝天保卫战三年行动计划》，侧重于防控细颗粒物等污染因素；《"十三五"挥发性有机物污染防治工作方案》《新污染物治理行动方案》《空气质量持续改善行动计划》，强调以改善空气质量为核心的系统治理。②在水污染防治上，在城市水污染治理中，提出了海绵城市等，在农业农村水污染治理中强调了农业面源污染防治与人居环境建设，流域水污染防治提出了统筹水资源、水环境、水生态的新思路。③在土壤污染防治上，2016 年国务院发布《土壤污染防治行动计划》，2018 年 8 月 31 日第十三届全国人民代表大会常务委员会第五次会议通过《中华人民共和国土壤污染防治法》，并要求大气污染防治、水污染防治、固体废物污染防治应当与土壤污染防治统筹部署，推动一体防治，实现源头预防。④固废治理政策涉及禁止洋垃圾进口、"无废城市"建设、危险废物处理处置、垃圾分类、塑料污染治理、化工领域风险管控、快递包装污染治理、尾矿库环境管控等领域。

（三）扩绿

1. 扩绿的基本内涵

"绿"泛指自然生态系统，既包括空间和面积的提升，也包括质量提升，以及内涵上的稳定性、多样性与可持续性。也有从绿色资源、资产、资本增值转化的角度理解扩绿，如王金胜（2023）指出，理解扩绿的内涵，要从"植绿""绿值"与"绿殖"三个维度出发，实行"三绿"并举。在地方实践中，也常常把扩绿与用绿、活绿相结合。

2. 扩绿的主要目标

2020 年 6 月，国家发展改革委、自然资源部联合印发了《全国重要生态系统保护和修复重大工程总体规划（2021—2035 年）》，提出"到2035 年，森林覆盖率达到 26%，森林蓄积量达到 210 亿立方米，天然林面积保有量稳定在 2 亿公顷左右，草原综合植被盖度达到 60%；确保湿地面积不减少，湿地保护率提高到 60%；新增水土流失综合治理面积 5 640 万公顷，75% 以上的可治理沙化土地得到治理；海洋生态恶化的状况得到全面扭转，自然海岸线保有率不低于 35%；以国家公园为主体的自然保护地占陆域国土面积 18%以上，濒危野生动植物及其栖息地得到全面保护"。①

3. 扩绿的核心内容

扩绿的内容可以根据达成多样性、稳定性和持续性的路径展开。①在提升生态系统的多样性方面，可以推进自然保护地体系建设，以保持丰富的生物多样性；实施生物多样性保护重大工程，将生物多样性作为生态文明建设的重要内容。②在提升生态系统的稳定性方面，可以推动国土绿化高质量发展，提高土地覆盖率和植被覆盖率，增强土地的生态功能，夯实生态文明建设的重要基础；深化集体林权制度改革，促进森林资源的合理利用，推动林业生态建设。③在提升生态系统的持续性方面，可以健全耕地休耕轮作制度，保护生态系统的持续稳定发展，促进生态保护和经济发展的良性互动；建立生态产品价值实现机制，完善生态保护补偿机制，推动绿水青山向金山银山转化；加强生物安全管理，保护生态系统稳定性。

4. 扩绿的相关政策

我国针对单一目标或单一生态要素的生态保护修复转向山水林田湖草沙一体化修复与系统治理，出台《全国重要生态系统保护和修复重大工程总体规划（2021—2035 年）》等相关规划以及《山水林田湖草生态保护修复工程指南》等标准体系，并鼓励和支持社会资本参与生态保护修复，启动负面清单审核。"十四五"期间，水生态环境保护从污染治理转向水资源、水环境、水生态统筹推进、系统治理，出台《重点流域水生态环境保护规划》，设立区域再生水循环利用试点城市。

（四）增长

1. 绿色增长的内涵

这里的增长侧重于经济维度的绿色增长或高质量发展，不能孤立理解增长，而是要放在碳达峰碳中和与稳增长相协调、高质量发展与高水平保护相结合、"绿水青山就是金山银山"，来理解基于降碳、减污、扩绿基础上的增长，即基于绿色动能的增长和发展方式转型升级。

2. 绿色增长的目标

党的二十大提出全面建成社会主义现代化强国"两步走"战略部署。从 2020 年到 2035 年，经济实力大幅增强，广泛形成绿色生产生活方式，碳排放达峰后稳中有降，生态环境根本好转，社会主义现代化和美丽中国

---

① 国家发展改革委，自然资源部. 全国重要生态系统保护和修复重大工程总体规划（2021—2035 年）［Z］. 2020-06-12，http://www.gov.cn/xinwen/2020/06/12/content_5518797.htm.

目标基本实现；从 2035 年到本世纪中叶，把我国建成富强民主文明和谐美丽的社会主义现代化强国。

3. 绿色增长的内容

新时代的绿色增长要按照党的二十大战略部署加快发展方式绿色转型。一是加快推动产业结构、能源结构、交通运输结构等调整优化。二是实施全面节约战略，推进各类资源节约集约利用，加快构建废弃物循环利用体系。三是健全资源环境要素市场化配置体系，完善支持绿色发展的财税、金融、投资、价格政策和标准体系，通过政府和市场双轮驱动，形成绿色低碳的生产方式和生活方式。四是加快节能降碳先进技术研发和推广应用，实现资源消耗、污染排放、碳排放与经济增长脱钩。五是倡导绿色消费，推动形成绿色低碳生活方式。

4. 绿色增长的政策

促进绿色增长的政策比较宽泛，2021 年国务院印发《关于加快建立健全绿色低碳循环发展经济体系的指导意见》，提出建立健全绿色低碳循环发展经济体系，促进经济社会发展全面绿色转型，涉及生产体系、流通体系、消费体系、基础设施、技术体系与法律政策体系。2022 年国家发展改革委、国家能源局印发《关于完善能源绿色低碳转型体制机制和政策措施的意见》，提出基本建立推进能源绿色低碳发展的制度框架，构建以能耗"双控"和非化石能源目标制度为引领的能源绿色低碳转型推进机制。

绿色增长与降碳、减污、扩绿是相辅相成的，降碳、减污、扩绿可以成为经济绿色增长的新动能，推动可持续性、高质量的发展模式，同时高质量、可持续性的增长也能够为生态文明建设提供坚实的物质基础、强大的产业支撑和高效的科技保障。建立在严格保护生态、高效利用资源的角度上，统筹高质量发展和高水平保护，可以推动中国走向更加绿色、更加可持续的发展路径。

二、协同推进降碳、减污、扩绿、增长的背景与意义

（一）协同推进降碳、减污、扩绿、增长是我国发展阶段的必然选择

正如习近平总书记在 2023 年全国生态环境保护大会上指出的，我国经济社会发展已进入加快绿色化、低碳化的高质量发展阶段，生态文明建设仍处于压力叠加、负重前行的关键期。除了要实现碳减排目标之外，还面临环境污染治理和生态环境保护的艰巨任务。更重要的是，要保障当前稳

增长与长期高质量发展。也就是说，降碳、减污、扩绿、增长，每个目标都很重要，都有难度，不可偏废。为此，我国将降碳减污协同增效作为推动经济社会全面绿色转型的重要抓手，将生态产品价值实现作为新的经济增长点来培育。降碳、减污、扩绿、增长，虽然存在权衡与取舍，但重要的不是做选择和取舍，而是协同增效，更小成本、更小阻力推动经济社会全面绿色转型。

(二) 协同推进降碳、减污、扩绿、增长是中国式现代化的内在要求

党的二十大报告指出，中国式现代化的首要任务是推进高质量发展。降碳、减污、扩绿、增长，一增一减，可以有效推进高质量发展。"一减"主要指的是通过采取各种手段和措施减少碳排放和污染物排放，给环境污染做减法，推进高质量发展。比如，降碳既可以通过提高能源效率，降低化石能源使用量等方式实现，也可以通过发展清洁能源、推广低碳生活等措施达成。减污则可以通过加强污染物治理，推广清洁生产技术等措施实现。"一增"主要是指通过生态保护和生态修复等手段，扩绿可以释放碳汇、吸收污染物，降低碳排放和污染物排放，同时增加生态系统的服务功能。同时，扩绿还可以推进生态产品价值实现，提高生态产品的价值，进一步推动经济的高质量增长。因此扩绿属于给环境保护做加法，也是推进高质量发展的重要手段之一。这种协同作用不仅可以减少环境污染的负面影响，还能增加生态保护的正面效益，进而实现经济、社会和生态的协同发展。

(三) 协同推进降碳、减污、扩绿、增长可以低成本实现多重效益

降碳、减污、扩绿、增长具有协同效应，也就是说可以通过创造附加效益来抵消成本。如降碳与减污具有同根同源同过程，降碳的同时会产生协同减污的效果，这一效果是额外的，不需要单独支付成本的，在一定程度上相当于降低了降碳的成本。推动降碳与减污的协同治理能够降低管理成本，获得环境质量改善、气候变化风险降低、绿色经济增长、提高民众福祉等多重效益，是提高生态环境治理现代化水平的重要途径。

(四) 协同推进降碳、减污、扩绿、增长是系统观念的综合运用

党的二十大报告强调，坚持山水林田湖草沙一体化保护和系统治理，统筹产业结构、污染治理、生态保护、应对气候变化，协同推进降碳、减污、扩绿、增长。"一体化保护""系统治理""统筹""协同推进"都是习近平生态文明思想方法中系统观念的综合运用，进一步明确了美丽中国

建设的路径策略。这也要求在实践中要深化和科学运用系统观念，将降碳、减污、扩绿、增长纳入生态文明建设整体布局和经济社会发展全局，在多重目标中寻求最佳平衡点，确保全面系统协同推进降碳、减污、扩绿、增长。

三、协同推进降碳、减污、扩绿、增长的内在逻辑

（一）降碳是生态文明建设的重点战略方向

一方面，降碳事关全局，要从生态文明建设整体战略布局的高度来系统推进降碳，从经济社会全面绿色转型来统筹推进降碳。降碳是经济社会全面绿色转型的牛鼻子，也是衡量标准，是当前生态文明建设的主要矛盾。另一方面，降碳是减污、扩绿、增长的牵引性力量，碳排放与其他污染物排放有较高的同源性，减碳与降污具有较强的协同效应。增加碳汇也是扩绿的过程，碳汇可以中和碳排放。降碳技术创新和推广，既能促进经济增长，也有利于减污、扩绿。

（二）减污是建设美丽中国的重要基础

对照 2035 年基本实现社会主义现代化的远景目标"生态环境根本好转，美丽中国建设目标基本实现"，我国生态环境基础还比较薄弱，总体上生态环境保护结构性、根源性、趋势性压力尚未根本缓解，以重化工为主的产业结构、以煤为主的能源结构和以公路货运为主的运输结构没有根本改变，污染排放和生态破坏的严峻形势没有根本改变，生态环境事件多发频发的高风险态势没有根本改变①。良好生态环境是实现中华民族永续发展的内在要求，也是最普惠的民生福祉和最公平的公共产品。以改善生态环境质量为核心，深入打好污染攻坚战，将抑制碳达峰变成"攀高峰"，推动经济社会低碳转型。

（三）扩绿是人与自然和谐共生现代化的生态根基

自然生态系统为人类提供供给、调节、文化、支持等多种功能，是水库、粮库、钱库、碳库。加强生态系统稳定性、多样性和持续性，既可以通过生态系统碳汇为碳中和做贡献，也能增加环境容量和气候韧性，为经济增长提供重要基础。在新的发展理念下，扩绿将赋予经济发展新的内容

---

① 面对艰巨任务，"十四五"绿色转型如何布局：生态环境部部长黄润秋接受《瞭望》新闻周刊专访 [EB/OL]. 2021-04-06，《瞭望》新闻周刊 2021 年第 14 期，https://www.mee.gov.cn/ywdt/hjywnews/202104/t20210406_827488.shtml.

和方式，通过生态产品价值实现，创造新的绿色价值，绿水青山将进一步转化为金山银山。

（四）协调经济增长是降碳减污扩绿的内在要求

我国作为发展中国家，仍在工业化、城镇化进程中，发展是解决一切问题的关键。降碳、减污、扩绿都不是牺牲增长，而是或促进或倒逼或服务于发展理念、内容、方式的全面转型，为经济发展提供新的动力源。同样，高质量发展也能够为降碳、减污、扩绿提供更强大的物质基础、产业支撑和科技保障。

四、降碳、减污、扩绿、增长与 NbS 的关系

（一）NbS 是推进降碳、减污、扩绿、增长的有效路径

基于自然解决方案是降碳减污协同增效的重要技术路径。我国在《减污降碳协同增效实施方案》明确指出技术路径上要优先采用基于自然的解决方案，开展生态改善、环境扩容、碳汇提升等方面效果综合评估，不断提升生态系统碳汇与净化功能。在具体措施上，倡导因地制宜建设人工湿地水质净化工程及再生水调蓄设施，中重度污染地块优先规划用于拓展生态空间以及推动严格管控类受污染耕地植树造林增汇，稳步推进生物质能多元化开发利用等，都体现了基于自然的解决方案。IPCC 第六次评估报告第三工作组报告《气候变化 2022：减缓气候变化》也指出，控温 1.5℃ 或 2℃ 的低排放情景将在很大程度上依赖于二氧化碳移除方法，基于自然的解决方案将生物多样性与生态系统服务纳入气候适应策略，在应对气候变化上具有显著潜力。

基于自然解决方案与扩绿增长高度一致且具有显著优势。提升生态系统服务功能是基于自然解决方案的基础和前提，这与扩绿的目标是高度一致的。同时在手段和举措上也是高度一致的，如基于自然的森林路径包括避免砍伐、再造林、可持续经营、森林景观修复等，其本身也是扩大森林面积、提升森林蓄积量的重要手段。我国三北防护林建设，以及当前正在实施的惠及 2 亿人的山水林田湖草一体化修复工程，被联合国评为全球基于自然解决方案的最佳实践。我国致力于生态产品价值实现，通过生态价值转化促进经济增长，与基于自然解决方案要求经济可行是一致的。

（二）NbS 是协同降碳、减污、扩绿、增长的重要纽带

以多重功能开发连接降碳、减污、扩绿、增长相互惠益。生态系统服

务功能通常是以多功能方式呈现的，基于自然的解决方案即便最初是针对的一个目标，也往往会达成"一石多鸟"的效果，实现多重政策目标，且多重政策目标通过额外收益来抵消成本。如甘草是一种可以在沙漠生长的药材植物，固氮量大，改良土壤效果明显，还能做成食品和药品。亿利集团利用自主研发的"平移栽培"在库布其沙漠开展甘草种植，不仅绿化沙漠，增加沙土肥力并起到固沙效果，同时增加碳汇，还培育带动了甘草产业链条，促进了经济发展。

以多种方法举措丰富降碳、减污、扩绿、增长实现路径。基于自然的解决方案也往往是多种方法举措配合使用，且并不排斥基于工程技术的解决方案，从而丰富了降碳、减污、扩绿、增长的方法和举措，提供了更为系统的解决方案。如在海绵城市建设中，不仅仅设置绿地、广场、公共服务设施等"绿色"海绵调蓄设施，而且包含了传统的雨水管渠系统和新型调蓄池、深隧、地下河等"灰色"基础设施，以及增加河湖面积、连通水系等"蓝色"基础设施建设，形成灰绿交融、蓝色消纳的总体格局。

以多元融资机制破解降碳、减污、扩绿、增长资金困局。基于自然的解决方案在融资上虽然存在较大的资金缺口，但前景比较广阔。很多国家的央行和金融监管部门把生态友好项目纳入绿色金融目录，国内银行已推出了一些支持林业发展和林业碳汇的绿色金融工具，包括林权质押贷款和林票质押贷款等。目前，我国虽然非常重视森林可持续经营，但经营成本很高，生态补偿难以解决，每年几千万亩的森林抚育任务也面临投资不足的挑战，希望通过 NbS 投融资来补充。

（三）NbS 是优化降碳、减污、扩绿、增长的治理方法

优化降碳、减污、扩绿、增长协同治理路径。《四川减污降碳协同增效行动计划》强调以优化治理路径为重点协同推进降碳、减污、扩绿、增长，基于自然的解决方案倡导适应性管理、多元参与以及主流化，是优化协同治理的重要方法。如"基于自然的解决方案准则5"指出应基于包容、透明和赋权的治理过程。其中，采取 FPIC 原则（自由、事先和知情同意原则），通过协商和参与式方案协调利益相关者并保障社区利益，是协同治理的重要实现方式。

提升降碳、减污、扩绿、增长协同治理能力。基于自然的解决方案内含了以人为本、人道主义、社会包容以及性别保护等治理理念和相应的能力建设方案，有利于提升降碳、减污、扩绿、增长协同治理能力。如在危

地马拉拉丘亚生态区农林混作可可种植，是一种基于恢复和管理生态系统的可持续管理解决方案，在多个层面实现了本地社区的良好治理，如关注本地人力资本建设和能力培养（其中 20% 为女性），特别是年轻的女性和男性参与到技术、管理和行政事务，从中获益并成为领导者。同时，基于自然解决方案全球准则也为协同推进降碳、减污、扩绿、增长提供了思路借鉴，形成降碳、减污、扩绿、增长的技术导则、评价方法与标准体系。

（四）协同推进降碳、减污、扩绿、增长政策中的 NbS

2021 年 1 月，生态环境部发布《关于统筹和加强应对气候变化与生态环境保护相关工作的指导意见》，提出重视运用基于自然的解决方案减缓和适应气候变化，协同推进生物多样性保护、山水林田湖草系统治理等相关工作，着重强调结合 NbS 行动，强化气候行动和生态保护之间的协同。2021 年 10 月 28 日，中国《联合国气候变化框架公约》国家联络人向《公约》秘书处正式提交《中国落实国家自主贡献成效和新目标新举措》和《中国本世纪中叶长期温室气体低排放发展战略》，基于自然的解决方案是其中第七个战略重点与政策导向。2022 年 6 月，《减污降碳协同增效实施方案》明确指出技术路径上要优先采用基于自然的解决方案。

除了在上述政策中明确提出基于自然的解决方案，我国现有与降碳、减污、扩绿、增长相关政策中已经内含了较多 NbS 举措，NbS 已然成为降碳、减污、扩绿、增长政策的重要组成部分，如表 11-2 所示。

表 11-2 我国降碳、减污、扩绿、增长中与 NbS 相关的政策与举措

	相关政策	相关 NbS 举措
降碳	《中国应对气候变化国家方案》《中国应对气候变化的政策与行动》《国家应对气候变化规划》，宣告碳达峰碳中和目标并制定"1+N"政策体系等	结构调整、能源替代、生态碳汇、生物质能、植树造林等
减污	《土壤污染防治行动计划》《大气污染防治行动计划》《水污染防治行动计划》《中共中央国务院关于深入打好污染防治攻坚战的意见》《新污染物治理行动方案》《"十四五"重点流域水环境综合治理规划》等	节水节地节能、三水统筹、黑土地保护、无废城市、生态修复与国土绿化、循环经济等

表11-2(续)

	相关政策	相关 NbS 举措
扩绿	《全国造林绿化规划纲要（2016—2020年）》《"十四五"林业草原保护发展规划纲要》《全国湿地保护规划（2022—2030）》《耕地草原河湖休养生息规划（2016—2030年）》《中国生物多样性保护战略与行动计划（2011—2030年）》《母亲河复苏行动方案（2022—2025年）》《生态系统碳汇能力巩固提升实施方案》《全国重要生态系统保护和修复重大工程总体规划（2021—2035年）》等	山水林田湖草沙一体化保护和修复、生物多样性保护、植树造林、湿地保护、草原农地与海洋生态系统保护等
增长	《关于加快建立健全绿色低碳循环发展经济体系的指导意见》《"十四五"全国农业绿色发展规划》《关于推动城乡建设绿色发展的意见》《关于建立健全生态产品价值实现机制的意见》等	绿色低碳循环经济、生态产业化与产业生态化、自然收益型经济、高质量发展等

资料来源：作者根据公开资料整理。

第二节 降碳、减污、扩绿、增长的 NbS 典型场景

一、基于自然的降碳解决方案

生态系统不应被视为能源系统脱碳的替代方案，但基于自然的解决方案可以帮助实现 $2℃$ 的全球温控目标所需的 1/3 减排量。到 2030 年，在所有生态系统中实施的基于自然的解决方案可以实现每年至少 5 GtCO2e 的减排和清除，最大估计为每年 11.7 GtCO2e。到 2050 年，这将上升到每年至少 10 GtCO2e，最高估计为每年 18 GtCO2e。这是缓解措施的一个重要部分[1]。

（一）扩大能源供给

生物质原料可以通过燃烧或气化发电或供热，生物质能源被认为是兼具零碳、负碳、固碳属性的可再生、清洁、稳定能源，并可以转化为固

---

[1] United Nations Environment Programme and International Union for Conservation of Nature Nature-based solutions for climate change mitigation ［R］. Nairobi and Gland，2021.

体、液体和气体等多种形态。1 吨生物质可以替代煤炭 0.5~0.8 吨，减少二氧化碳排放 1.34~2.14 吨。我国主要生物质资源年产生量约为 34.94 亿吨，作为能源利用的开发潜力约为 4.6 亿吨标准煤，这些生物质可通过生物质供热、生物质发电、生物质油、燃料乙醇等方式加以开发利用①。

（二）保碳固碳储碳

生物质原料通过气化转化为生物质炭的系数是 0.2~0.25，可以固定二氧化碳 0.6~0.75 吨。生物质固定碳元素可长达几百年从而降低大气中二氧化碳的含量，同时提高土壤蓄水储养的能力，还可保护土壤中的微生物，秸秆炭化还田改土已经成为实现秸秆利用、耕地质量提升、农田固碳减排等多重目标的重要手段。自然生态系统通过植物的光合作用吸收大气中的二氧化碳并将其储存在植被和土壤中，避免森林、湿地等生态系统破坏或退化，也能避免或减少其在过去数十年甚至更长时间积累的碳在短时间内被分解，释放到大气中形成碳源。

（三）降低能源依赖

绿色基础设施可以减少对能源部门的依赖从而达到间接降碳的效果。大量研究表明，公园、垂直立面和屋顶绿化对城市热环境的改善效应明显（Abbas Mohajerani et al.，2017；Nyuk Hien Wong，2021）②③，是一种有效的缓解城市热岛效应的自然解决方案，从而降低制冷的能源成本。上海世博园超过八成的场馆都有屋顶或墙体绿化，不仅达到了美化效果，而且有屋顶绿化或墙体绿化的建筑，室内可降温 2~5℃，空调负荷可减少 15%以上。也有研究表明，每种一棵能遮荫的树，就能通过减少对空调的需求量而使发电厂的碳排放减少约 10 公斤。

（四）促进结构降碳

在农业领域，反刍动物肠道发酵甲烷排放是我国农业温室气体重要排放源，也是最大的甲烷排放源，而饲料是影响反刍动物肠道发酵甲烷排放的关键因素，通过改善改进饲料配方，实施精准饲喂，或添加抑制胃中产甲烷菌活性或数量，可以显著提高饲料转化率，同时能够减少肠道发酵甲

① 谢高地.我国生态系统碳汇能力及其提升途径 [J]. 环境保护，2023，51（3）：12-16.

② Abbas Mohajerani et al., The urban heat island effect, its causes, and mitigation, with reference to the thermal properties of asphalt concrete [J]. Journal of Environmental Management. 2017，197：522-538.

③ Nyuk Hien Wong. Greenery as a mitigation and adaptation strategy to urban heat [J]. Nature Reviews Earth & Environment，2021，2：166-181.

烷排放。在城市领域，采用紧凑型城市开发模式有助于减少了建筑物制冷和供暖的能源需求，还能增强城市可达性、连通性和土地利用组合。

二、基于自然的减污解决方案

（一）基于自然的大气减污解决方案

绿化带和通风走廊可以减少高温威胁和空气污染，树上的树叶和针叶可以过滤空气污染物并减少暴露于空气中的有害物质。20 世纪 80 年代，NASA（美国国家航空航天局）就发现某些植物可以消除空气中的污染物——通过叶片吸附，再由植物的根系、茎叶吸收空气中的有害物质，达到净化空气质量的目的。虎尾兰、芦荟、绿萝、吊兰、发财树、铁线蕨等是天然的空气清道夫和净化器，如一盆芦荟在 4 小时光照条件下可消除一立方米空气中 90% 的甲醛，还能杀灭空气中的有害微生物，并能吸附灰尘。铁线蕨每小时能吸收大约 20 微克的甲醛，还可以抑制电脑显示器和打印机中释放的二甲苯和甲苯。

苔藓比树木更善于捕捉空气中的颗粒物。在欧洲公交车站附近和高层建筑之间街道两旁设置绿色的苔藓墙。每堵墙面积约为 4 平方米，可以过滤掉空气中 80% 的污染物，包括与呼吸和心血管疾病有关的微小颗粒物。一堵苔藓墙每小时能过滤 3 500 立方米空气，相当于 7 000 人一小时内呼吸的空气总量。这些墙在雨天收集雨水，存储起来；在晴天，雨水由灌溉系统喷洒给墙上的苔藓。灌溉系统由太阳能电池板提供电力。每堵墙还装有风扇，以增加流经苔藓的气流。

（二）基于自然的水质净化解决方案

森林生态系统净化水质。森林可以截留水体的沉积物并能够降解、吸收其他污染物。造林可以固定土壤减少泥沙，树木吸收氮可以减少水体营养物质输送。可持续经营和管理森林可以低成本提供清洁用水从而减少对污水处理设施的依赖。1997 年纽约开始在卡茨基尔流域和特拉华流域开展"全农场计划"，通过生态保护修复、管理农场牧场，同时给予上游农民经济补贴，来对地表水进行修复净化，整个项目成本相当于建立人工过滤系统的 1/4。

天然和人工湿地净化水质。湿地能够有效减少径流中的悬浮有机物，降解污染物、减除病原体、减少营养物质。成都高新西区中水湿地位于成都高新西区芙蓉大道和西源大道交汇处，占地面积约 8.79 万平方米，是西区污水处理厂的配套湿地公园项目。湿地公园生态池中铺设砂石和人工填料等新型生物质填料（易于吸附污染物，有效降低水体中总磷浓度）。种植多种水生植物（湿地植物根系发达可对湿地床层内部泌氧，同时为微生物提供附着点辅助污染物的去除，落叶层有助于控制臭味，并在冬季形成绝热层使基质免受霜冻），从西区污水处理厂出来的中水进入公园，利用基质、植物、微生物三重协同作用，通过吸附、滞留、过滤、氧化还原、沉淀、微生物分解、转化、植物遮蔽等方式，能有效得到净化，汇集到生态景观湖，为清水河等沿途水系绿地项目提供优质景观用水，西区中水湿地公园每天能净化约 5.99 万吨水。

（三）基于自然的无废城市解决方案

无废城市建设的理念来源于零废弃，根据零废国际联盟 2022 年 5 月 19 日最新定义，零废弃是指"通过负责任的生产、消费、再利用以及产品、包装和材料的回收来保护所有资源，废弃物不会被焚烧，也不会排放到威胁环境或人类健康的土地、水或空气中"。这一概念强调从废物处理的后端转移到资源管理的前端，是基于自然的解决方案。废物处置首先遵循一定的策略层级，产品设计减废并利于回收位于最优先级，其次是减少废物产生、重复利用、循环利用及堆肥利用、材料回收利用、剩余垃圾管理采用生物处理与稳定化填埋，最后是填埋与焚烧。它捕获废物并利用而不是通过自然资源来制造新产品，创造更少的污染并促进当地经济发展，因此是减少气候影响较快、较简单、较具成本效益的方式之一。

包头市在无废城市建设中，创新实施一般工业固废与矿山采坑回填生态恢复协同治理模式，发布《一般工业固体废物用于矿山采坑回填和生态恢复技术规范》地方标准与《包头市一般工业固体废物用于矿山采坑回填和生态恢复管理规定》，打通了协同治理的技术和制度通道。综合利用率由 2018 年的 34.72% 提高到 2022 年 52.14%，有效缓解了贮存填埋处置的压力。

三、基于自然的扩绿解决方案

（一）植树造林

2006 年 11 月在肯尼亚内罗毕举行的联合国气候公约会议上由联合国环境规划署与世界农林中心联合发起的"全球十亿棵树运动"，截至 2021 年，已经促成在全球植树 110 亿棵。2020 年世界经济论坛发起"全球植万亿棵树领军者倡议"，提出在 2030 年前"保护、恢复和种植一万亿棵树"的目标。中国政府积极响应，制定了到 2030 年前种植、保护和恢复 700 亿棵树的中国行动目标。蚂蚁集团率先响应，计划在 2030 年前的十年间开展植树造林、养护和抚育等生态项目 26 万公顷，相当于种植、保护和恢复 3.4 亿棵树。

（二）生态修复

我国持续加大生态保护修复力度，建立多元化投入机制，鼓励和支持社会资本参与生态保护修复，推动山水林田湖草沙一体化保护和系统治理。我国创新性实施生态保护红线制度，生态红线涵盖了陆地和海洋各类自然保护地和大多数生物多样性维护功能区，保护了绝大多数珍稀濒危物种及其栖息地。"划定生态保护红线，减缓和适应气候变化"行动倡议入选联合国"基于自然的解决方案"全球 15 个精品案例。目前，我国正在实施的山水林田湖草生态修复工程，其技术指南充分衔接基于自然的解决方案全球标准，强调顺应自然规律，发挥自然力量，辅以限制人为开发、人工修复措施，预计 2030 年恢复 1 000 万公顷自然生态，2022 年入选联合国首批十大"世界生态恢复旗舰项目"。

（三）生物多样性保护

生物多样性保护。生物多样性保护是基于自然解决方案的前提，为生物多样性和生态系统完整性带来净收益也是基于自然的解决方案的准则和关键内容。我国盐城黄海湿地以基于自然的解决方案恢复湿地生态系统，引入互花米草生态管控、滨海生态系统自然演化相结合的盐生沼泽湿地与季节性海水滩涂湿地修复模式，实现黄海湿地鸟类种类和数量的显著上升，麋鹿种群数量 5 681 头，占世界总数的 60% 以上，其中 1/3 为野生种群。

生物多样性保护主流化。基于自然的解决方案通过连接生物多样性保护目标与可持续发展目标，将生物多样性价值进一步显现化，进入那些更关注经济发展、人类健康与福祉、气候变化等问题的政策制定者视野，从而使生物多样性保护在政府各个层级与领域主流化。

四、基于自然的增长解决方案

（一）自然受益型经济

欧盟委员会指出"基于自然的经济"的 7 大类益处，即高质量的就业机会、公平地向低碳未来过渡、新的创新、可持续企业、应对气候变化、提升生物多样性、支撑智能科技及农业和旅游等产业发展①。世界经济论坛发布的《中国迈向自然受益型经济的机遇》指出，到 2030 年，中国经济如果能实现向"自然受益型"的转型，将带来 1.9 万亿美元的新增商业价值，并创造 8 800 万个就业机会。我国是世界上生物多样性最丰富的国家之一，以基于自然的解决方案协同生物多样性保护和经济高质量发展，加快转变经济发展的理念、内容与方式，倡导绿色低碳生产生活方式，推动将自然生态优势转化为经济社会高质量发展优势。

（二）生态产品价值实现

基于自然的解决方案的目的并不是将自然转化成可以交易的商品，也不是让相关方通过购买碳信用额来肆意进行碳排放，但其对经济价值的显化以及经济效益的强调对生态产品价值实现具有重要促进作用。我国生态产品在总量、规模和分布上都具有显著优势，近 20 亿亩耕地和 60 亿亩草地提供了规模巨大的农牧产品，33 亿亩森林蓄积量达到 175 亿立方米，10多万条河流、近 2.5 万个湖泊提供了 6 000 亿至 7 000 亿立方米淡水。在"绿水青山就是金山银山"理念指导下，我国大力推进生态产品价值实现，通过保护修复治理、生态产业化、产业生态化、生态权益补偿、权益指标交易、生态产品服务、衍生价值转化等，畅通"两山"转化的渠道与路径，形成的新经济增长点与经济形态，创造新的绿色价值。

（三）高质量发展的绿色引擎

我国在世界范围内率先实现"土地退化零增长"（LDN）目标，森林覆盖率和森林蓄积量保持增长，所有调查省份荒漠化和沙化土地出现面积持续缩减的情况。2021 年我国农作物秸秆综合利用率达 88.1%，大宗工业固废综合利用量约 21 亿吨，共享经济市场交易规模约 3.69 万亿元，数字化、绿色化融合水平不断提高。基于自然的解决方案让生态环境的价值进一步显化，有助于加快经济发展方式的绿色转型，形成绿色发展的新动能，成为高质量发展最为亮丽的底色。

---

① Kooijman ED, McQuaid S, Rhodes M-L, et al. Innovating with Nature：From Nature-Based Solutions to Nature-Based Enterprises ［J］. Sustainability. 2021, 13 (3)：1263.

第三节　公园城市降碳、减污、扩绿、增长的协同增益

一、第31届世界大学生运动会

使用清洁能源。除了使用100%"绿色电力",还推进光伏、光热系统建筑一体化应用,凤凰山体育公园的地源热泵系统、大运村运动员酒店的碲化镉发电玻璃,均采用了可分布式可再生能源就地利用。大运村到中心城区场馆90%以上的交通使用新能源车,大运村内部100%使用新能源摆渡车。一辆氢燃料电池大巴每行驶100千米,可减少约80千克二氧化碳排放,年减碳量超过70吨,相当于4 000棵树的固碳效果。

零碳建筑。成都大运会49个赛事场馆中超过70%(36个)的场馆为既有建筑改造升级,通过优化自然通风和采光、加装布袋风筒(保持恒温)、使用喷雾降温系统等,实现了场馆低碳、节能、环保效果的最大化。13个新建场馆均达到绿色建筑二星级标准,新都香城体育中心作为新建大运场馆,融入海绵城市的设计理念,最早应用透水混凝土地面,实现高效渗水透水与自然雨水留存,该场馆利用雨水回收系统全年节水3 000吨以上,耗水量降低20%,实现场馆绿化养护用水自储自用。大运村生活服务中心的"风之谷",利用传统建筑"冷巷"原理,将多功能大厅与商务商业用房之间的公共空间打造为南北通透的半室外通廊。1年能节电7万度,按1个普通家庭1年3 600度电计算,可满足1个家庭20年的用电量。东安湖体育公园游泳场馆滤缸里有261根硅藻土过滤棒,可以对水的杂质进行过滤和吸附。东安湖在湖底人工栽培的耐寒、耐碱沉水植物,构成了"湖底森林"生态系统,实现人与自然、场馆与水环境和谐发展。

碳中和。大运会产生的碳排放量将由国家核证碳减排量、林业碳汇和"碳惠天府"机制碳减排量进行抵消。截至2023年7月26日,大运会已吸引企业累积捐赠碳汇约39.7万吨。四川联合环境交易所"点点"碳中和服务平台"低碳大运"专区,通过在线计算个人碳排放、认购"碳惠天府"机制碳减排量(CDCER)抵消个人碳足迹,从而获得大运会定制的碳中和荣誉证书,助力绿色低碳办赛。"低碳大运"微信小程序也可以通过步行、骑行、乘地铁、坐公交等低碳出行方式,可以获得对应的碳积分,能兑换大运会纪念品,还能为大运会捐赠树苗。

智慧能源。场馆配备智慧能源管理系统，对空调、电梯、照明实施分区计量、监测、控制，经测算最高可节约 25% 的能源；同时还通过雨水回收系统节约水资源，建设夜光跑道节约光源。双流金河路区域打造了"智慧路灯+储能+充电桩"新场景。

扩绿。在大运场馆、城市交通干道等区域补种绿植和花卉，新增绿地 5 712 万平方米，大运村绿化率达到 50%。大运会还带动成都全域绿化，大运会筹办以来，成都市新增城市绿地 3 600 万平方米、立体绿化 50 万立方米、长效花境 30 万平方米，有效增加城市绿量、提升景观品质。

循环再利用。运动员公寓房间内除易耗品外，95% 的物资为租赁而来，可回收再利用。足球场近 800 平方米球场基层缓冲垫和休息椅坐垫等由 4 万双废旧球鞋打造而成，足球场的球门网则是将废旧鞋带再造后编织而成。大运村日处理 10 吨的厨余垃圾就地处置，促进资源化利用。场馆竞赛器材以赞助、租赁为主，赛后可持续使用。

经第三方核查机构初步核算，成都大运会在全面落实源头减排措施后，将减少碳排放约 2.6 万吨，同时实现了减污扩绿与增长的协同。

二、垃圾分类碳中和智慧小屋

2021 年 1 月 14 日，成都首个也是全国首个碳中和垃圾分类小屋落成，之后又产生了垃圾分类碳中和智能小屋等升级版。碳中和垃圾分类小屋面积一般有 20~50 平方米不等，以玻璃房的空间形式呈现。外墙布置有垃圾分类回收的海报，承担了宣传、指引与展示功能；内部有分拣台、投放区、积分兑换区等，称重秤名为碳足迹碳中和计量仪，不仅可以称重，还可以计算出可回收物对应的碳中和数据。碳中和智慧生态系统是场景运行的基座，包括碳中和计量仪、LED 屏、手机平台等载体。如果是智能垃圾桶，垃圾桶底部装有智能称重模块，系统会对投递的垃圾进行智能称重，自动显示所扔垃圾的重量、类别以及减碳量的数据，并以可视化分析的方式显示在屏幕上。如果是计量仪，当居民将回收物放在计量仪上，依次点击屏幕上的选项，选择回收物类别→显示重量→确认并生成二维码→用绿豆芽 APP 扫码→显示本次收入金额、获取绿豆量以及碳中和量→点击"我的钱包"→提现（至微信钱包）。背后是箱体内的智能感知处理系统计算和转化的模型等技术支撑。

垃圾分类碳中和智慧小屋作为数字化推进降碳、减污、扩绿、增长协同的有效模式，可以产生多重价值。一是碳中和价值。《2020 排放差距报告》显示，当前全球温室气体排放总量的三分之二与家庭能源消费有关。垃圾回收碳中和小屋正是针对城乡居民，围绕垃圾分类行动，通过碳计量，抵消垃圾所产生的碳排放，实现碳中和价值。二是经济价值。可回收物投递回收会产生现金收益，即时到账微信钱包，且大于 1 块钱就能提现。除了当次的现金收益，垃圾分类回收换算出来的碳中和量可以换算成碳币，碳币具有消费和金融功能，可以在对应手机应用里购买商品，积累到 100 个碳币也可以提现（1 吨碳中和量折合 100 碳币，1 个碳币折合 1 元钱），并再补贴 100 元。同时，在手机应用里参加碳中和相关知识答题等活动获得积分，积分可以转换为碳中和数据。三是环境价值。垃圾分类"碳中和"小屋解决了居民在公共区域堆放垃圾影响消防安全和环境卫生的情况。碳中和量不仅可以换算成碳币，也可以显示产生的碳中和量相当于少开车的里程数，或者是减少煤炭燃烧或省电的量，可以抵消掉一部分自己各种活动产生的碳排放量。如累积到 0.75 个绿豆（等于 75 个碳金币）就可以进行线上种树，线下就会多增加一棵树。四是社会价值。垃圾分类碳中和小屋已经成为垃圾分类和碳中和的宣传教育和实践基地。武侯区簇桥街道利用垃圾分类碳中和小屋打造零碳街道，增进了社区治理，助力实现"双碳"目标。建设垃圾分类碳中和小屋是引导居民践行绿色生活方式、提高公众参与的创新举措，以可参与的方式切实提升居民垃圾分类幸福感、获得感。五是其他价值。累计 1 个绿豆（相当于 1 吨碳中和量）就可以获取四川绿豆芽信息技术有限公司与《联合国气候变化框架公约》秘书处联合发出的碳中和证书。一来培养了公众的社会责任感和环保意识，二来也增加了个人的荣誉感和参与积极性。

三、通威集团渔光一体化实践

通威发端于水产，后进军光伏行业，在全球首创"渔光一体"商业模式，打造以集新渔业、新能源、新农村为一体的新型产业园，带动周边"渔光小镇"建设。实现了对国土资源的高效复合利用，每亩养殖鱼塘每年可输出 5 万~10 万度电，相当于 10 吨~20 吨石油所产生的等效能量，每亩每年节约标准煤 15 吨以上，减少二氧化碳排放 50 余吨，环保效益不断凸显。传统池塘养殖利润在 2 000~5 000 元/亩，实施"渔光一体"后，额外可增加 3~4 万元/亩的产值，提升了传统渔业养殖土地面积和水面面积的价值输出。

四、绿色低碳未来科技城

2020 年 5 月，成都高新区与东部新区合作共建未来科技城。其位于成都东部新区，规划范围 60.4 平方千米。2021 年 10 月 26 日，联合国人居署与成都高新区在成都共同发布《成都未来科技城可持续规划导则》，向全球展示绿色低碳的"未来之城"。在未来科技城零碳社区规划中，通过打造公共开放空间、多维立体绿化、碳汇群落营造、海绵社区建设等空间管控，多元化光伏应用场景、能源智慧监测管控等能源举措，公共交通、天府绿道、智慧交通等绿色交通举措，全生命周期零碳建筑以及绿色低碳技术支撑的产业发展，实现社区空间、能源、交通、建筑、产业等多领域的降碳、减污、扩绿、增长协同。按照规划，人均绿地面积达到 45.9%，绿色交通出行率超过 70%，再生能力利用率超过 10%，碳排放强度下降 35%。

第四节　NbS 协同推进降碳、减污、扩绿、增长的建议

一、围绕强化 NbS 应用的政策创新

（一）强化 NbS 生态基础，以人为本发挥自然的多重价值

生态系统的稳定性、多样性和可持续性是生态系统服务和人类福祉的重要基础，也是实施基于自然的解决方案的前提，所有生态系统类型都为 NbS 提供了机会，以加强向人们提供生态系统服务功能，支持应对多种社会挑战，并避免将生态系统从碳汇转化为碳源。基于自然的解决方案有多种形式，但无论何种形式，核心都是保护、加强和发挥生态系统服务功能。严格落实生态保护红线制度，尤其是对于高碳密度、生物多样性丰富的生态系统。倡导通过保护、修复和改进土地管理等基于自然的解决途径，增加森林、湿地、水体等生态系统的碳储存能力。防止对自然生态系统的进一步侵害，在景观尺度改善和恢复生态系统的完整性、连通性与稳定性。

强化 NbS 的生态基础，并不意味着止步于生态环境保护，守护自然和服务社会并行不悖。强化 NbS 理念，进一步扭转生态环境保护中的一些误区，破除生态保护限制发展的禁锢，更加科学地认识本地自然环境的多重

价值，更多向自然寻求解决方案，推进产业生态化与生态产业化。强化生态环境保护中的协同效益，在保护的前提下寻求高质量发展之路。尤其重要的是，利用 NbS 标准来对植树进行政策和投资纠偏，避免纯种林、单一种植以及在以前未被森林覆盖或不适宜植树的地区植树。

（二）采用更广泛的 NbS，而不局限于植树等单一措施单一功能

NbS 从来不局限于植树，而是更综合、全面的系统方法，保护、恢复和连接各种生态系统。加强循证决策，充分利用具有较广应用与效益确信的 NbS 举措。在林业领域，倡导造林、避免毁林、改进天然林经营、人工林管理、避免木质薪材的使用以及火控管理等 NbS 路径。在农业和草原领域，倡导生物炭使用、农林复合、农田养分管理、保护性耕作、稻田管理、草原保护、可持续的放牧管理等 NbS 路径。在湿地领域，倡导泥炭地恢复和保护等 NbS 路径。在城市领域，倡导海绵城市、无废城市、可持续城市更新等 NbS 路径。

（三）创新 NbS 融资手段，支持鼓励 NbS 领域的可持续性融资

依托国务院印发的《关于鼓励和支持社会资本参与生态保护修复的意见》，为私营部门对 NbS 的投资和创新创造有利的政策环境，不断完善促进 NbS 融资的市场机制。建立基于自然的解决方案项目库，对公共、私营和混合投资的吸引力进行评级。开展基于自然的解决方案试点，政府对创新型基于自然的解决方案试点进行投资包括新兴技术创新、治理创新、商业模式创新等。利用生态信用、碳信用等工具刺激私营部门投资等，助力我国碳账户和生态责任账户建立。

整合多种基于自然的解决方案提供融资的工具，包括公共预算；赠款和捐赠；土地销售或租赁收入、使用费或受益人的自愿捐款；绿色金融（绿色债券、绿色保险等）。创新基于自然的解决方案的融资工具，包括以市场为基础的信用交易系统和生态系统服务支付；政府和社会资本合作或国企和政府合作等。

鼓励将其各种协同效益货币化，并利用未来可能产生的资金回报解决可持续融资的问题。这些效益包括但不限于对气候变化的适应能力增强、市政设施价值增加，以及通过提供城市绿色空间来提高土地资产的价值。在符合政策条件下探索项目生命周期内的收入来源，如生态旅游、碳封存、水安全等共同效益。

（四）传承发展 NbS 基因，创造性发展四川方案与文化品牌

高度重视重要农业文化遗产的多重价值，汇集 NbS 地方知识。将重要

农业文化遗产再开发与 NbS 相结合，有望在农林湿复合系统方面创造性地发展成都方案，因地制宜探索差异化自然解决方案。建议开展 NbS 地方知识普查、建档，分级分类完善保护名录，将其作为巴蜀文化、天府文化的重要内容传承发展，打造具有影响力的 NbS 文化品牌。

（五）探索 NbS 地方标准，避免对 NbS 的误用或滥用

实施 NbS 过程中，应在参考执行《基于自然的解决方案全球标准》的基础上，结合四川实际，促成地方制定基于自然的解决方案相关标准。例如，建立私营部门购买 NbS 的抵消量方面的规则与指导方针，确保私营部门购买 NbS 的抵消量作为其实现净零目标的路径之一时，这些抵消符合社会和环境保障要求，而且是主要以深度脱碳为重点的更广泛的缓解战略的一小部分，从而避免一边投资 NbS，一边继续排放温室气体。

二、围绕 NbS 促进协同的政策创新

（一）推进 NbS 在协同降碳、减污、扩绿、增长领域的主流化

一是将"基于自然的解决方案"理念纳入四川"双碳"实践以整体实施，使基于自然的解决方案成为"双碳"行动和政策的主流工具。傅伯杰院士建议将基于自然的解决方案纳入国家碳中和战略，因地制宜制定区域固碳增汇目标，提高生态系统管理效率。四川省已经制定《四川省林草碳汇发展推进方案（2022—2025）》，可以进一步确定实施 NbS 的优先领域，包括农业减排增汇、废弃物处理、水环境管理。

二是把"基于自然的解决方案"协同效益纳入空间、产业、交通等规划，采取综合方法以实现降碳、减污、扩绿、增长多重政策目标。充分认识到 NbS 与能源效率、可再生能源、城市规划、减少空气污染以及需求侧减缓措施之间存在潜在的协同效应，每一块区域都应尽可能多地具备多种功能。

（二）促进 NbS 与降碳、减污、扩绿、增长其他解决方案相结合

一是注重 NbS 与气候行动的有机结合。NbS 可以对净零碳排放做出重要贡献，但这一功能相对于能源转型与经济脱碳依然是不足的，而且生态系统碳汇需要以能源转型与经济脱碳为前提，否则温室气体排放将导致生态系统碳汇转化为碳源。因此，NbS 必须与其他气候解决方案相结合，包括大幅减少所有经济部门的温室气体排放以及加快可再生能源大规模替代化石能源。

（三）利用 NbS 赋能降碳、减污、扩绿、增长路径

在降碳、减污、协同、增效举措中优先采用 NbS 技术路径，如将自然或人工湿地引入水环境治理，将保护性耕作引入农业固碳减排等。在扩绿举措中，利用 NbS 提升生态系统服务功能，注重自然措施与人工措施的有机结合，推进生态产品价值实现，更好地破解发展与保护的两难困境。在增长举措中，强化绿色引擎的牵引，将新能源一体化发展作为四川未来产业加以培育，注重绿色价值创造与实现，创新不同 NbS 的价值实现范式。

（四）利用 NbS 优化降碳、减污、扩绿、增长治理

利用 NbS 进一步扩大降碳、减污、扩绿、增长的协同效益，并最大限度地减少实现不同目标的行动之间的权衡。例如，四川正在大力发展可再生能源，利用 NbS 协同思路，将可再生能源开发与生态系统保护修复、生态产业发展与乡村振兴结合起来。借鉴亿利集团在库布其沙漠将沙漠光伏发电与治沙结合起来，既避免阳光直射，起到遮阴与减少水分蒸发双重作用，为植物改善生存环境。同时在光伏板下种植了中草药、农作物，周边养羊、养鸡、养鹅，带动生态旅游发展，大大提高了当地人的收入。

（五）利用 NbS 衡量、纠偏与弥合现有政策

NbS 必须以对人类和生物多样性的多重利益来衡量，而不是过于简单化的指标，如植树数量和短期碳收益，同时避免不当植树造林，尤其是原生草原、稀树草原和泥炭地等原生自然开放生态系统。强化多重效益原则，有利于检验现有降碳、减污、扩绿、增长是否有更大潜力创造更广泛协同效益，从而进一步连接现有断裂措施，强化政策协同。例如，在海绵城市领域，要从雨水资源化、湿地恢复、栖息地保育、季节性内涝、地下水位恢复、地表水质改善、水文化服务或水文化遗产保护等多重效益来统筹考虑现行政策与举措。

参考文献

［1］习近平. 高举中国特色社会主义伟大旗帜 为全面建设社会主义现代化国家而团结奋斗［M］. 北京：人民出版社，2022.

［2］习近平. 论坚持人与自然和谐共生［M］. 北京：中央文献出版社，2022.

［3］生态环境部，国家发展和改革委员会，工业和信息化部，住房和城乡建设部，交通运输部，农业农村部，国家能源局，减污降碳协同增效

实施方案（环综合〔2022〕42号）[Z].2022年6月10日印发.

　　[4] 大自然保护协会.基于自然的解决方案研究与实践 [M].北京：中国环境出版集团，2021.

　　[5] 李政，王彬彬.基于自然的解决方案全球实践 [M].北京：中国环境出版集团，2022.

　　[6] 石敏俊."双碳"目标下减污降碳协同治理的政策思考 [J].国家治理，2022（14）：49-54.

　　[7] 胡珺涵，桑杰，高煜芳.甘肃甘加草原：基于自然和社区的草原生态治理 [J].科学，2021，73（5）：16-21.

　　[8] 张小全，谢茜，曾楠.基于自然的气候变化解决方案 [J].气候变化研究进展，2020，16（3）：336-344.

　　[9] 安岩，顾佰和，王毅，等.基于自然的解决方案：中国应对气候变化领域的政策进展、问题与对策 [J].气候变化研究进展，2021，17（2）：184-194.

　　[10] 联合国教科文组织.联合国世界水发展报告2018：基于自然的水资源解决方案 [M].中国水资源战略研究会编译.北京：中国水利水电出版社，2019.

　　[11] 康蓉.生态经济学视角下"基于自然的解决方案"的欧盟经验 [J].西北大学学报（哲学社会科学版），2020，（6）：135-146.

　　[12] 马世骏，王如松.社会-经济-自然复合生态系统 [J].生态学报，1984，4（1）：1-9.

　　[13] 董战峰，周佳，毕粉粉，等.应对气候变化与生态环境保护协同政策研究 [J].中国环境管理，2021，13（1）：25-34.

　　[14] 陈梦芸，林广思.推动基于自然的解决方案的实施：多类型案例综合研究 [C].中国风景园林学会.2018年会论文集.中国建筑工业出版社，2018：323-329.

　　[15] 蒋阳.基于自然的解决方案的欧盟经验及其对我国的启示 [J].江苏建材，2020，（6）：52-55.

　　[16] 杨崇曜，周妍，陈妍，等.基于NbS的山水林田湖草生态保护修复实践探索 [J].地学前缘，2021，28（4）：25-34.

　　[17] 王军，杨崇曜.关于基于自然解决方案的争议与思考 [J].中国土地.2022，（2）：21-23.

［18］罗明，应凌霄，周妍. 基于自然解决方案的全球标准之准则透析与启示［J］. 中国土地，2020，(4)：9-13.

［19］孙雨芹，罗明，曾楠，等. 德国基于自然的解决方案行动计划概述和启示［J］. 中国土地，2023 (5)：54-57.

［20］李奕杰，王金洲，林剑，等. 基于自然的解决方案促进工业园区减污降碳协同增效：以温岭市东部产业集聚区为例［J］. 环境保护科学，2023，49 (3)：8-12，56.

［21］王倩、陈诗薇：协同推进降碳、减污、扩绿、增长研究［C］. 四川生态建设报告 (2023). 社会科学文献出版社，2023.

［22］UN. Harmony with Nature［R/OL］. A/72/175，2017；A/73/221，2018；A/74/236，2019；A/75/266，2020；A/77/244，2022. http://www.harmonywithnatureun.org/unDocs.

［23］WorldBank. Biodiversity, Climate Change, and Adaptation：Nature-based Solutions from the World Bank Portfolio［R］. World Bank, Washington, DC. 2008.

［24］Cohen-Shacham, E, Walters G, Janzen C, et al. Nature-based Solutions to address global societal challenges［R］. Gland, Switzerland：IUCN. xiii + 97pp, 2016. http://dx.doi.org/10. 2305/IUCN.CH.2016. 13. en.

［25］Lu N, Tian H, Fu B, et al. Biophysical and economic constraints on China's natural climate solutions［J］. Nat. Clim. Chang. 2022, 12：847-853.

［26］Schröter M, Stumpf KH, Loos J, et al. Refocusing ecosystem services towards sustainability［J］. Ecosystem Ser-vices, 2017, 25：35-43.

［27］Goodwin S, Olazabal M, Castro A. J, et al. Global mapping of urban nature-based solutions for climate change adaptation［J］. Nature Sustainability, 2023, 1-12.

［28］United Nations EnvironmentProgramme and International Union for Conservation of Nature. Nature-based solutions for climate change mitigation. Nairobi and Gland. 2021.

［29］Yu K. The Conflict between Two Civilizations：On Nature-Based Solutions［J］. Landscape Architecture Frontiers, 2020, 8 (3), 4-9.

［30］Palomo I, Locatelli B, Otero I, et al. Assessing nature-based solutions for transformative change [J]. One Earth, 2021, 4 (5): 730-741.

[31] Seddon N, Chausson A, Berry P, et al. Understanding the value and limits of nature-based solutions to climate change and other global challenges [J]. Philosophical Transactions of the Royal Society B - Biological Sciences, 2020, 375 (1794): SI.

[32] Seddon, N., Smith, A., et al. Getting the message right on nature-based solutions to climate change [J]. Glob. Change Biol., 2021, 27: 1518-1546.

[33] European Commission. Directorate-General for Research and Innovation, Evaluating the impact of nature - basedsolutions: a summary for policy makers [R/OL], Publications Office, 2021. https://data. europa. eu/doi/10. 2777/521937.

[34] European Environment Agency. Financing nature as a solution [R/OL]. 2023. February 2023. https://www.eea. europa. eu/publications/financing-nature-as-a-solution.

[35] FAO, SER & IUCN CEM. 2023. Standards of practice to guide ecosystem restoration. A contribution to the United Nations Decade on Ecosystem Restoration. Summary report [R/OL]. Rome, FAO. https://doi. org/10. 4060/ cc5223en.

[36] Sonneveld, B. G. J. S. Merbis, M. D. Alfarra, A. & Ünver, O. and Arnal, M. A. 2018. Nature-Based Solutions for agricultural water management and food security [R]. FAO Land and Water Discussion. 2018. Rome, FAO.

第十二章　NbS 促进宜居生态场景价值实现

场景作为城市空间功能的重要载体，是城市资源要素有效汇聚、协同作用、价值创造的系统集成，是人们文化认同、美学价值、美好生活的关系网络，具有可识别、可策划、可体验、可消费、可投资、可运营的特征。

——《中共成都市委成都市人民政府关于以场景营城助推美丽宜居公园城市建设的实施意见》，2022

基于自然解决方案重视自然价值，但在如何促进价值流动与共享上还有较大的探索空间。本章以公园城市宜居生态场景价值实现为目标导向，以解决"场景如何构建、如何营造与运行、价值如何实现"等为问题导向，设计了"一个理论综合，三层场景构建，多元场景及其价值实现"的研究框架。首先，将公园城市宜居生态场景定义为依托公园城市生态空间营造出来的满足人民群众美好生活需求，同时兼具要素汇聚、业态集聚、文化凝聚、功能集成、流量集中等特征的价值载体；其次，尝试从"基础层→运行层→价值层"构建公园城市宜居生态场景整体性理论，解决场景构建的理论依据与实施方法问题；继而对公园城市宜居生态典型应用场景进行要素、运行、价值层面的剖析，解决应用场景具象化的问题；最后依据调研与思考，提出公园城市宜居生态场景价值实现的方式、路径与政策建议，解决场景落地的问题。

第一节　NbS 视角下公园城市宜居生态场景内涵

一、公园城市宜居生态场景的提出

（一）成都市场景营城理念与实践创新过程

成都市在国内较早提出场景理念并持续开展场景营城，其过程经历了从面向新经济的应用场景，到面向民众美好生活需求的消费场景，到以三大社区群体空间为单位的社区场景，到公园城市层面的六大公园场景，再到城市级全景式四大应用场景体系，其实践是一个逐步扩展、迭代升级的创新过程。

2017 年成都召开新经济大会，提出打造最适宜新经济发展的城市，发布七大应用场景，分别是服务实体经济能力、智慧城市建设、双创平台提能增效、人力资本协同示范、消费提档升级、绿色低碳建设、现代供应链创新应用。其主要针对的是六大经济形态及其新技术、新模式的落地问题。

2019 年成都市出台《全面贯彻新发展理念加快建设国际消费中心城市建设的意见》，提出八大消费场景，即地标商圈潮购场景、特色街区雅集场景、熊猫野趣度假场景、公园生态游憩场景、体育健康脉动场景、文艺风尚品鉴场景、社区邻里生活场景和未来时光沉浸场景。意味着场景理念逐步从面向新经济的应用场景向面向民众美好生活需要的消费场景扩展。

2019 年成都市出台首个城市级《城乡社区发展治理总体规划（2018—2015 年）》，提出突出产业社区、城镇社区、乡村社区三大类型，打造服务、文化、生态、空间、产业、共治、智慧"七大场景"。标志着场景打造进一步向社区发展和治理渗透，从关注个体空间到更加注重群体空间。

2019 年成都市出台《成都市美丽宜居公园城市规划（2018—2035 年）》提出打造山水生态公园场景、天府绿道公园场景、乡村田园公园场景、城市街区公园场景、天府人文公园场景、产业社区公园场景"六大公园场景"，场景更多丰富化、多元化。

2021 年成都市发布《"十四五"新经济发展规划》，明确提出构建美好生活、智能生产、宜居生态、智慧治理"四大应用场景体系"。2022 年 1 月，正式出台《中共成都市委成都市人民政府关于以场景营城助推美丽宜居公园城市建设的实施意见》，标志着成都市场景建设已经走向城市级场景，上升到体系化阶段，也意味着践行新发展理念的公园城市示范区建设的场景化。如图 12-1 所示。

图 12-1　成都市场景营城理念与实践创新演进过程

图片来源：课题组自绘。

（二）公园城市宜居生态场景的提出与主要内容

宜居生态场景正是成都市场景营城四大应用场景类型之一，在"十四五"新经济规划中，包括低碳能源场景、绿色生活场景、绿色环保场景和生态系统碳汇场景，旨在打造可感知、可进入、可参与、可消费的生态空间，促进生态价值转化，满足人们日益增长的美好生活追求和向往，实现人与自然和谐共生，加快建设碳中和"先锋城市"。之后，《中共成都市委成都市人民政府关于以场景营城助推美丽宜居公园城市建设的实施意见》将宜居生态场景调整为绿色低碳能源场景、绿色空间场景、公园绿道场景与碳中和场景。

二、公园城市宜居生态场景的基本范畴

（一）场景

"场景"本指影视、戏剧及文学艺术作品中的场面，强调不同元素有机组合并呈现出特定功能。自 20 世纪 50 年代欧文·戈夫曼提出社会拟剧理论开辟场景研究之后，场景逐步进入社会学、传播学等多学科领域。《中华人民共和国国民经济和社会发展第十四个五年规划和 2035 年远景目标纲要》与《国家中长期科技发展规划（2021—2035）》也多次提及"场景"。

1. 作为实体的场景内涵

场景是一个包含多元要素有机构成的复合概念，是具有美学意义、情感体验的场所，是城市空间功能的基本载体，也是城市构建的基本单元。

实体场景更强调其物理属性与空间依托，也可以指某项技术的应用，如屋顶分布式光伏发电场景等。

2. 作为理念的场景内涵

场景作为新理念，意味着城市新的吸引力法则和空间功能的升级，即通过以人的需求为导向的场景营造，重塑城市形态与功能，将场景作为吸引人、留住人和发展人的重要方式。场景也是一种思维方式，置身于场景、从用户角度思考，是一种用户导向的思维方式。创造性地应用新理念、新技术、新模式，创造新的价值，本身就是思维方式的转型。同时，场景也是一种具有前沿性、科技感和变革性的生产生活方式。

3. 作为方法的场景内涵

场景作为方法，更多意味着发挥场景的聚合、粘合和融合功能，聚焦创新要素，激发人的创造活力，增加多元体验价值，不断创造多功能叠加的高品质生活与高质量发展。场景作为方法，也意味着新的资源配置方式，不同于传统要素导向的供给方式，场景营造更强调需求导向、创新驱动的资源配置，强调技术、产业与需求的高度融合。

当然场景的内涵非常丰富，现实中，我们也常常将场景作为资产来经营，把场景作为产品来运营，把场景作为城市发展的内生动力等。

（二）宜居生态场景

1996 年联合国第二次人居大会提出了城市应当是适宜居住的人类居住地，由此宜居成为城市的重要功能和价值追求。党的二十大报告提出"打造宜居、韧性、智慧城市""建设宜居宜业和美乡村"，宜居成为城乡建设的第一标准。

宜居生态场景不仅对其生态属性进行了界定，还强调了宜居属性，从而使宜居生态场景的打造，不再是单纯的以人类为中心，或是以自然或生态为中心，而是回归人与自然和谐共生。

（三）公园城市宜居生态场景

按照最新的提法，本书将公园城市宜居生态场景的类型与范围确定为：绿色低碳能源场景、绿色空间场景、公园绿道场景和碳中和场景，如表 12-1 所示。

表 12-1 公园城市宜居生态场景体系

四大场景	场景类型
绿色低碳能源场景	氢能、光伏等清洁能源开发利用场景；制氢加氢一体站、综合能源站、共享充电服务网络场景；新能源汽车全产业链发展场景；城市配送、邮政、环卫等新能源汽车应用推广场景；新能源汽车及充电设施监测监管平台场景
绿色空间场景	绿色出行场景；地铁商业场景；绿色建筑场景；智能建造场景；数智环境场景
公园绿道场景	森林植被、天府绿道、城市公园、川西林盘、园林绿地、河湖湿地六大生态系统场景；绿心绿肺绿脉绿环绿轴"五绿润城"；六大公园场景；生态网络新场景
碳中和场景	碳汇天府场景；绿色消费场景；环境健康场景；无废城市场景

资料来源：中共成都市委成都市政府关于以场景营城助推美丽宜居公园城市建设的实施意见[Z]. 2022.

我们认为，公园城市宜居生态场景是依托公园城市生态空间营造出来的满足人民群众美好生活需求，同时兼具要素汇聚、业态集聚、文化凝聚、功能集成、流量集中等特征的价值载体。其中，要素是条件，业态是内容，文化是连接，功能是价值依托，流量是价值体现。从人的视角审视宜居生态空间，区别于以往从纯自然的视角看待生态空间，它是可进入、可体验、可消费的场景，具有文化功能和经济价值，且这种场景是可描述、可策划、可运营的。

（四）公园城市宜居生态场景价值

生态价值是宜居生态场景最核心的价值，由生态价值衍生一系列身心健康价值、生活品质价值、城市品牌价值、经济价值、社会价值等协同价值。

1. 生态价值

生态宜居场景的生态价值源于生态系统服务，主要包括四类服务：一是供给服务，指生态系统为人类提供的物质和能量资源，包括食物、水、木材、药品等；二是调节服务，指生态系统对环境的调节和稳定，包括气候调节、洪水调节、土壤保持等；三是文化服务，指生态系统为人类提供的文化和精神需求，包括自然景观、娱乐、美学价值等；四是支撑服务，指为生态系统提供支持的物理和生物过程，包括土壤形成、水循环、光合作用等。以上四种生态系统服务相互作用，共同维护着人类的生存和发展。

2. 环境价值

宜居生态场景利于清洁空气。植物通过光合作用吸收二氧化碳，释放氧气，维持了空气中的氧气含量。同时，植物还能吸收空气中的有害气体和颗粒物，净化空气。

宜居生态场景提供身心健康。自然景观和绿色环境可以缓解压力、减轻疲劳、提高身心健康水平。同时，生态系统为人类提供了丰富的食物和药品资源，对于保持身体健康也非常重要。

打造宜居生态场景是提升生活品质的重要渠道。自然景观和绿色环境可以提高人们的生活质量和幸福感，同时还能吸引旅游和投资，促进经济发展。

3. 人文价值

文化传承价值。宜居生态场景能够传承城市的历史和文化，以锦江夜游场景为例，船只和游览路线都是按照古代锦江河的历史走向设计的，并串联沿途古建筑、古码头、文化景点、历史遗址与历史街区。同时，游客可以在游览过程中欣赏到川剧、蜀绣、川菜等传统文化表演，还可以品尝到成都特色美食，促进了成都文化的传承和发展。

城市品牌价值。宜居生态场景塑造城市吸引力，形成城市品牌。如巴黎的塞纳河、新加坡的滨海湾花园都是城市标志性文化场所，凝聚了城市品牌价值，更加吸引游客与投资者。

4. 经济价值

产业升级。宜居生态场景可以引爆新产业、新业态、新模式，促进传统产业升级与新兴产业发展。还是以锦江夜游为例，不但带动了包含购、食、宿、文、娱、健、养等多元产业的夜间经济，还促进了锦江研学、锦江曲艺等业态升级。

消费升级。宜居生态场景本身也是消费场景，能够提供更加舒适、健康、环保的消费体验，满足了人们对于高品质生活的需求，尤其是催生了体验消费、个性消费等新消费业态，为经济发展注入了新的活力。

创业就业。宜居生态场景建设为创业和就业提供了大量机会。根据2022 年发布的《新自然经济系列报告：中国迈向自然受益型经济的机遇》，我国保护和恢复自然的转型措施到 2030 年可带来 1.9 万亿美元的商业价值，创造总计 8 800 万个就业机会。

5. 社会价值

增强社会凝聚力。宜居生态场景有利于增进社区与居民的互动与交流，提高居民环保意识与广泛参与度，从而增强社会凝聚力。同时，宜居生态场景提高城市居民的生活质量和健康水平，增强社会的稳定性和可持续发展。

促进空间公平。以开放的绿色空间为代表的宜居生态场景是最普惠的公共产品与民生福祉，保护城市生态环境资源的公共性和可持续性。同时宜居生态场景的规划也是城市空间的合理布局，有利于促进空间公平与正义。

三、公园城市宜居生态场景的特殊性质

（一）公园城市宜居生态场景系统复杂性

公园城市宜居生态场景系统复杂性体现在以下两个重要方面：一是场景构成的多元性场景通常以多元叠加的方式呈现，包含场景的服务供给、业态布局、文化表达、人文风韵等。二是场景的可组合性。宜居生态场景可以是单个场景，也可以是几个场景的组合，比如湖边观鸟是一个单独的场景，滨水步道又会是一个集合观鸟、游览、健身、漫步等的组合场景。从系统的观点看，公园城市宜居生态场景是由多元要素构成，要素之间不同的组合和运行方式呈现不同的场景功能，从而形成复杂的系统。

（二）公园城市宜居生态场景迭代与创新

公园城市宜居生态场景不是一成不变的，而是一个不断创新和迭代升级的过程，本质上是场景不断丰富化和高级化的过程，也是根据需求迭代不断适应的过程。以天府绿道 APP/小程序为例，经历数次更新迭代，由起初的旅游助手、在线报名、运动助手等基本功能，到商城购物、绿道文创、土地认种等丰富的活动，再到智慧观鸟平台、露营专区等的上线不断吸引流量。

（三）公园城市宜居生态场景价值转化逻辑

公园城市宜居生态场景价值转化是在经济系统内部发生的一系列价值创造过程，内在机理是对宜居生态场景多重价值的重新定义，同时中高端绿色消费、创新引领、数字经济、人力资本提升等新动能驱动价值创造过程，改变了原有经济系统的要素配置、功能结构和运行机制，推进了生态产品供给质量和资源效率变革，创造了新价值，释放出多重生态红利。核

心是各类生产要素相互组合、作用及交换转化的过程和结果，可以分为以下几个层面：

1. 要素层面的宜居生态场景价值转化：资源转化逻辑

要素层面的宜居生态场景价值转化，既遵循"生态资源→生态资产→生态资本→生态产品"的物质变换规律，也遵循"存在价值→使用价值→要素价值→交换价值"的梯度呈现规律，同时配合生态资源资产化、资本化、金融化、价值化、商品化、货币化等过程。

2. 结构层面的宜居生态场景价值转化：资源配置规律

结构层面的宜居生态场景价值转化，是将绿色供给、绿色消费、节能减排、循环经济、生态治理价值转化为环境容量与高质量发展优势，释放的依然是生态价值。这需要在供需协同、技术升级、产业融合、空间管治、治理结构等结构调整中实现，遵循资源配置规律。

3. 功能层面的宜居生态场景价值转化：功能提升逻辑

功能层面的宜居生态场景价值转化，是将宜居生态场景的价值转化为绿色发展新动能和整套环发矛盾解决方案，需要依靠创新驱动与绿色发展融合实现。功能提升，一方面是提供了绿色新供给、创造了新需求，另一方面是提升自然资源的利用效率及传统部门的绿色转型效率。

4. 系统层面的宜居生态场景价值转化：系统优化逻辑

系统层面的宜居生态场景价值转化，是将宜居生态场景的价值转化为社会系统创新价值，包括全域的美丽国土空间、绿色循环低碳的全产业体系、全要素优化的生态环境、全社会的生态文化、全领域的生态治理体系等。

5. 运行层面的宜居生态场景价值转化：机制创新逻辑

运行层面的宜居生态场景价值转化，是指通过建立健全核算机制、监测评价机制、经营开发机制、补偿机制、考核机制、信用机制等，将宜居生态场景的价值转化为生态治理效能。

第二节　公园城市宜居生态场景构建及价值实现

一、公园城市宜居生态场景构建的理论基础

(一)"两山"理论

基于保护生态环境与发展经济这对日益凸显的矛盾,2005年8月15日,时任浙江省委书记的习近平在安吉县余村考察工作时首次作出"绿水青山就是金山银山"的重要论断,指出:"我们过去讲,既要绿水青山,又要金山银山。其实,绿水青山就是金山银山。"近二十年来,"两山"理论不断丰富并发展成为习近平生态文明思想的重要内容,推动着我国生态文明建设,同时契合了经济转型升级的规律,顺应了人们对美好生活的新期待。"两山"理论从人与自然关系总体出发,揭示了保护生态环境与发展生产力之间的辩证统一关系。

"两山"理论旨在平衡经济发展和生态保护的关系,其中包括了三个理论命题。既要绿水青山,也要金山银山;宁要绿水青山,不要金山银山;绿水青山就是金山银山。其中,"既要绿水青山,也要金山银山",明确了生态与生产均是发展的共同追求,单纯追求经济增长而破坏环境,或是极端保护环境而完全放弃经济均是不可取的。"宁要绿水青山,不要金山银山",指出了在某些特殊情况下生态与生产完全对立,两者不能兼顾的时候,保护生态环境是发展的优先选择和唯一选项。"绿水青山就是金山银山",是指生态与生产多数情况下并不矛盾,两者可以和谐统一,也就是说,存在处理生态与生产关系上的最优解。

以生态文明为引领的公园城市建设,目标是实现生态与城市空间的有机融合,从而实现生态、生产、生活三方面的协同发展,而这种理念实则也蕴含着"两山"理论的深刻思想。具体来讲,公园城市建设中生态和生产之间的转化,更深维度下体现的是保护生态环境与发展生产力之间的辩证统一关系。"两山"理论包含的三个理论命题,也从根本上回答了如何做好保护环境与发展生产力取舍转化的问题,解决了生态价值如何实现的问题,这也是指导公园城市场景构建的重要理论基础。

（二）城市场景理论

对城市发展动因分析的社会理论起始于生产视角（吴军，2014）[1]。以亚当·斯密（Adam Smith）、卡尔·马克思（Karl Marx）、阿尔弗雷德·马歇尔（Alfred Marshall）等为代表的学者将土地、劳动、资本和管理作为生产要素，从生产维度理解经济增长，并解释城市发展。在生产视角下，城市被视为工业化的产物，是生产要素集中的地方，包括人口、原材料、交通等。这种视角为解释城市发展提供了一个重要的分析框架，构成了社会学解释城市发展最初的理论范式。

而 20 世纪 80 年代以来随着文化创意、休闲娱乐与金融服务等新兴产业的兴起，城市形态由生产型向消费型转变，这一变化让传统的以生产为导向的城市发展理论难以完全解释新的城市发展现象，亟需一套以消费为导向的新范式对后工业城市的发展进行诠释。因此，城市研究者开始思考解释城市发展的新范式。同时，人类活动场景也成为促进城市发展的重要因素。城市不仅是生产和交易的场所，也是人们生活、工作和娱乐的场所。因此，城市规划和设计需要考虑人类活动场景的多样性和复杂性，从而为城市居民提供更好的生活质量。在此背景下，新芝加哥学派领军人物特里·克拉克（Terry Clark）等提出了"场景理论"（The Theory of Scenes）。场景理论聚焦于文化艺术消费和生活娱乐设施对城市社会的影响，以消费为导向，以生活娱乐设施为关键载体，以文化艺术实践为表现形式，以此解释后工业城市更新与发展路径。场景理论认为城市中的场景是城市更新和发展的核心驱动因素，而场景又可以被定义为城市中可感知的有形和无形元素的有机组合。这些元素包括了文化景观、艺术氛围、消费场所、娱乐设施等，它们对于城市社会的影响和发展至关重要。场景理论的出现为城市研究领域带来了新的思路和研究方法，为解释城市的现代化和发展提供了新的理论视角。

除此之外，格莱泽哈佛大学经济学教授爱华德·格莱泽（Edward Glaeser）[2] 与多伦多大学的理查德·佛罗里达（Richard Florida）[3] 均认为后工业城市发展的关键在于吸引高素质人群的能力即"创意阶层"上，创意阶层是城市更新的重要动力。那么如何吸引这种创意阶层呢？场景理论

---

① 吴军. 城市社会学研究前沿：场景理论述评 [J]. 社会学评论，2014，（2）：90-95.

② 爱德华·格莱泽. 城市的胜利 [M]. 刘润泉译，上海社会科学院出版社，2012：221.

③ 理查德·佛罗里达. 创意阶层的崛起 [M]. 中信出版社，2010：77-89.

则回答了该问题：都市生活娱乐设施的多种组合，会形成不同的"场景"，其中蕴含着特定的文化艺术价值，文化艺术价值又吸引着适配群体，从而促进创意阶层与新兴产业的交叉聚集效应，推动着城市更新发展。

场景理论认为场景可以由区域、空间以及网络要素所构成，最关键的是文化分析尤其是美学的加入①，但其本质上仍是为了吸引创意阶层，即场景的一切均是为"人"服务。虽然这在某种程度上与公园城市的建设理念——"以人民为中心"不谋而合，但场景理论下的场景与公园城市理念中的场景也存在着显著差异：在场景理论中，无论是区域与空间，还是文化与美学，实质上均是场景吸引创意阶层，从而吸引产业，最终促进城市发展与更新的手段。在这种目的下，生态、生产与生活实际上是割裂的。尽管表面上看生态（如自然湖泊）与生产（如产业）均汇聚统一至生活（如创意阶层），但以创意阶层为代表的高端人力资本实际上是传统场景理论所认为的后工业时代城市发展与更新的最重要推动力。因此在传统场景理论下，场景服务于人，生产依附于人，虽然推动了城市发展与更新，但最终并没有达到所谓的生态、生活与生产和谐统一的境界。

场景理论为公园城市建设理念下的场景构建提供了重要方法论。场景理论认为在一定区域空间内的文化与消费单元组合蕴含着不同的价值取向，从而吸引着相应的群体，催生出高级人才与新兴产业的聚集效应，推动区域的更新与发展，因此场景构建的关键是文化与消费单元的有机组合。而公园城市建设理念下的场景同样需要文化与消费单元的组合，但不仅仅停留在这种组合中来反映价值取向："人"作为中心的同时，也演化为场景的重要组成部分，参与其中。"人"融入了文化单元与消费单元的有机组合之中，促使场景被赋予了不同的功能表达，构成了独有的价值取向，生态、生活与生产动态结合相互转化，从而达到人城境业交融，生态、生活与生产三者的高度和谐统一。场景理论认为，场景建设要营造丰富且相互关联的舒适物系统。舒适物，是使人在感官与心情上感到舒适、愉悦、满足的事物、环境、事件、设施或服务。通过"场景"带给人愉悦的感受，进而吸引人力资本、提升城市能级从而带动城市更新与经济发展。

---

① 特里·N. 克拉克，李鹭. 场景理论的概念与分析：多国研究对中国的启示 [J]. 东岳论丛, 2017, 38 (1): 16-24.

（三）新经济场景理论

1996 年美国《商业周刊》首提"新经济"以来，新经济受到世界各国高度重视，不断改变着经济发展模式与世界竞争格局。新经济是一种全新的经济形态，它由科技创新和制度创新双轮驱动，以新技术、新业态、新模式、新产业为强力支撑，具有聚合共享、跨界融合、快速迭代与高速增长等多元特征，重塑发展动能，提高发展质量和效率。从全球范围来看，发展新经济形态与培育新经济应用场景成为新经济的两个重要着力点，如上海率先提出新技术、新业态、新模式、新产业"四新"引领新经济，成都提出重点发展六大新经济形态和七大应用场景。

宜居生态场景是新经济落地的重要载体。有风景的地方就有新经济，比如河湖岸线作为自然基础设施，与城市功能整合，就会形成很多新的业态，而场景是由"好风景"到"经济活力"的转化机制。如锦江夜游场景，盘活了锦江河道资源，整合了河岸及周边业态，形成了新的活力经济带。

宜居生态场景是新经济的重要驱动力。场景创新是以新技术的创造性应用为导向，以供需联动为路径，实现新技术迭代升级和产业快速增长的过程①。可以用力促进与民众生产生活生态密切相关的技术快速迭代，推动相关业态高速增长。

二、公园城市宜居生态场景的理论框架

我们对照公园城市"奉公联园塑城兴业"的价值导向，整合"两山"理论、新经济理论和城市场景理论，依据宜居生态场景"需求维、要素维、功能维、价值维"，从"基础层、运行层、价值层"构建了公园城市宜居生态场景理论框架，为后续研究场景构建、场景创新和场景价值提供了理论基础。

构建宜居生态场景，是将宜居生态要素、创新要素和文化要素融入公园城市建设，重构人、城、境、业相互关系和作用机理的过程，绿色化、数字化、共享化、融合化是其主要过程，新产品、新产业、新技术、新业态、新模式是其重要结果。公园城市宜居生态场景构建本质是从宜居生态要素—宜居生态场景—宜居生态城市的迭代演化的过程，背后是生态资源

---

① 科技部，教育部，工业和信息化部，交通运输部，农业农村部，国家卫生健康委. 关于加快场景创新以人工智能高水平应用促进经济高质量发展的指导意见［Z］. 2022-07-29.

挖掘—生态资产组合—生态资本运营的价值传导过程。不同的宜居生态资源要素组合形成了不同的场景，不同的场景组合又形成了不同的城市形态。

本书提出的"基础层—运行层—价值层"的场景构建方法以及协同创新路径，如图 12-2 所示，可以为各类场景创新提供方法论，拓展、深化、应用空间较大。

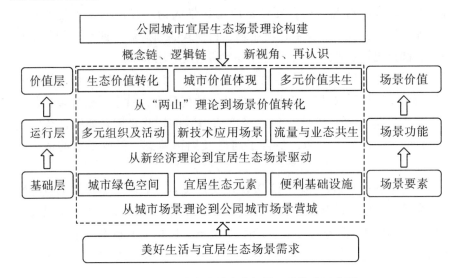

图 12-2　公园城市宜居生态场景理论构建示意图

三、公园城市宜居生态场景的三层逻辑

（一）公园城市宜居生态场景的基础层构建

1. 城市绿色空间

公园城市绿色空间类型。作为宜居生态场景的载体，公园城市绿色空间范围广泛、类型丰富，从公共绿地、建筑绿化到水域绿道与大型公园，可能独立存在，也可能与生产空间、生活空间交叠在一起。

公园城市绿色空间功能。为城市提供树荫、增加公共空间、减缓热岛效应，同时也是生物栖息地或生态廊道，因此具有多元价值。这些价值从根本上提高了城市的生活质量。

2. 宜居生态元素

宜居生态元素的构成。宜居生态元素有四类构成；一是生态系统的多样性呈现，如山、水、林、田、湖、草、沙、冰、海、岛、滩、洞、渠、园等要素，也包括气候要素；二是物种多样性，如动物、植物的多样性；三是遗传多样性，即便是同一物种，也会存在遗传或基因多样性；四是景观多样性，不同宜居生态元素的组合形成丰富多样的景观形态。

宜居生态元素的特点。首先，宜居生态元素通常具有稀缺性。城市在一定程度上是被人工改造的自然，生产生活带来较大的生态挤占和人为干扰，使得宜居生态元素成为城市稀缺而重要的自然舒适物。其次，宜居生态元素通常具有整体性。宜居生态元素依托生态系统，具有空间整体性和外部性，很难分割或独立存在，也很难界定产权或定价。

3. 便利设施配套共享

便利基础设施的构成。按照形态可以分为两种类型：一种是物质类的便利基础设施，如道路、厕所、场馆等；另一种是社会类的便利基础设施，如服务品质等。宜居生态场景中恰到好处的便利基础设施是场景吸引力的重要元素。

物质类便利设施。在连通性上，宜居生态空间既需要与外部空间通过便捷可及的交通相连，也需要内部空间畅通无碍。在人与空间交互上，需要依托一定的物质构造，如便利可及的消费、服务设施。

社会类便利设施。这类便利基础设施虽然是无形的，但是是可感的，如优质周到的服务、洁净清爽的环境等，是对人本需求的满足。

（二）公园城市宜居生态场景的运行层营造

1. 多样化组织及活动：文化赋能场景，自然与人文相融合

多样化组织及活动是连接宜居生态场景要素、人文与自然相融互动的重要方式。通过路线规划、集市等方式串联，可以将分散的场景要素聚合起来。将节庆、文化、摄影、鉴赏等活动融入到场景中，便赋予了场景内容与活力。

文化赋能是多样化组织及活动的重要手段。多样化组织及活动的内核是文化，文化可以是多元的，既包括传统文化也包括现代文化，可以是外来文化也可以是本土文化。文化的展现形式也是丰富的，如诗词歌赋、社会交往、美学鉴赏、吃喝玩乐等。

2. 数字技术应用场景：数字赋能场景，自然与科技相融合

随着人类社会进入数字经济时代，数字技术应用已经成为宜居生态场景不容忽视的重要方面。数字赋能宜居生态场景，自然和科技的相互融合，赋予宜居生态场景更多时代内涵。如成都市中心城区智能化大气监测

管治项目，有效集中心城区环境质量数据、污染源数据、环境管理数据等，依托大数据、人工智能等技术实现全域网格化污染空间推断和小尺度溯源，推动城区空气质量持续改善。如位于江滩公园的锦江阁是集展示、消费、互动体验为一体的"新型厕所"，智慧公厕外的绿草皮内是20立方米的一体化污水处理站，可实现污水零排放，内有智能取纸机、一键呼救按钮、自动售货机、咖啡机、共享充电宝、爆米花机和夹娃娃机，还销售文创产品。还设置共享体验服务，包括企鹅医生、智能监测、母婴休息室等，延伸智能新零售、广告传媒、科技体验、便民服务等商业模式。

3. 流量与多业态共生：运营赋能场景，自然与资本相融合

可运营是宜居生态场景的重要特征之一，也是保障经济可行的重要手段。通过内容、活动、渠道、品牌等运营手段，连接用户，才能将潜在的效益转化为现实的效益。如丽水市着力打造"丽水山耕""丽水山居""丽水山景""丽水山泉"等品牌，将丽水宜居生态场景以体系的产品、服务呈现出来，并成为可运营的资产，实现了自然与资本的融合。

（三）公园城市宜居生态场景的价值层实现

1. 场景集聚高创新要素：场景是创新的发生器

宜居生态场景具有要素聚集功能，尤其是创新要素。一方面，宜居生态场景通过良好的生活品质吸引创新创意人才聚集，人才的聚集又带来更多的生产要素。另一方面，宜居生态场景本身就是创新的发生器，包含着巨大的商业机会与创新机会，据公开报道，2022年度全国共开标各类水域保洁项目有1 200余个，涉及29个省份，成交年化总额24亿元，合同总额近40亿元[①]。

2. 场景促进新业态爆发：场景是产业的引爆点

宜居生态场景是产业融合创新的引爆点，是多业态的流量源头，催生"生态+"新业态，推动生态产业化与产业生态化发展。以蒲江县成佳镇10万亩茶叶种植基地为例，茶园变景区，田野成了自然体验地，孕育了观光、旅游、民宿、运动、采摘、体验、美食、研学、科普、茶艺、露营、节庆等多种业态，促进了产业兴旺，增加了本地就业。

3. 场景引爆多样化价值：场景是价值的制高点

宜居生态场景可能实现功能叠加，引爆多元价值。如乡村山坡小峰、

---

① 数据来源：https://www.sohu.com/a/659573107_121688528.

小溪水塘、无名花草、禽畜虫鸟、自然声色、杏花微雨、老屋陋巷、大野小田、土庙薄祠、亭道桥廊、川堤河坝，这些原先并不起眼的小资源，通过场景实现功能组合和叠加，都会成为新兴经济活动的重要要素，成为极具活力的公园城市乡村表达。

第三节 公园城市宜居生态场景发展的政策建议

一、进一步完善宜居生态场景体系

一是广泛开展场景识别与收集。宜居生态场景体系构建需要拥有足够数量的场景，而这些场景零散地分布于城市系统中，需要探索场景识别与获取机制。建议由政府部门、企业、行业协会、运营商等根据不同主题活动空间对宜居生态场景进行识别并收集，也可以按照不同生态系统、空间类型、空间功能对宜居生态场景进行识别并收集。场景的识别和收集也是对场景需求进行深度调研和分析的过程，有利于进一步完善场景发布机制。

二是进一步完善宜居生态场景类型。在现有绿色能源场景、公园绿地场景、绿色空间场景与碳中和场景分类基础上，进一步拓展宜居生态场景类型，如生物多样性场景。既要注重景观层面的宜居生态场景，也需要关注行为和制度层面的宜居生态场景，其中行为层面的宜居生态场景包括绿色出行、节水、碳普惠等，制度层面的宜居生态场景包括河湖长制下的全社会治水场景等。

三是在城市规划、建设和管理中植入宜居生态场景元素。宜居生态场景最能体现公园城市山水人城和谐相融理念，要在城市规划、建设、管理全过程融入宜居生态场景思维、场景元素，尤其是在城市更新、新区建设中植入场景元素，从城市宜居生态场景走向宜居生态场景城市。

二、健全宜居生态场景政策机制

一是完善宜居生态场景指南化、任务化、清单化等机制。探索制定宜居生态场景指南，归纳宜居生态场景在绿色能源、公园绿地、绿色空间以及碳中和等主要领域的典型应用，为开展宜居生态场景构建提供参考。将宜居生态场景构建与地方政府工作内容与重点任务相结合，完善任务推进与绩效考核。建立城市宜居生态场景机会清单定期发布机制。

二是建立健全场景营城公共政策体系。按照"城市场景机会清单+创新应用实验室+城市未来场景实验+场景示范"的组合推进思路，完善"资源释放、创新研发、孵化试点、示范推广"的场景联动机制，根据主要环节的政策需求进一步完善场景营城政策体系。

三是积极开展场景营城跟踪评价。对场景在各类主体的运营效果进行跟踪评价，验证新经济应用场景在提升城市功能中的效用，完善反馈更新机制，对场景营城的系统不断进行修正提升。

三、塑造城市宜居生态场景品牌

一是树立城市宜居生态场景品牌意识。场景品牌是城市品牌的重要组成部分，有利于集合更多产品、业态、模式，有效提升城市发展能级与城市功能。宜居生态场景兼容文化品牌、投资品牌、旅游品牌以及城市名片等多元内涵，涵盖区域宜居价值、生态价值、人文价值、服务价值和生活品质价值等多重价值。在公园城市宜居生态场景品牌上，已经形成了夜游锦江、稻香渔歌等非常成功的场景品牌，但还远远不够，品牌意识仍需大幅提升。

二是加强城市宜居生态场景品牌运营。宜居生态场景品牌形象可以大大拓展市民、游客、投资者对该区域的美好联想和感知体验，如优美的生态环境、舒适的生活方式、绿色的发展方式、宜人的旅游环境、一流的营商环境等。通过引入品牌运营商对重点场景进行专业化运营，同时鼓励社会各界创新方式讲好宜居生态场景故事，多措并举打响公园城市宜居生态场景品牌。

三是加强公园城市宜居生态场景品牌宣传。围绕宜居生态场景开展一系列行动，如媒体宣传行动、网络直播行动、摄影文学比赛、主题场景展等活动，推出城市形象宣传片。

四、稳步提升宜居生态场景基础功能

一是外修生态抓宜居。筑牢生态本底，推进生态环境共建共享。加大生态空间源头管控，依托山脉、水系、水库、湿地、田园、绿道、干线，加强生态系统连通，提升生态系统服务功能。以宜居生态场景示范工程为抓手，提升宜居生态场景品质，加快实现生态价值多元化探索，打通"两

山"转化的体制机制障碍，促进生态与产业融合，将生态优势转化为经济优势。

二是内修人文筑品质。充分挖掘天府文化内涵，将文化元素深度融入宜居生态场景构建，使宜居生态场景承载历史文化、养心文化、巴蜀文化、书院文化、诗酒文化、生态文化、红色文化、非遗文化、美食文化等，各种交相辉映、交汇并蓄、竞相繁荣。以文塑旅、以旅彰文，促进文旅融合发展。

三是聚焦民生补短板。积极回应人民美好生活需要，聚焦民生提升区域公共服务水平。着力完善居住、教育、医疗、体育、养老、文化等公共服务体系，完善社会舒适物建设，为营造全民共享、高效便捷的宜居生态场景创造便利条件。建设"人人有责、人人尽责、人人享有"的社会治理共同体，全面提升社会治理共同体的凝聚力和包容性。

参考文献

［1］习近平. 论坚持人与自然和谐共生［M］. 北京：中央文献出版社，2022.

［2］丹尼尔·克拉克. 场景：地方品质如何塑造社会生活［M］. 北京：社会科学文献出版社，2019.

［3］特里·N. 克拉克，李鹭. 场景理论的概念与分析：多国研究对中国的启示［J］. 东岳论丛，2017，38（1）：16-24.

［4］丹尼尔·阿龙·西尔弗，特里·N·克拉克，马秀莲. 回归土地，落入场景：场景如何促进经济发展［J］. 东岳论丛，2017，38（7）：47-60.

［5］吴声. 场景革命［M］. 北京：机械工业出版社，2019.

［6］吴军，营立成. 场景营城：新发展理念的城市表达［N］. 中国建设报，2021-11-22（004）. DOI：10.38299/n. cnki. nzgjs. 2021.002789.

［7］潘家华，等. 公园城市发展报告（2021）［M］. 北京：社会科学文献出版社，2021.

［8］成都市公园城市建设领导小组. 公园城市成都实践［M］. 北京：中国发展出版社，2020

［9］李明泉. 文化旅游与公园城市［M］. 成都：四川人民出版社，2023

［10］周成. 场景之城：营城模式创新探索者［M］. 北京：中国社会

科学出版社，2022.

[11] 陈波，吴云梦汝. 场景理论视角下的城市创意社区发展研究 [J]. 深圳大学学报（人文社会科学版），2017，34（6）：40-46.

[12] 焦永利. 城市进化与未来城市：回溯及展望 [M]. 北京：中国城市出版社，2021.

[13] 爱德华·格莱泽. 城市的胜利 [M]. 上海：上海社会科学院出版社，2012.

[14] 理查德·佛罗里达. 创意阶层的崛起 [M]. 上海：中信出版社，2010

[15] 亚伯拉罕·马斯洛. 动机与人格 [M]. 许金声，译. 北京：中国人民大学出版社，2013.

[16] 吴军. 城市社会学研究前沿：场景理论述评 [J]. 社会学评论，2014，（2）：90-95.

[17] 陈波. 基于场景理论的城市街区公共文化空间维度分析 [J]. 江汉论坛，2019（12）：128-134.

[18] 祁述裕. 建设文化场景　培育城市发展内生动力：以生活文化设施为视角 [J]. 东岳论丛，2017，38（1）：25-34.

[19] 吴军，夏建中，特里·克拉克. 场景理论与城市发展：芝加哥学派城市研究新理论范式 [J]. 中国名城，2013，（12）：8-14.

[20] 徐晓林，赵铁，特里·N·克拉克. 场景理论：区域发展文化动力的探索及启示 [J]. 国外社会科学，2012，（3）：15-23.

[21] 张宇，张梦雅，于惠洋，等. 场景营城的经济学思考及路径研究 [J]. 先锋，2020，（8）：39-41.

[22] 李明星，蒲焘，冯一泰. 从认识论到方法论：成都"场景营城"战略实践探析 [J]. 成都行政学院学报，2021（5）：85-90.

[23] 邓玲，张宇，罗强. 新经济 新动能 [M]. 北京：科学出版社，2021.

[24] 齐骥. "两山"理论在乡村振兴中的价值实现及文化启示 [J]. 山东大学学报（哲学社会科学版），2019，（5）：145-155.

[25] 史云贵，刘晴. 公园城市：内涵、逻辑与绿色治理路径 [J]. 中国人民大学学报，2019，33（5）：48-56.

[26] 王忠杰，吴岩，景泽宇. 公园化城，场景营城："公园城市"建

设模式的新思考［J］.中国园林，2021，37（S1）：7-11.

［27］高晓龙，郑华，欧阳志云.生态产品价值实现愿景、目标及路径研究［J］.中国国土资源经济，2023，36（5）：50-55.

［28］王倩，冯豫东.公园城市生态宜居场景构建的理论框架研究［C］.成渝地区双城经济圈发展报告（2023）.社会科学文献出版社，2023.

［29］王倩，冯豫东.基于"供—需"理论框架的生态产品价值实现路径研究［C］.四川生态建设报告（2023）.社会科学文献出版社，2023.

［30］Clark T N, Lloyd R, Wong K K, et al. Amenities Drive Urban Growth［J］. Journal of Urban Affairs, 2002, 24（5）：493-515.

［31］SILVER D, CLARK T, YANEZ C. Scenes：social context in an age of contingenc［J］. Social Forces, 2010, 88（5）：2293-2324.

［32］Mark R. Tercek, Jonathan S. Adams. Nature's Fortune［M］. Island Press，2015.

附　录

附录 1

一、基于自然的解决方案大事记

1997 年，基于自然的解决方案（NbS）作为科学术语由学者 Janine Benyus 基于仿生学理论提出。

2008 年，基于自然的解决方案（NbS）作为政策术语最早出现于 2008 年世界银行发布的报告——《生物多样性、气候变化和适应：世界银行投资中基于自然的解决方案》，正式提出 NbS 作为气候变化减缓和适应项目投资的重点，强调保护生物多样性对气候变化减缓与适应的重要性。

2009 年，世界自然保护联盟（International Union for Conservation of Nature，IUCN）在提交给联合国气候变化框架公约（United Nations Framework Convention on Climate Change，UNFCCC）第 15 届缔约方大会的报告中，强调了 NbS 在应对气候变化中可以起到重要作用。

2013 年欧盟委员会将"基于自然的解决方案"纳入"地平线 2020"（Horizon 2020）科研计划，并于 2015 年以政策的形式将 NbS 定义为"受到自然启发和支撑的解决方案，在具有成本效益的同时，兼具环境、社会和经济效益，并有助于建立韧性的社会生态系统"，强调把面临的挑战转化为创新的机遇，将自然资本转化为绿色经济增长的源泉。

2016 年，IUCN 将 NbS 定义为"通过保护、可持续管理和修复自然或人工生态系统，从而有效和适应性地应对社会挑战、并为人类福祉和生物多样性带来益处的行动"。

2017 年，TNC 联合 15 家研究机构的专家团队计算了加大、改善土地使用的管理对减少温室气体排放所能做出的贡献，并就研究结果提出了一套基于自然的气候方案（Natural Climate Solutions，NCS）。该方案识别并量化了 20 个具体的保护、修复和改进土地管理的解决路径（NCS pathways），增加全球森林、湿地、草原和农业用地等生态系统的碳储存能力，避免或减少土地使用时的温室气体排放。自然气候解决方案可以提供到 2030 年所需的 37% 具有成本效益的二氧化碳减排，从而有 66% 的机会将升温控制在 2℃ 以下。其中三分之一具有成本效益的 NCS 减排可以在 10 美元或更低的价格下实现。大多数有效实施的 NCS 行动还能提供水过滤、洪水缓冲、土壤健康、生物多样性和增强气候适应性。

2018 年，"联合国教科文组织世界水评估计划"（UNESCO-WWAP）发布《联合国水资源发展报告 2018：基于自然的水资源解决方案》，基于自然的解决方案通过改善水量和水质、降低涉水灾害，创造额外的社会、经济和环境效益，从而强化整体水安全。此类解决方案可促使不同部门间达成共赢。

2019 年，在纽约举行的联合国气候峰会上，中国和新西兰携手提交了"基于自然的解决方案"提案，各联盟国共同发表了《"基于自然的解决方案"领域行动倡议和最佳实践案例汇编》，使得 NbS 的概念成为当年气候变化和可持续发展领域的热点议题。

2020 年，IUCN 发布"基于自然的解决方案全球标准"，共有 8 大准则及 28 项指标，包括明确目的、尺度思维、生物多样性效益、经济可行性、治理机制、效益权衡、适应性管理以及主流化等。

2020 年，《2020 年后全球生物多样性框架预稿》肯定了 NbS 对《巴黎协定》目标的贡献。

2020 年 11 月 16 日，二十国基金会联盟（G20）、北京市企业家环保基金会（SEE Foundation）和 Wyss Campaign for Nature 三家机构联合发布《关联报告：以"基于自然的解决方案"应对生物多样性和气候危机》，报告强调了"基于自然的解决方案"在解决生物多样性丧失、气候危机和全球性流行病危机预防方面的关键性作用。

2021 年 1 月 25 日至 26 日，全球气候适应峰会通过线上方式由荷兰举办，基于自然的解决方案再次得到各国领导人的认可，并通过了一项基于该方案的适应行动议程。

2021 年 6 月 23 日，自然资源部与 IUCN 联合发布《IUCN 基于自然的解决方案全球标准》《IUCN 基于自然的解决方案全球标准使用指南》中文版，以及《基于自然的解决方案中国实践典型案例》。

2021 年 7 月 12 日，在生态文明贵阳国际论坛上，清华大学气候变化与可持续发展研究院发布了《应对气候变化的基于自然解决方案全球案例》。

2021 年 10 月 11 日－15 日，联合国《生物多样性公约》缔约方大会第十五次会议（CBD COP15）在云南昆明召开，NbS 得到广泛关注与热议。《昆明宣言》采用了"基于生态系统的方法"这一术语，在脚注中说明"基于生态系统的办法"又称"基于自然的解决方案"。

2021 年 11 月 4 日，联合国环境规划署（UNEP）与 IUCN 共同发布的《基于自然的气候变化减缓解决方案》报告，评估了 NbS 对于减缓气候变化的贡献及其所涉及的行动类型，探讨了社会和环境保障措施的重要性、如何为 NbS 融资以及审慎地发挥"抵消"作用等问题。

2021 年 11 月，欧盟委员会在欧洲商业峰会上发布《从基于自然的解决方案到基于自然的经济》报告。该报告认为，"基于自然的经济"是指企业、个人以及社会各部门在对自然资源的保护、保育、恢复、可持续利用中产生的一系列生产、交易、消费等经济活动。除经济活动本身以外，与之相伴而生的政策、法规、机制、社区文化与规则，是其重要组成部分。甄别出了"基于自然的经济"的 7 大类益处，分别是：高质量的就业机会、公平地向低碳未来过渡、新的创新、可持续企业、应对气候变化、增强生物多样性、支撑智能科技及农业和旅游等产业发展。

2022 年，世界银行《基于自然的城市韧性解决方案》指出 NbS 相互联系的功能包括：雨季洪水调节、河流洪水调节、沿海洪水调节、热管理、海平面上升适应、干旱治理、滑坡治理、沉降治理、生物多样性、河岸洪水调节、盐分入侵治理、土壤污染治理、空气污染治理、水污染治理。

2022 年，IPCC 第三工作组报告（AR6）再次强调了基于自然的解决方案（Nature-based Solutions，NbS）的固碳减排潜力在减缓气候变化中的重要作用。

2022 年 3 月，联合国环境大会第五次会议通过了 NbS 的全球定义："采取行动保护、养护、恢复、可持续利用和管理自然或经改造的陆地、淡水、沿海和海洋生态系统，以有效和适应性地应对社会、经济和环境挑战，同时对人类福祉、生态系统服务、复原力和生物多样性产生惠益"。

这一定义得到联合国粮农组织（FAO）与大自然保护协会（TNC）等广泛采用。

2022 年 5 月 9 日至 20 日，《联合国防治荒漠化公约》第 15 次缔约方大会在科特迪瓦共和国的首都阿比让召开，主题为"土地、生命、传承：从匮乏到富足"。大会呼吁各缔约方尝试通过基于自然的解决方案达成公约目标。

2022 年 11 月 5 日至 13 日，《国际湿地公约》（拉姆萨尔公约）第 14 届缔约方大会呼吁各缔约方采用基于自然的解决方案。

2022 年 11 月 9 日，气候投资基金（Climate Investment Funds，CIF）宣布，将在埃及、多米尼加共和国、斐济、肯尼亚和非洲的赞比西河流域地区投资 NbS，以帮助当地应对气候危机。CIF 是发达国家设立的全球最大的多边气候行动基金之一。

2022 年 11 月 16 日，UNFCCC COP27 主席国埃及、德国政府和世界自然保护联盟（IUCN）制定了"增强基于自然的解决方案以加速气候转型（Enhancing Nature-based Solutions for an Accelerated Climate Transformation，ENACT）"倡议，作为缔约方大会主席的官方计划一部分，该倡议将通过基于自然的解决方案（NbS）协调全球应对气候变化、土地和生态系统退化以及生物多样性丧失的努力。该倡议还将生成基于自然的解决方案的年度状况报告，就实施基于自然的解决方案的承诺的进展情况向 UNFCCC COP28 和随后的会议进行更新。旨在使现有的基于自然的解决方案的工作和伙伴关系保持一致并加强合作。

2022 年 11 月 20 日，NbS 被写入 UNFCCC COP27 大会决议《沙姆沙伊赫实施计划》（Sharm el-Sheikh Implementation Plan）。尽管是和基于生态系统的方法（Ecosystem-based Approaches，EbA）并列出现在决议文案中，但相比 2021 年在格拉斯哥气候大会最后一刻 NbS 被从决议草案中拿掉，是一大进步。

2022 年 12 月 18 日，联合国《生物多样性公约》第十五次缔约方大会（CBD COP15）通过的"昆明-蒙特利尔全球生物多样性框架"（GBF）将 NbS 纳入行动目标 8 和 11。

2023 年 5 月，我国自然资源部和 IUCN 签署了协议共同建立基于自然的解决方案亚洲中心，发布《基于自然的解决方案中国实践典型案例》英文版，我国实施 NbS 的影响力进一步扩大。

2023 年 5 月 18 日，由生态环境部宣传教育中心、宁波市生态环境局主办，宁波市海曙区人民政府承办的 2023 生物多样性友好城市主题活动在宁波市海曙区举行。海曙区发布了《生物多样性友好乡镇 基于自然的解决方案实施指南》地方性技术规范，这是国内首次将基于自然的解决方案（NbS）全球标准进行地方标准转化的探索。

2023 年 6 月 5 日至 15 日，《联合国气候变化框架公约》（United Nations Framework Convention on Climate Change，UNFCCC）附属机构第 58 次会议（58th session of the Subsidiary Bodies，SB 58）在德国波恩召开。以"评估全球在基于自然的气候变化解决方案方面的进展"为主题的边会活动评估了迄今为止 NbS 取得的综合进展，并确定在全球评估的背景下可以开展哪些工作来加强在这方面的进一步行动和雄心。

2023 年 6 月 7 日，NetworkNature 发布《欧洲 2030 年基于自然的解决方案的研究和创新路线图》，确定了欧洲 NbS 研究和创新的核心行动领域，包括：推广 NbS 知识和数据；缩小 NbS 研究与实施的差距；将 NbS 纳入政策主流；建立 NbS 意识、能力和对话。

2023 年 9 月 25 日，基于自然的解决方案亚洲中心成立，NbS 亚洲中心第一次会议在江苏省盐城市召开。

二、我国政策文件中直接提及的 NbS

1. 基于自然的气候解决方案政策主张[①]

2019 年联合国气候行动峰会期间，中国和新西兰共同牵头"基于自然的解决方案"（NbS）领域工作，与联合国及各参与方一道，发布《基于自然的气候解决方案政策主张》，全文如下：

全球气候正在迅速变化，威胁当代和后代人类的生存安全。气候变化和生物多样性崩溃是当今世界面临的双重危机。气候变化的威胁与日俱增，迫切需要各国加强应对措施。

基于自然的解决方案（NbS）是应对气候变化和保护生物多样性行动的重要组成部分。研究表明，从现在到 2030 年，NbS 可充分发挥自然系统每年减少 100 亿至 120 亿吨二氧化碳的减缓潜力，为将温升稳定在 2℃ 以下所需的全球减缓努力提供超过三分之一的减缓措施。积极投资 NbS 领域

---

① https://wedocs.unep.org/bitstream/handle/20.500.11822/29705/190825NBSManifesto _ CH. pdf? sequence=3.

将减少气候变化带来的经济损失，有助于创造就业，促进民生和减少贫困。NbS 为实现可持续发展目标提供支持：增强生态效益、保护生物多样性、提供淡水、改善民生、并通过可持续粮食系统提供健康饮食和粮食安全。

NbS 是全球落实气候变化《巴黎协定》的重要组成部分，是脱碳、减少气候变化风险和建立气候韧性社会的重要补充。NbS 重视人与自然和谐共生和生态文明建设，具有经济高效、长久可持续的特点，是全面、以人为本地应对气候变化的有效方式，可在全球范围内推广实施。

NbS 已有大量实践，显示度高，可信度强，如果得到充分重视和适当投资，其规模势必呈指数级增长。各方应立即采取行动，充分发挥其潜力。目前，NbS 仅获得小部分气候融资。成功的关键在于加强 NbS，最大限度地发挥自然对气候行动的促进作用。实际上，已有许多倡议正致力于推动 NbS 的推广和强化。

为释放自然在气候行动中的全部潜能，全球领导人应尽其所能，特别是在气候行动决策中，确保自然的变革性潜能得到充分重视，包括制止破坏自然的行为，终止可能损害环境的投资或激励政策。

应该看到，NbS 具有巨大的潜力，可以通过国际和区域合作，并鼓励包括青年、妇女、土著人和当地社区在内的所有利益相关方广泛参与有效实现。支持 2019 年 9 月气候行动峰会 NbS 政策主张的各方均认可自然在气候行动中的重要作用，并承诺通过一系列行动释放自然的全部潜能。

以下四个领域是 NbS 联盟成员的优先事项：

（1）将 NbS 纳入国家治理、气候行动和气候政策工具，包括国家自主贡献、适应信息通报、长期温室气体低排放发展战略、空间规划、国家发展计划以及商业计划等并使其主流化；

（2）广泛动员各方以有力、透明和环境完整的方式加强国际和地区合作，与有关国际和地区发展合作倡议加强对接。鼓励在 2019 年 9 月气候行动峰会之后建立基于自然的解决方案之友小组（GOF4NbS）；

（3）推动在国内国际治理和融资方面实现转变，重视自然的作用，实现 NbS 的潜力；确保融资机制得到国家和地方政策法规支持，包括促进和采用绿色供应链；避免为毁林和其他危害生态系统的活动提供资金；增加公共和私人资金对 NbS 的投资；促进绿色金融和创新激励措施，促进 NbS 等；

（4）就气候减缓、韧性和适应加强 NbS 在关键领域行动，确保气候威胁不对民生造成损害，包括：①保护和恢复森林和其他陆地生态系统；②保护和恢复淡水资源以及海洋和海洋生态系统；③可持续农业和粮食系统；④确保自然在可持续发展中的系统性作用，结束生物多样性的丧失，优化自然对有韧性的生计、绿色基础设施、可持续住房和农村公正转型的贡献。

各方必须从此刻开始，采取大胆行动，保护、恢复和可持续地管理自然系统，减缓和适应气候变化。我们将通过共同努力取得成功：为我们及子孙后代重建人与自然的和谐、有效落实《巴黎协定》、共创人类可持续发展未来。

2. 中法生物多样性保护和气候变化北京倡议[①]

2019 年 11 月 6 日，中法两国在北京共同发布《中法生物多样性保护和气候变化北京倡议》。提出：利用由中国共同牵头的基于自然的解决方案联盟，利用基于自然的解决方案协调一致地解决生物多样性丧失、减缓和适应气候变化以及土地和生态系统退化问题。认识到基于自然的解决方案，包括通过支持重要的生态系统服务、生物多样性、获得淡水、改善生计、健康饮食和可持续粮食系统的粮食安全，是实现《联合国气候变化框架公约》和《巴黎协定》目标以及实现可持续发展目标的全球共同努力的重要组成部分。

3. 山水林田湖草生态修复工程指南[②]

2020 年 8 月 26 日，自然资源部办公厅 财政部办公厅 生态环境部办公厅关于印发《山水林田湖草生态保护修复工程指南（试行）》（自然资办发〔2020〕38 号），提出：坚持节约优先、保护优先、自然恢复为主的方针，遵循自然生态系统的整体性、系统性、动态性及其内在规律，采用基于自然的解决方案。《山水林田湖草生态保护修复工程指南（试行）》是我国首部本土化的 NbS 指南，在结合中国国情的同时，与国际上先进的 NbS 理念及世界自然保护联盟（IUCN）发布的 NbS 全球标准充分衔接。

[①] 资料来源：http://www.xinhuanet.com/world/2019-11/06/c_1125199385.htm? bdmprm = tcfrom-pbnews.

[②] 资料来源：https://www.cgs.gov.cn/tzgg/tzgg/202009/W020200921635208145062.pdf.

4. 共建地球生命共同体：中国在行动——联合国生物多样性峰会中方立场文件[①]

2020 年 9 月 21 日，中国外交部和生态环境部联合发布了联合国生物多样性峰会中方立场文件《共建地球生命共同体：中国在行动》，其中多处提到基于自然的解决方案。指出：中国积极参与《濒危野生动植物种国际贸易公约》《联合国气候变化框架公约》《联合国防治荒漠化公约》《关于特别是作为水禽栖息地的国际重要湿地公约》《联合国森林文书》进程，注重生态系统完整性，积极推广"基于自然的解决方案"（NbS），将其作为应对气候变化、生物多样性丧失的协同解决方案，促进协同增效。并再次强调：2019 年联合国气候行动峰会期间，中国和新西兰共同牵头 NbS 领域工作，与联合国及各参与方一道，发布《基于自然的气候解决方案政策主张》和《联合国气候行动峰会"基于自然的解决方案"倡议案例汇编》等成果，并向各方发出邀请，欢迎更多国家和组织加入 NbS 联盟，通过"NbS 之友小组"继续加强交流合作。中国还结合实践，提出了"划定生态保护红线，减缓和适应气候变化"这一 NbS 行动倡议，为丰富 NbS 内涵贡献了中国方案。

5. 关于统筹和加强应对气候变化与生态环境保护相关工作的指导意见[②]

2021 年 1 月 9 日，生态环境部发布《关于统筹和加强应对气候变化与生态环境保护相关工作的指导意见》（环综合〔2021〕4 号），提出：重视运用基于自然的解决方案减缓和适应气候变化，协同推进生物多样性保护、山水林田湖草系统治理等相关工作，增强适应气候变化能力，提升生态系统质量和稳定性。强调结合 NbS 行动，强化气候行动和生态保护之间的协同。

6. 中国本世纪中叶长期温室气体低排放发展战略[③]

2021 年 10 月 28 日，中国《联合国气候变化框架公约》国家联络人向《联合国气候变化框架公约》秘书处正式提交《中国落实国家自主贡献成效和新目标新举措》和《中国本世纪中叶长期温室气体低排放发展战略》。基于自然的解决方案是其中第七个战略重点与政策导向，提出：积极发挥

[①] 资料来源：http://www.xinhuanet.com/world/download/zgzxd.pdf.

[②] 资料来源：https://www.mee.gov.cn/xxgk2018/xxgk/xxgk03/202101/t20210113_817221.html.

[③] 资料来源：http://www.ncsc.org.cn/zt/2021_COP/202111/P020211110591154262243.pdf.

"基于自然的解决方案"在温室气体减排与增汇方面的潜力，提高生态系统气候恢复力水平，使绿水青山持续发挥生态效益和经济社会效益。其内容包括：形成减排增汇的国土空间布局和生态系统（减少在减缓气候变化方面的社会成本，提高国土空间韧性），推进农业绿色低碳转型，加强生态系统保护修复和碳储存。

7. 减污降碳协同增效实施方案①

2022 年 6 月 10 日，生态环境部、国家发展和改革委员会、工业和信息化部、住房和城乡建设部、交通运输部、农业农村部、国家能源局联合印发实施《减污降碳协同增效实施方案》（环综合〔2022〕42 号），指出技术路径上要优先采用基于自然的解决方案。

8. 中华人民共和国政府和德意志联邦共和国政府关于环境、气候变化和可持续发展领域合作的联合意向声明②

2023 年 6 月 19—20 日，第十一届中德经济技术合作论坛在德国首都柏林举行。中国生态环境部部长黄润秋与德国联邦环境、自然保护、核安全和消费者保护部部长莱姆克进行双边会谈，签署了两国部门间的联合意向声明《关于环境、气候变化和可持续发展领域合作的联合意向声明》。提出：双方认识到，基于自然的解决方案对应对气候变化和生物多样性丧失的挑战具有协同作用，根据联合国环境大会（UNEA）5/5 号决议所定义的"基于自然的解决方案支持可持续发展"，以更高的社会与环境标准扩大基于自然的解决方案，充分发挥其协同应对气候变化与生物多样性行动的潜力。双方继续并加强基于自然的解决方案领域的双边合作交流、共享经验。论坛期间，中德两国政府还签署《中华人民共和国政府和德意志联邦共和国政府关于建立气候变化和绿色转型对话合作机制的谅解备忘录》。

9. 关于深化气候适应型城市建设试点的通知③

2023 年 8 月 5 日，生态环境部办公厅、财政部办公厅、自然资源部办公厅、城乡建设部办公厅、交通运输部办公厅、水利部办公厅、中国气象局办公室、国家疾病预防控制局综合司联合印发《关于深化气候适应型城市建设试点的通知》（环办气候〔2023〕13 号）。在重点任务（九）提升

---

① 资料来源：https://www.gov.cn/zhengce/zhengceku/2022-06/17/content_5696364.htm.

② 资料来源：https://www.bmuv.de/fileadmin/Daten_BMU/Download_PDF/Europa___International/declaration_intent_germany_china_bf.pdf.

③ 资料来源：https://www.mee.gov.cn/xxgk2018/xxgk/xxgk05/202308/t20230825_1039387.html.

城市生态系统服务功能（自然资源部、住房城乡建设部、生态环境部、水利部牵头，其他部门参与，指导试点城市开展以下工作）提出：实施基于自然的解决方案，构建蓝绿交织、清新明亮的复合生态网络和连续完整、功能健全的城市生态安全屏障，打造与适应气候变化协同融合的城市空间和景观格局。实施城市生态修复工程，加强城市水土保持，严格保护城市山体自然风貌，修复江河、湖泊、湿地等重要生态系统。充分发挥生态系统防潮御浪、固堤护岸等减灾功能，促进生态减灾协同增效。将生物多样性保护要求融入城市规划、建设、治理相关标准和规范，推动生态廊道、通风廊道、城市绿道、景观廊道及基础设施一体布局。鼓励利用街头、社区小微空间，修复、营建基于本土自然的生态环境，畅通城市微生态循环。加强山水林田湖草沙一体化保护修复，完善城市生态系统，提升城市生态碳汇能力，促进城市化地区绿色发展。

10. 四川省"十四五"应对气候变化规划（征求意见稿）①

2022 年 10 月 11 日，四川省生态环境厅印发《四川省"十四五"应对气候变化规划（征求意见稿）》，提出推动川西北高原、川西南山地、盆周山区差异化探索基于自然的解决方案，有序开发可再生能源，发展生态文化旅游、特色农牧业，提升生态系统碳汇能力。支持川西北泥炭地实践基于自然的解决方案，保护修复草原及高原湿地，推进可持续发展和管理。

11. 四川减污降碳协同增效行动方案②

2023 年 7 月 19 日，四川省生态环境厅、四川省发展和改革委员会、四川省经济和信息化厅、四川省住房和城乡建设厅、四川省交通运输厅、四川省农业农村厅、四川省能源局联合印发《四川省减污降碳协同增效行动方案》（川环发〔2023〕15 号）。提出力争在绿色低碳优势产业发展、基于自然的解决方案、气候投融资等方面形成一批可复制、可推广的典型经验。其中生态建设减污降碳协同增效中明确提出，加强天然林保护修复，开展长江、黄河流域水源涵养林、水土保持林建设，实施草原保护修复重大工程，科学保育若尔盖等高原泥炭地，合理布局城市生态廊道和生

---

① 资料来源：http://sthjt.sc.gov.cn/sthjt/c103951/2022/10/11/c51bb866b6384e5e91ebdb5df9f46bf9.shtml.

② 资料来源：http://sthjt.sc.gov.cn/sthjt/c23101811/2023/7/21/fb9276870bca494aa308e10af31e6f53.shtml.

态缓冲带，推广垂直绿化，推动林草碳汇项目开发试点等 NbS 路径。

12. 深圳市生态环境保护"十四五"规划①

2022 年 1 月 19 日，深圳市人民政府印发《深圳市生态环境保护"十四五"规划》（深府〔2021〕71 号），在第四章"积极应对气候变化，控制温室气体排放"中提出实施基于自然的解决方案。重视运用基于自然的解决方案减缓和适应气候变化，协同推动生物多样性保护、山水林田湖草系统治理相关工作。积极推进陆地生态系统、水资源、海洋及海岸带等生态保护修复与适应气候变化协同增效，提升重点领域和地区的气候韧性。

13. 面朝大海向未来 绿色转型作典范 奋力谱写"强富美高"新盐城建设的现代化篇章②

2021 年 9 月 23 日，盐城市市委书记曹路宝在中国共产党盐城市第八次代表大会上作《面朝大海向未来 绿色转型作典范 奋力谱写"强富美高"新盐城建设的现代化篇章》的报告，指出：实施基于自然的解决方案（NbS），切实强化山水林田湖草协同治理，不断提升沿海、沿淮河和里下河地区生态系统碳汇能力，着力建设蓝色碳汇生态功能区、全国生态碳汇先行区。这是国内首个将"基于自然的解决方案"写入党代会报告的设区市。

三、国际公约及政策文件中的 NbS

1. 2020 年后全球生物多样性框架③

2022 年 6 月 21 日至 26 日，2020 年后全球生物多样性框架不限成员名额工作组第四次会议在内罗毕召开，2020 年后全球生物多样性框架工作组通过建议《2020 年后全球生物多样性框架》。

行动目标 8："最大限度地减少气候变化和海洋酸化对生物多样性的影响，并通过缓解、适应和减少灾害风险行动，包括通过基于自然的解决方案和/或基于生态系统的办法，同时减少不利影响，促进对生物多样性的积极影响。"

---

① 资料来源：http://www.sz.gov.cn/zfgb/2022/gb1227/content/post_9539918.html.

② 资料来源：http://www.yancheng.gov.cn/art/2021/9/29/art_49_3734888.html.

③ United Nations Environment Programme（UNEP）& FAO. 2020. Strategy for the UN Decade on Ecosystem Restoration ［R/OL］. 2020. https://wedocs. unep. org/bitstream/handle/20. 500. 11822/31813/ERDStrat.pdf? sequence = 1&isAllowed = y; United Nations Environment Programme（UNEP）. Becoming #GenerationRestoration：Ecosystem restoration for people, nature and climate ［R/OL］. Nairobi. 2021. https://wedocs.unep.org/bitstream/handle/20. 500. 11822/36251/ERPNC.pdf.

行动目标 11："恢复、维持和增进自然对人类的贡献，包括生态系统功能和服务，例如调节空气和水、土壤健康、授粉、气候，以及通过基于自然的解决方案和基于生态系统的方法，尤其在提供这些服务最为重要的地方，通过支付环境服务费用，保护人类和自然免受自然危害和灾害。"

行动目标 19.1："（f）刺激国内和国际创新计划，如基于自然的解决方案和基于生态系统的方法支付环境生态系统服务、绿色债券、生物多样性补偿、碳信用、遗传资源数字序列信息方面的惠益分享机制以及以减免债务换自然。"

2. 武汉宣言①

2022 年 11 月 6 日，《湿地公约》第十四届缔约方大会部级高级别会议正式通过武汉宣言，提出"认识到湿地生态系统虽易受气候变化影响，但如能可持续管理，则可提供基于自然的解决方案和生态系统方法，减缓和适应气候变化影响，保护水资源，减少侵蚀，抵御洪水和风暴潮，进而维护生物多样性，减轻灾害风险并增加碳吸收"。

3. 昆明宣言②

2021 年 10 月 13 日，联合国《生物多样性公约》第十五次缔约方大会第一阶段会议通过《昆明宣言》，提出"增加生态系统方法的运用，以解决生物多样性丧失、恢复退化生态系统、增强复原力、减缓和适应气候变化、支持可持续粮食生产、促进健康，并为应对其他挑战作出贡献，加强'一体化健康'和其他全面的方法，通过强有力的环境和社会保障措施，确保可持续发展在经济、社会和环境方面的效益，强调这些生态系统方法不能取代符合《巴黎协定》的紧急减少温室气体排放所需的优先行动"。并在注释中说明，根据科咨附属机构第 23/2 号建议第 4 段，"生态系统方法"也可被称为"基于自然的解决方案"。

4. 联合国生态系统恢复十年（2021—2030 年）的指导原则③

联合国大会通过第 73/284 号决议，宣布 2021—2030 年为联合国生态

---

① 资料来源：https://3g.wuhan.gov.cn/sy/whyw/202211/t20221106_2087787.shtml.

② 2020 年联合国生物多样性大会（第一阶段）高级别会议昆明宣言 生态文明：共建地球生命共同体［Z］. 新华社昆明 10 月 13 日电，https://www.gov.cn/xinwen/2021 - 10/14/content_5642362.htm.

③ United Nations Environment Programme（UNEP）& FAO. Strategy for the UN Decade on Ecosystem Restoration［R/OL］. 2020. https://wedocs.unep.org/bitstream/handle/20.500.11822/31813/ERDStrat.pdf？sequence = 1&isAllowed = y.

系统恢复十年，并提出"为全球政策框架做出贡献、促进贡品和包容性的参与、活动类型丰富、惠及自然与人类、应对退化根源、知识整合、可衡量目标、因地制宜、衡量结果并调整行动、政策整合"等十项指导原则。同时指出，这十项指导原则全面参考了包括《生物多样性公约》（CBD）缔约方通过的生态系统方法、国际自然保护联盟（IUCN）的基于自然的解决方案原则、基于生态系统的方法原则、森林景观恢复原则、国际自然保护联盟生态系统管理委员会（CEM）的再野化原则、可持续土地管理等原则和方法。

5. 保护和可持续利用土壤生物多样性国际倡议行动计划（2020—2030年)①

2022 年 12 月 7 日至 19 日，在加拿大蒙特利尔召开的生物多样性公约缔约方大会第十五届会议第二阶段会议通过《15/28. 生物多样性和农业》附件《保护和可持续利用土壤生物多样性国际倡议行动计划（2020—2030年）》，提出"改善土壤及其生物多样性管理，可为所有依赖土壤的部门包括林业和农业提供解决办法，同时还能增加碳储存，改善水和养分循环、对气候变化的承受能力，同时通过基于自然的解决方案和/或生态系统方法防止和避免由于实行土壤缓压方法和做法而可能给土著人民和地方社区带来的影响，并减轻污染。"

四、基于自然的解决方案案例平台

1. 牛津大学基于自然的解决方案倡议案例研究平台（https://casestudies.naturebasedsolutionsinitiative.org/）。该数据库整理了 134 个"最佳做法"实例，其中 10 个"示范案例"。

2. 联合国环境署基于自然的解决方案贡献平台（https://www.unep.org/nbs-contributions-platform）。分享全球气候行动峰会中国和新西兰牵头的基于自然的解决方案联盟收到的 196 个最佳做法和 15 个基于自然的解决方案示例倡议。

3. 世界自然保护联盟全景解决方案平台（https://www.iucn.org/resources/conservation-tool/panorama-solutions-healthy-planet）。该数据库囊括 1 000 多个基于自然的解决方案的实例，包括完整实例和简要实例。这

---

① 生物多样性公约缔约方大会第十五届会议-第二阶段会议. 15/28. 生物多样性和农业［Z/OL］. https://www.cbd.int/doc/decisions/cop-15/cop-15-dec-28-zh.pdf.

些实例由实施者自己提交，但在发布之前世界自然保护联盟会对其进行审查。

4. OPPLA 案例研究查找器（https://oppla.eu/case-study-finder）。该平台专为城市案例研究服务，提供基于自然的解决方案具有多重效益的实例。

5. 网络自然案例研究图（https://networknature.eu/network-nature-case-study-finder）。该数据库包含 520 个案例研究，大部分（但不限于）来自欧洲。

6. 联合国生态系统恢复十年旗舰倡议（https://www.unep.org/interactive/flagship-initiatives-boosting-nature-livelihoods/#1）。提供环境署的"生态系统恢复十年"10 个全球旗舰倡议的互动图。该平台提供各项目概述，以及关键项目目标和统计数据。

7. 粮农组织基于自然的农业用水管理和粮食安全的解决方案（https://www.fao.org/3/ca2525en/ca2525en.pdf）。汇编了来自世界各地的 21 个实例，并考虑了成功和不成功的实例，以吸取经验教训。

8. 城市自然地图集案例研究图（https://una.city/）。整理了 1 240 多个世界各地城市的基于自然的解决方案干预的实例，重点关注欧洲。将基于自然的解决方案应对的社会挑战分为 12 个，涉及多种基于自然解决方案类型，见附表 1。

附表 1　基于自然解决方案干预实例

12 种社会挑战	54 种基于自然的解决方案
气候行动促进适应、复原力和减缓(可持续发展目标 13)(478)	蓝色基础设施(452)
适应气候变化(367)	湖泊/池塘(191)
减缓气候变化(204)	河流/溪流/运河/河口(219)
沿海复原力和海洋保护(可持续发展目标 14)(60)	三角洲(8)
海岸保护(56)	海岸线(54)
海洋和生物多样性保护(35)	湿地/泥炭地/沼泽(142)
海洋和沿海研究和/或教育(16)	红树林(26)
环境质量(471)	其他(33)
土壤质量改善(103)	社区花园和分配(345)
空气质量改善(305)	分配(125)
废物管理(110)	社区花园(258)
降噪(91)	园艺(54)
绿色空间、栖息地和生物多样性(可持续发展目标 15)(1 172)	其他(40)
栖息地和生物多样性恢复(380)	水管理绿地(238)
栖息地和生物多样性保护(406)	雨水花园(58)
绿地创建和/或管理(1 073)	洼地和滤条(50)
再生,土地利用和城市发展(551)	可持续城市排水系统(161)
建筑环境监管(199)	其他(40)
原工业区改建(80)	以果岭为特色的灰色基础设施(484)
推广自然主义城市景观设计(402)	小巷和街道绿地(218)
水资源管理(可持续发展目标 6)(565)	铁路银行和轨道果岭(47)
防洪(299)	河岸/湖畔果岭(146)
雨水和降雨管理和储存(353)	房子花园(32)
改善水质(237)	绿色停车场(30)
文化遗产和文化多样性(342)	绿色操场和校园(116)
保护自然遗产(199)	机构绿地(82)
保护历史和文化景观/基础设施(199)	其他(40)
促进文化多样性(56)	建筑物中的自然(30)
保护历史传统(59)	绿色墙壁和天花板(18)
健康与福祉(可持续发展目标 3)(739)	中庭/庭院(10)
支持身体活动(312)	其他(7)
改善心理健康(128)	建筑物上的自然风光(230)
改善身体健康(125)	绿色屋顶(161)
创造放松和娱乐的机会(684)	绿墙或外墙(97)
包容有效的治理(可持续发展目标 16)(253)	阳台果岭(31)
包容性治理(166)	其他(16)
有效管理(135)	公园和城市森林(694)
打击犯罪和腐败(12)	大型城市公园或森林(359)
社会正义、凝聚力和公平(可持续发展目标 10)(586)	口袋公园/邻里绿地(293)
社会凝聚力(210)	植物园(38)
社会正义与公平(96)	绿色走廊和绿化带(172)
社交互动(340)	其他(48)
环境教育(342)	故意不受管理的区域(7)
环境和气候正义(49)	荒野或绿色生长的废弃空间(7)
经济发展与就业(可持续发展目标 8)(357)	其他(0)
经济发展:农业(111)	
经济发展:工业(19)	
经济发展:服务业(54)	
旅游支持(130)	
房地产开发(89)	
就业/创造就业机会(92)	
可持续消费和生产(可持续发展目标 12)(275)	
可持续消费(182)	
可持续生产(251)	

注：可持续发展 17 个目标：SDG1——无贫穷；SDG2——零饥饿；SDG3——良好健康与福祉；SDG4——优质教育；SDG5——性别平等；SDG6——清洁饮水和卫生设施；SDG7——经济适用的清洁能源；SDG8——体面工作和经济增长；SDG9——产业、创新和基础设施；SDG10——减少不平等；SDG11——可持续城市和社区；SDG12——负责任消费和生产；SDG13——气候行动；SDG14——水下生物；SDG15——陆地生物；SDG16——和平、正义与强大机构；SDG17——促进目标实现的伙伴关系。

9. 中国自然资源部与 IUCN 联合发布《基于自然的解决方案中国实践典型案例》中英文版。涉及农业、城市与自然生态系统三类，包括官厅水库流域治理、贺兰山生态保护修复、云南抚仙湖流域治理、内蒙古乌梁素海流域保护修复、钱塘江源头区域保护修复、江西婺源乡村建设、东北黑土地保护性利用、重庆城市更新、广西北海陆海统筹生态修复、深圳湾红树林湿地修复 10 个案例。

10. 清华大学气候变化与可持续发展研究院"应对气候变化的基于自然解决方案"合作平台（C+NbS）发布《应对气候变化的 NbS 全球案例》中英文版。建立了由全球 300 个 NbS 案例组成的案例库，并根据案例的特点进行归类。报告分为林业、草地、农业、湿地四类主要生态系统，以及城市、国家、平台与倡议、企业四个新的 NbS 应用领域，旨在帮助全球 NbS 项目设计者了解最新趋势，提供创新思路。

11. UNaLab 项目（https://unalab.eu/en）。UNaLab 项目是欧盟在地平线 2020 研究和创新计划中资助的项目（资助协议编号为 730052，主题：SCC-2-2016-2017：智慧城市和社区基于自然的解决方案）。UNaLab 有三个领跑城市（荷兰埃因霍温、芬兰坦佩雷和意大利热那亚）、七个关注城市（斯塔万格、布拉格、卡斯特利翁、戛纳、巴沙克谢希尔、中国香港和布宜诺斯艾利斯）和两个观察员城市（广州和巴西智慧城市网络），通过这些城市共同创建和实施基于自然的解决方案（NbS）来展示其益处、成本效益、经济可行性和可复制性，从而为欧洲基于自然的解决方案（NbS）知识库做出了贡献。埃因霍温通过实施更多的绿地来改善空气质量，坦佩雷通过蓄水池、生物过滤器、冲击草甸等基于自然的雨水结构来管理城市洪水与雨水，热那亚通过实施新的城市公园来应对水管理、热应激以及空气污染等挑战。

附录2 缩略语（按首字母排序）

APP——应用程序

AVCI——避免沿海湿地影响

AVFC——避免森林转化

AVGC——避免草地转换

AVPI——避免泥炭地影响

BIOC——生物炭

C+NbS——清华大学气候变化与可持续发展研究院"应对气候变化的基于自然解决方案"合作平台

C40——城市气候领导联盟

CBA——中国男子篮球职业联赛

CBD——生物多样性公约

CIF——气候投资基金

CBD COP15——《联合国生物多样性公约》第 15 次缔约方大会

UNFCCC COP25——《联合国气候变化框架公约》第 25 次缔约方大会

UNFCCC COP26——《联合国气候变化框架公约》第 25 次缔约方大会

UNFCCC COP27——《联合国气候变化框架公约》第 27 次缔约方大会

UNFCCC COP28——《联合国气候变化框架公约》第 28 次缔约方大会

CRNM——农田养分管理

CUBA——中国大学生男子篮球超级联赛

CVCR——覆盖作物

CWR——沿海湿地恢复

EbA——基于生态系统的适应

EbA——基于生态系统的方法

EbM——基于生态系统的减缓

EbMgt——基于生态系统的管理

Eco-DRR——基于生态系统的防灾减灾

EC——欧盟委员会

ENACT——增强基于自然的解决方案以加速气候转型

EOD——以生态环境为导向的开发模式

FAO——粮食与农业组织（联合国）

FLR—— 森林景观恢复

FM——林火管理

GBF——全球生物多样性框架

GDP——国内生产总值

GEO——全球环境展望

GI——绿色基础设施

GOF4NbS——基于自然的解决方案之友小组

GROP——放牧优化

GRR——草地恢复

ILM——综合土地管理

IMP——改良人工林管理

IMRC——改良水稻栽培

IPBES——政府间生物多样性和生态系统服务科学政策平台

IPCC——政府间气候变化专门委员会

IUCN——世界自然保护联盟

IWRM——综合水资源管理

LID——低影响开发

N4C——自然气候联盟

NbSI——牛津大学 NbS 中心

NbS——基于自然的解决方案

NCS——基于自然的气候解决方案

NDC——国家自主贡献

NFM——天然林管理

NFT——营养液膜技术

NI——自然基础设施

OPPLA——欧盟资助的研究自然资本、生态系统服务和"基于自然的解决方案"的线上开放平台

POD——以城市公园为导向的开发模式

PTR——泥炭地恢复

REDD+——减少森林砍伐和退化所致的碳排放+

RF——重新造林

ROAM——生态恢复机会评估法

SDG——联合国可持续发展目标

SLM——可持续土地管理

TNC——自然保护协会

TOD——以公共交通为导向的开发模式

UNDP——联合国开发计划署

UNEA——联合国环境大会

UNEP——联合国环境规划署

UNESCO-WWAP——联合国教科文组织世界水评估计划

UNCCD——联合国防治荒漠化公约

UNFCC—— 联合国气候变化框架公约

WEF——世界经济论坛

WHO——世界卫生组织

WMO——世界气象组织

WRI——世界资源研究所

WWF——世界自然基金会

WCA——野生动物保护协会

后　记

　　做科研是一条持续的求索之路，我已经走在这条路上 21 个年头了，依然前路漫漫。用学习、思考、追问赋予时间意义，时常会在热闹或孤单中看到光。比如当我开始接触基于自然的解决方案的时候，发现其与自己在生态文明领域的所思所想是那么的契合，它又超越我当时的所思所想，使我迫不及待地想一探究竟，想与人分享，这也是写作本书最初的动力。当基于自然的解决方案向我慢慢走来，徐徐展开面纱的时候，它与生态文明的相似以及差异都让我惊喜。同时，作为公园城市建设的亲历者，我更加惊喜地看到公园城市就是一个巨型的基于自然解决方案，蕴含着丰富的基于自然解决方案的应用场景。这本身就是对基于自然解决方案的探索、创新与贡献，它具有显著的中国式现代化特色，又是全球可持续发展的重要组成部分。

　　衷心感谢我的导师邓玲教授，不仅给予了本书每个阶段高屋建瓴的指导和事无巨细的关注，还让我有幸直接参与她主导的"公民义务授课与知识更新"制度试点等创新性的能力建设实验项目，她教导我们把论文写在祖国大地上。衷心感谢长江上游生态文明建设川大学派、四川省社科院生态文明研究所、四川省绿色创新软科学基地给予我源源不断的学术滋养与温暖情谊。特别感谢自始至终参与课题与本书调研、讨论、写作、修改、完善的李晓燕、杜珩、赵川、江莉等，我指导的研究生李朝洋、冯豫东、陈诗薇与娄伦维，以及张霞、王芳、李晶、吴振明等同事、同门与亲密战友，是你们对学术研究的坚持、热忱、努力，以及并肩作战，支撑了本书的写作和出版。衷心感谢西南财经大学出版社刘佳庆编辑的细致指导与无私辛劳，才能使本书顺利出版。

　　本书仅从 NbS 视角探索公园城市人与自然和谐共生，并没有涉及其他协同方案与路径，而 NbS 只是协同推进公园城市的路径之一、方案之一。基于自然的解决方案是涵盖丰富理念、内容、方法和举措的伞形概念，也是正在发生发展中的包容性、可扩展性概念，本书难以穷尽 NbS 全貌，而是尽可能地展现其在我国公园城市建设中的积极作用、已有实践和未来前景。创造性应用和创新性发展基于自然的解决方案是一个持续创新的过程，但因为变革是一个逐步推进的过程，本书研究止步于限定时间，下一步研究还要与时俱进、深化拓展。

王倩

2023 年 11 月于成都